由国家自然科学基金重点项目"面向智慧城市的水资源多元数据融合与建模方法研究"（U1501253）、广东省省级科技计划项目"水资源大数据综合应用平台研发及产业化"（2016B010127005）支持。

钱学森智库纵论智慧城市

On Smart City by Hsue-shen Tsien Think Tank

薛惠锋　顾升高　康熙疃　等　著

科学出版社

北京

内 容 简 介

　　智慧城市是当今世界发达国家推进战略性新兴产业和城市信息化进程中的前沿理念和探索实践,是我国新一轮城市发展与转型的客观要求,也是提升城市品质和竞争力的必然途径。智慧城市建设是一项复杂的系统工程,本书运用钱学森智库思想,提出"十智"模型,从全局视角对智慧城市建设涉及的各个方面统筹设计。对利用系统工程方法建设智慧城市提出了独特见解,重点介绍了钱学森智库指导智慧城市建设的新方法、新体系、新实践,内容涵盖智慧城市建设的理论、技术、应用等各个层面,可以切实有效地指导智慧城市建设。

　　本书主要面向从事智慧城市开发、建设、管理的政府和企事业单位管理人员与技术人员,以及对智慧城市建设方法论感兴趣的广大读者。

图书在版编目(CIP)数据

钱学森智库纵论智慧城市 / 薛惠锋等著 . —北京:科学出版社,2017.8

ISBN 978-7-03-054261-8

Ⅰ. 钱… Ⅱ. 薛… Ⅲ. 现代化城市–城市建设–研究 Ⅳ. C912.81

中国版本图书馆 CIP 数据核字(2017)第 204635 号

责任编辑:李 敏 张 菊 李轶冰 / 责任校对:彭 涛
责任印制:张 伟 / 封面设计:无极书装

科学出版社 出版

北京东黄城根北街 16 号
邮政编码:100717
http://www.sciencep.com

北京虎彩文化传播有限公司 印刷
科学出版社发行 各地新华书店经销

*

2017 年 8 月第 一 版 开本:787×1092 1/16
2018 年 8 月第二次印刷 印张:22 1/4
字数:335 000

定价:**138.00 元**
(如有印装质量问题,我社负责调换)

《钱学森智库纵论智慧城市》
撰写委员会

主　笔　薛惠锋　顾升高　康熙瞳

成　员　(按汉语拼音排序)

艾纯健　陈　漠　范　承　葛　慧　贾福凯

贾之楠　靳　骁　经小川　李　宁　李慧丽

李雪巍　栾焙壹　马　锐　牛景涛　齐俊鹏

吴　丹　谢　雪　石　亮　王国顺　王继伟

王若冰　王叶茵　辛晓杰　闫陈静　余　杰

占　敏　张　伟

序 一

中国经济转型期，建设智慧城市渐成风潮，正在被赋予越来越重要的意义。目前全球有 1000 多个城市正在推动智慧城市建设，其中亚太地区以中国为首。经过 5 年多的建设探索，智慧城市已经成为中国城市发展的标配，从特大城市到特色小镇，基本上都能看到"智慧"的身影。两年前，我应邀参加"2015 中国（北京）智慧城市院士论坛"，就"互联网+智慧城市"主题与院士专家展开交流研讨，大家一致认为，智慧城市建设应该从顶层设计的角度，破解一系列制度性、技术性的难题。时至今日，中国智慧城市建设已由概念转为具体落实，开始进入高速发展期。尽管形势一片大好，但顶层设计不足、信息烟囱、智慧孤岛、安全隐患、基础薄弱等一系列问题亟待深入解决，智慧城市建设道路还很漫长，需要在理论、方法、技术、应用等多个层面上对智慧城市建设开展更为深入的探索和实践。

智慧城市属于一类典型的开放复杂巨系统，在研究方法和路径上，需要运用系统工程理论和方法，从更高起点进行布局和设计。目前，国内出版的智慧城市方面的著作很多，但如何有效解决智慧城市这一开放的复杂巨系统问题，相关书籍不多。适逢此时，欣闻中国航天系统科学与工程研究院院长薛惠锋主笔的《钱学森智库纵论智慧城市》即将出版。该书运用钱学森系统工程方法理论，将系统思维方式和现代科技综合集成技术手段紧密结合，充分考虑各层次、各领域要素，构建了智慧城市系统"十智"模型，结合应用天空地一体化感知与传输等航天先进技术，系统地从体系、方法、技术、应用层面论述了智慧城市这一复杂巨系统，视角独特，体系完整，内容丰富，实战性强。

我认为该书是一本适时的、难得的将钱学森智库体系、理论、方法与技术集中应用于智慧城市建设的书籍，既有理论高度，又兼具科普性与实践性。期望该书的出版对我国智慧城市建设事业起到积极的推动作用。

中国工程院院士

张履谦

2017 年 6 月

序　二

近年来，随着全球物联网、新一代移动宽带网络、下一代互联网、云计算等新一轮信息技术的迅速发展和深入应用，信息化建设正酝酿着重大变革和新的突破，向更高阶段的智慧化迈进已成为必然趋势。绿色革命和智慧革命是后国际金融危机时代科技革新的大趋势，是改变人类生产生活方式的大变革，也是走中国特色新型城市化道路的大战略。因此，不失时机地把握智慧革命的契机，顺时应势，以智慧城市建设为依托，在数字中国的基础上，推进信息化与工业化、城市化的深度融合，构建智慧融合、创意无限的智慧城市，既是实现全面小康、加快迈向现代化的重要战略，也是亟待各方深入研究并探索实践的重要课题。

城市是国家治理体系的关键环节，承载着人民对更美好生活的期盼。随着国家治理体系和治理能力现代化的不断推进，随着"创新、协调、绿色、开放、共享"发展理念的全面贯彻，城市被赋予了新的内涵，对智慧城市建设提出了新的要求，以城市治理与新一轮信息技术深度融合为代表的智慧城市建设，已经成为国家现代化建设的迫切需求。在全面调查和摸清全国智慧城市建设情况的基础上，面对智慧城市建设遇到的新挑战和新要求，中央网络安全和信息化领导小组办公室进一步完善了智慧城市的概念，即智慧城市建设以为民服务全程全时、城市治理高效有序、数据开放共融共享、经济发展绿色开源、网络空间安全清朗为主要目标，通过体系规划、信息主导、改革创新，推进新一代信息技术与城市现代化深度融合、迭代演进，实现国家与城市协调发展。作为新时期中国经济的引擎，智慧城市建设意义重大，但仍然面临诸多难题，比如信息孤岛、隐私安全等问题。

智慧城市是一个复杂巨系统，需要遵循体系建设规律，运用系统工程方法，构建开放的体系架构，通过强化共用、整合通用、开放应用的思想，指导各类新型智慧城市的建设和发展。但是国内关于利用复杂巨系统理论解决智慧城市建设问题的书籍相对较少，缺乏理论与实践指导。面对这样的缺失，由中国航天系统科学与工程研究院组织牵头，院长薛惠锋主持撰写了《钱学森智库纵论智慧城市》一书。

中国航天系统科学与工程研究院是系统工程的发源地，组织开展了"口述钱学森工程""群星灿烂工程"等重大项目，曾在人民大会堂隆重举行了钱学森归国 60 周年纪念大会，举办过多期反响巨大的"钱学森论坛"，打造了一整套系统工程理论和工具体系，奠定了该院作为钱学森智库的不可或缺、无法撼动的地位。同时，中国航天系统科学与工程研究院具备天空地一体化通信集成能力，卫星导航、遥感、通信综合应用能力，并将其成功运用到智慧城市、智慧园区、智慧工厂等智慧系列专项中，推动了我国安监、环保、政务、应急等多个领域治理模式的创新。在这么多年大量的系统工程、智慧城市的研究和实践工作中，该院总结归纳出了在新的形势下，利用系统工程理论方法指导智慧城市建设的新常态、新思路，借用人体科学相关要素概念，创新性地提出了智慧城市系统"十智"模型，更加清晰地辨析了智慧城市这一复杂系统中要素的作用及关系；并结合自身航天技术优势，阐述了智慧城市建设关键技术，分析了智慧城市建设实践案例，从多个层面解决了智慧城市复杂巨系统问题。

该书从全新的角度解读了智慧城市建设问题，内容新颖翔实，阐述深入浅出，理论联系实际，不仅对于城市管理者开展工作具有指导意义，而且对于每一个智慧城市建设者都有重要启发，值得每一个关注智慧城市未来发展的同志研读和思考。我相信，该书必将成为我国利用系统工程理论解决智慧城市建设问题的首创，也必将从顶层设计、顶层指导的高度推进我国智慧城市的建设与发展。

中国科学院院士

姚建铨

2017 年 6 月

目　录

总　论

坚守"智慧之愿"——惠民、善政、开放、绿色、安全

当前，中国经济发展进入新常态，我国城市发展也迈入了量质并举的新阶段。2017年2月，国家统计局权威发布：2016年中国城镇化率已达到57.35%（国家统计局，2017），城市化对国民经济和社会发展的促进作用明显增强。与此同时，人口膨胀、环境污染、资源短缺、交通堵塞等城市病已逐渐成为制约我国城市发展的主要问题。为实现城市的可持续繁荣，一方面需要进一步顺应城市发展全球化、多样化、社会化和协同化的趋势，建立新型的城市发展模式；另一方面需要借助新技术革命强大的驱动力，奠定新型城市发展模式的基础。在此背景下，智慧城市作为工业化、信息化、城镇化和农业现代化交汇融合的概念正在被越来越多的人接受，为加快城市现代化进程和产业结构升级提供了新的思路和模式。

综合国内外对智慧城市的研究来看，尽管定义有所不同，但大都认为智慧城市应该有以下特点：一是智慧城市建设以信息和通信技术（information communication technology，ICT）应用为支撑；二是智慧城市是一个复杂的、相互作用的系统；三是智慧城市建设的目的是让城市更加宜居、宜业。简单来说，智慧城市是城市发展的高级阶段，以信息和通信技术为支撑，让城市更聪明、人类生活更便捷（张一章，2016）。

随着国家治理体系和治理能力现代化的不断推进，随着创新、协调、

绿色、开放、共享发展理念的全面贯彻，随着网络强国战略、国家大数据战略等的实施，智慧城市被赋予了新的内涵和新的要求，可以概括为以下5个方面。

惠民。以人为本，是现代城市建设和治理的原点。坚持信息惠民作为智慧城市发展的核心，提升公共服务效能，通过释放数字红利，实现无处不在的惠民服务，提高人们生活的便捷感、安全感、获得感、公平感、幸福感，建设和谐、宜居、富有活力的现代化城市。

善政。推进政府决策科学化、社会治理精准化、公共服务高效化，用信息化手段更好地感知社会态势、畅通沟通渠道、辅助决策施政。

开放。有效开放公共空间和公共资源，充分体现社会管理与服务能力的融合、社会管理与服务资源的融合。

绿色。通过城市精细化和智能化管理技术手段，减少资源消耗，降低环境污染，建设环保、低碳的城市生态环境。

安全。智慧城市是具有良好公共安全的城市，具有抵御自然灾害和处理人为灾害的能力。

综上所述，智慧城市是以为民服务全程全时、城市治理高效有序、数据开放共融共享、经济发展绿色开源、网络空间安全清朗为主要目标，通过体系规划、信息主导、改革创新，推进新一代信息技术与城市现代化深度融合、迭代演进，实现国家与城市协调发展的新生态（熊垃智，2016）。

破解"智慧之困"——开放的复杂巨系统理论

现代文明的发祥地在西方，起源于欧洲的文艺复兴运动。文艺复兴把人从神的束缚中解放出来，把生产力从封建社会的束缚中解放出来，引领西欧走出中世纪的蒙昧，迎来了现代文明的曙光。文艺复兴推动了以资本主义生产方式为基础的早期现代化进程，并逐渐形成以全球一体化和世界市场为基础的现代文明，这一现代化进程的一个重要标志即是现代城市的兴起。

自 18 世纪工业革命以来，随着大工业生产对劳动力、原材料、能源、消费市场的巨大需求，欧美各国先后开始了现代城市的建设历程，在人口聚集、工商业发达的地理区域，成立现代城市行政管理机构，建立治安执法机关，大规模修建厂房、商业大楼、住宅、医院、学校、道路、桥梁，完善给排水地下管网，铺设电力、通信线路，从而形成了由众多公用设施、市政工程等专业系统构成的城市大系统。随着城市规模的不断扩张，人口数量和用地猛增，城市发展同时表现出两种倾向：一方面城市各种先进的公用设施与市政工程，逐步出现并迅速普及，促进了城市发展；另一方面出现了"城市病"，人口无序集聚，能源、资源紧张，生态环境恶化，交通拥堵严重，房价居高不下，安全形势严峻，城乡对立且差距拉大，人们面临城市无序发展带来的"智慧之困"。

上述"智慧之困"的逻辑根源在于还原论思想。现代西方文明的建立，以还原论为思想为基础，就是将复杂系统不断分解为简单系统，将全局问题不断分解为局部问题去解决，很大程度上忽视了系统的整体性、系统要素间的相互关联性，"头痛医头，脚痛医脚"，从而引发了深层次矛盾和弊端。第一次文艺复兴后，还原论引发的一系列科学、技术、产业、社会革命已遇到瓶颈，体现在世界、国家、城市治理上，体现为不平等、不平衡和不可持续。因此，现代城市要摆脱"智慧之困"的束缚，急需一种新的思想、新的方法论。

人类文明已走到量变到质变的临界点，一场新的文明转型呼之欲出。早在 20 世纪 80 年代人民科学家钱学森即认为，人类文明迫切需要一次新的文明转型，就是综合西方的还原论、东方的整体论，形成系统论的思想，以定性到定量的综合集成为基本方法，开创"第二次文艺复兴"。钱学森认为，中国将发挥"第二次文艺复兴"的主战场作用，通过系统论的发展应用，实现把握客观规律、改造客观世界能力的跨越式提升，把第五次、第六次、第七次产业革命不断向纵深推进，达到"整个社会形态的飞跃"，带动世界、国家、城市治理手段和模式的颠覆性创新。

按照系统论的思想，智慧城市是个开放的复杂巨系统。智慧城市功能繁复、结构庞大、系统层次多，与周边、全国以至世界联系广泛，具备着典型的开放的复杂巨系统的特性（戴汝为，2005）。

（1）开放性

城市是区域性乃至全国性的政治、经济、文化、教育、科技中心。与生命系统类似，一个城市要保持正常有序运转，必须不间断地进行新陈代谢，其各种物理系统必然与周边地区、全国和全球进行物质、能量、信息、人员等交换活动。

（2）动态性

智慧城市要为政府、企业、市民等服务主体提供智慧化服务，要做到政令贯通、经济发展、文化先进、教育提升、科技创新、人居环境改善、交通环保治理、人文自然和谐、治安消防保障、灾害及破坏的预防及预警，其组成单元必然时时刻刻与这些服务主体进行频繁的交互，这些相互作用导致智慧城市的系统状态一直处于不断的剧烈变化之中。

（3）复杂性

智慧城市结构高度交错繁复，其发展变化受到自然、社会、经济、文化、政治、法律等多种因素的影响，服务触角深入到社会经济、政府治理、科教文化、社会民生、环境生态、人本文明等各个领域，需要建立数量巨大、层级众多、纵横交错、关联复杂的智慧城市分系统，这些分系统的组件繁多、时空交叠，其系统结构通常采用复杂性的构造——层级结构，以适应智慧城市复杂环境和功能的需求。

（4）整体性

智慧城市的各个子系统之间既层层分属又密切相关，既功能各异又时空交叠，统一服务于发展与完善的总目标。智慧城市的所有系统总括起来构成一个统一的整体，使经济充满活力、文教科技高度发展、人民生活安定舒适，创造自然、人文、社会融汇协调发展的工作与生活氛围，呈现其人类社会发展的整体性前驱（戴汝为，2005）。

（5）自组织性

由于各种不可预见的自然、社会等因素的影响，在城市治理的实践中，不可避免地会遇到原规划、正常程序中无预案的亟待解决的问题。为应对此类问题，智慧城市具备一定程度的自组织性和自适应性就十分必要。因此，从城市的功能和发展前景出发，智慧城市中各类综合性系统，特别是支持应急、决策和适时发展的系统，必须具备人机结合的学习功能，通过学习程序，把自组织、自适应所取得的经验和范例，在人机结合的综合智慧系统中得到近于最优化的储备方案，这样才能呈现优选的自组织性和高阶的适应性。这也正是智慧城市综合系统的整体优势和生命力的表现。

综合智慧城市的上述特点，不难发现，智慧城市的系统中组成单元数量众多，这些组成单元在时空、作用及状态之间交互，并随系统行为演化派生，系统组件时空交叠、角色各异但宏观上表现为整体行为；系统层次众多、组成模式多种多样；系统与环境间存在能量、物质、信息交换，可以动态连续适应环境变化，这些均为开放性、复杂性和巨系统的特征。所以，智慧城市是一类开放的复杂巨系统（戴汝为，2005）。

由于对"智慧城市是一类开放的复杂巨系统"的本质特征认识不足，人们在智慧城市建设过程中出现了许许多多的问题，如没有从城市整体目标、发展战略、自身特点和面临的实际问题出发进行总体规划、顶层设计，相同或相似服务功能的系统重复建设，缺乏总体的系统整合；出于自身利益等方面的考虑，各部门、各行业和各地域间的信息，彼此相互孤立和隔离，未能实现充分的信息共享和数据融合，无法实现各智慧子系统的业务协同，城市智慧化徒有虚名；缺乏统一的标准体系，部门组织制订的标准之间不协调、多而杂乱，缺乏科学、实用的协同实践。

要解决智慧城市建设所面临的开放的复杂巨系统问题，在方法上，我们应运用钱学森提出的《系统工程综合集成方法论》来指导、规划、设计、建造智慧城市，实现系统应用和功能。在路径上，我们要运用钱学森智库体系构建智慧城市的智慧之核——总体设计部，从更高起点去布局，以定性到定量的综合集成为基本方法，利用信息革命的最新成果，打造"从定性到定量的综合集成研讨厅体系"，构筑钱学森智库"六大体系、两个平台"，为实现物理—数据—信息—智能—智慧的多级跃升，为解决智慧城市面临的开放的复杂巨系统问题，提供科学有效的方法支撑和工具支持，真正实现从不可能到可能、从不满意到满意的综合提升。

20 世纪 80 年代末到 90 年代初，结合现代信息技术的发展，钱学森先后提出从定性到定量综合集成方法及其实践形式——从定性到定量综合集成研讨厅体系，使总体设计部有了一套可以操作且行之有效的方法体系和实践方式。从方法和技术层次上看，它是"人机结合、人网结合、以人为主"的信息、知识、智慧的综合集成技术。这套体系，使得智库发挥的作用不再是写几篇文章，而是使跨层级、跨地域、跨系统、跨部门、跨行业、跨领域的综合集成与统筹设计成为可能，进而实现各类系统从不满意状态到最满意状态的综合提升，这是钱学森智库的核心所在，也是重塑城市竞争优势、提升政府治理能力的"钥匙"。

搭建"智慧之体"——未来城市"十智"模型

智慧城市是一个复杂的、相互作用的系统。在这个系统中，信息技术与其他资源要素优化配置并共同发生作用，新兴信息技术与城市系统相结合构建智能化的城市系统，人的智慧与智能化城市相互作用耦合，形成具有"智慧"特征的城市系统。

钱学森在 1981 年发表的文章《系统科学、思维科学与人体科学》中指出："人-机工程是一门非常重要的应用人体科学技术。对于有些自动化系统，人们发现，如果能让人对系统做出适时、适当的干预，比全不要人参与要好。这也就是让人发挥综合形势、权衡多方面利弊、作出判断的长处，也让机器发挥大功率、高速度、精确运动的长处。就在电子计算机的运算过程中，也会有人干预计算而缩短计算过程的情况。人-机工程是人体科学和机械科学、电子科学的结合，是今天发展很快的一门技术。"从智慧城市的基本特征分析，智慧城市是典型的人机结合、人网结合、以人为主的复杂巨系统。从系统工程的角度，如何实现人的智慧与现有智能城市结合，以人类的智慧制定城市发展运行的战略规划，对城市的运行发展进行规划、组织、引领和实施，从而使智能城市实现智慧涌现，达到智慧提升，智慧发展的目标。这个命题是智慧城市建设过程中要解决的核心问题之一，也是智慧城市是否真正具有"智慧"的关键问题。

为更加清晰地辨析智慧城市这一复杂系统中要素的作用及关系，本书提出了智慧城市系统模型——"十智"模型，以描述智慧城市系统要素之间的关系构建，如图0-1所示。

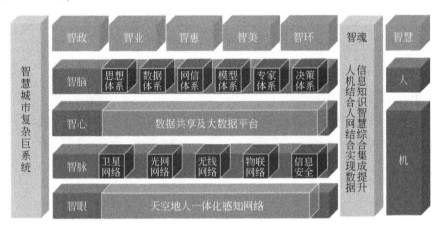

图0-1　智慧城市系统模型——"十智"模型

"十智"模型是由智魂、智脑、智心、智脉和智眼的五智协同架构，以及智政、智业、智惠、智美和智环五位一体的应用架构组成。

其中五智协同架构中，智魂贯穿智慧城市系统模型始终，通过综合集成到综合提升的理论方法，实现从物理城市到智慧城市的提升，这是我们建设智慧城市的战略目标。智脑位于智慧城市系统模型的最高层，是通过思想体系、数据体系、网信体系、模型体系、专家体系和决策体系，以明确的愿景、科学的规划、有力的执行来推动智慧城市系统呈现"智慧"的重要手段和工具，发挥着大脑指挥全局的作用。智心是智慧城市系统模型中数据驱动的核心，是智慧城市系统的数据及服务支撑层，实现数据和信息的感应、传输、存储、计算和分析功能。智脉是智慧城市系统中网络及信息安全保障基础设施，依托天空地一体化网络基础设施，及可靠的信息安全保障措施，实现数据信息的采集和传输。智眼通过感知技术、通信及网络技术，实现物理城市中资源和环境的智能化连接和感知。五智协同架构中各要素互相作用、耦合构成了智慧城市系统的基础平台架构。

五位一体的应用架构是按照围绕中国特色社会主义五位一体总体布局来构建智慧应用的五类应用，涵盖了经济建设、政治建设、文化建设、社会建设、生态文明建设。其中智政主要包括智慧政府、智慧公共服务和智慧城市监管等。智业主要面向经济建设领域，包括智能制造、智慧园区、智慧能源等。智惠主要面向社会民生领域，包括智慧社区、智慧医疗、智慧交通等。智美主要面向文化建设领域，包括智慧教育、智慧旅游、智慧文娱等。智环主要面向生态文明建设领域，包括智慧环保、循环经济、海绵城市、智慧环卫等应用。

"十智"模型中各要素相互联系、相互依存、相互作用，共同构建了智慧城市的系统模型。

第一章　智魂

随着经济和社会的发展以及信息化建设的普及，城市建设逐步迈入了一个新的阶段，一场深度跨界融合的变革正在临近。城镇化与信息化，正因智慧城市而不断产生交集并深度融合。智慧城市作为城市信息化发展的高级阶段，是一个不断演进的过程，是新一代信息技术创新应用的必然结果，也是伴随着新一代信息技术创新应用而产生的最新城市发展理念（侯远志和焦黎帆，2014）。

早在1985年，人民科学家钱学森就已提出将城市作为一个整体来研究，开辟城市学学科，"将对城市本身的研究作为一门应用的理论科学"，并提出，城市是一个复杂巨系统，要用系统科学的方法，科学系统地对城市进行研究（马晓华，2015）。纵观人类城市信息化发展历程，信息技术与城镇化相互促进、相互融合，先后催生了物理城市、数字城市、信息城市、智能城市及智慧城市等五个城市形态。整体上来看，钱学森智库认为智慧城市的发展灵魂在于物理城市、数字城市、信息城市、智能城市到智慧城市的四级提升（图1-1）。

物理城市，实现人工连通万物：物理城市是生产力发展和工业化水平提高的产物，是人类社会进步的标志。物理城市是城市信息化的主要载体和依托。

数字城市，实现精准映射现实：实现城市物理世界到数字世界的映射，城市的过去、现状和未来的全部内容在网络上进行数字化虚拟实现。

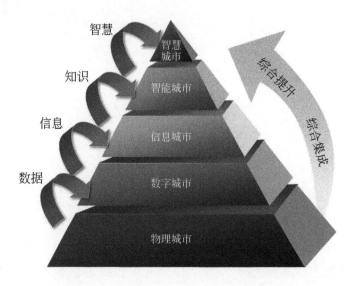

图 1-1 物理城市到智慧城市的四级提升

信息城市，实现全面态势感知：数据转化为信息，以更加透彻的感知、更加广泛的连接，实现物与物、物与人、人与人互联互通。

智能城市，实现科学预测未来：把信息升级为知识，实现虚拟城市与现实城市无缝融合，形成自组织、自适应的智能生命体。

智慧城市，实现实时决策指挥：知识升华为智慧，通过人机结合，人网结合，实现信息、知识和智慧的从定性到定量的综合集成。

第一节 物理城市，人工连通万物

城市是一个由人高度参与的开放的复杂巨系统。城市作为区域政治、经济、文化、教育、科技和信息中心，是劳动力、资本、各类经济、生活基础设施高度聚集，人流、资金流、物资流、能量流、信息流高度交汇，多维度、多结构、多层次、多要素间关联关系高度繁杂的开放的复杂巨系统（宋刚，2007）。城市的复杂性不仅在于它包括物质系统，更为主要的原因在于城市以人为主体。在不同的时期，城市的性质、功能、形态都会发生变化，在此，我们称信息技术应用前的城市为物理城市。在物理城市中，城市中生产和生活等相关活动的有序运转大多必须由人工直接参与完成，人既是城市的直接生产者，也是直接消费者和直接管理者。

一、多重视角看物理城市

物理城市阶段，城市是一个开放的复杂巨系统，城市系统与外部环境、系统内各要素与系统整体、各要素之间相互联结和作用，具有整体性、结构性、层次性、开放性和动态性等特点。

（一）一定规律组合而成的有机整体

城市具有整体性。城市中各种要素相互联系、相互作用而形成了城市这个有机结合的整体，各种要素之间不是简单叠加（张旸，2008）。从整体性角度看城市功能，城市的各个子功能作为城市整体功能的一个组成部分，按照城市整体功能的目标发挥着各自的作用。城市的各个子功能的作用和性质由它们在城市整体功能中的角色所决定，它们的作用受局部和整体之间的关系影响（张旸，2008）。因此，必须用系统思维研究城市，将城市看作一个整体，从城市的整体性和系统性来对待城市中的各个要素。

（二）不同要素交互作用和反馈

城市具有结构性。城市的整体功能由其结构决定，而城市系统的结构是指城市的经济、政治、文化、社会及生态等各要素之间及要素与城市整体之间互相联系、互相作用的方式（陈柳钦，2010）。城市中各个要素也是一个系统，他们都有各自的结构和功能。城市各个子系统的有机结合构成城市的整体结构，各子系统的有机结合才形成城市系统的整体结构。

（三）高效有序地协调运行

城市具有层次性。城市这个大系统由不同层次的子系统构成。大系统中的各要素作为子系统，子系统还可逐层分解为更小单元的子系统。城市功能系统和子系统隶属关系不同而形成不同的层次（陈柳钦，2010）。不同层次的城市子系统既有共有的系统特征，又有自己独有的系统特征。不同层次的城市子系统既互相依存、互相作用，又互相区别、互相制约。各系统之间相互协同，让城市这个大系统得以高效有序运行。

（四）一个开放的动态发展系统

城市具有开放性和动态性。城市是相对于一定的外围区域而言的。城市系统时刻与外部环境发生物质、能量和信息的交换。随着经济发展，一定区域内的物流、人流、资金流、信息流通过各种方式汇集于城市，经过城市的优化组合产生了能量聚集效应和放大效应，从而形成了城市的各种功能和特点。城市不是固定不变的，城市组成要素和外界环境的变化，都会通过交互作用和反馈，使城市体系的形态、规模和结构发生变化（谭建华，2011）。

二、物理城市的关键要素

城市是一个人工的复合系统，其关键要素包括经济、政治、文化、社会及生态五位一体，是一个以人为主体的相互影响的有机整体。在城市中，生态为人类提供生存环境，是城市产生的前提；经济是城市功能赖以发挥作用的重要物质基础；而人在城市中共同生活，逐渐形成特定的社会关系；政治保障城市有序、高效、稳定地运行；文化规范人的思想和行为，引导城市和城市居民的发展，是城市发展的软实力。

（一）城市经济

城市的经济系统，具有吸引、集聚资本、技术、人才、信息等生产要素，结合自身的环境条件（必要的基础设施、设备和环境），并依靠这些生产要素及生产要素的配置和组合，生产、创造社会经济财富的功能。城市经济系统具有系统性、互补性、外部性和区位性等特点。从物质形态、产业结构、要素构成上看，城市经济系统表现为一个开放的、密集的空间经济系统，系统中的各个要素相互联系、制约，构成了整体性运动，具有系统性；经济功能上，内部经济系统之间的分工合作，内部经济构成和空间布局的协调具有互补性；私人成本与社会成本或私人收益与社会收益之间的不一致，具有外部性；城市经济运行是人口和经济活动在特定有限空间的聚集、扩散、再聚集过程（吴超和刘春，2004）。

（二）城市政治

城市政治系统的主要功能是政府及相关职能部门对城市社会的管理。广义的城市管理是指对城市一切活动进行管理，以城市这个开放的复杂巨系统为对象，以城市基本信息流为基础，运用决策、计划、组织、指挥等一系列机制，采用法律、经济、行政、技术等手段，通过政府、市场与社会的互动，围绕城市运行和发展进行的决策引导、规范协调、服务和经营行为（许婷婷，2016）。而狭义的城市管理通常就是指市政管理，即与城市规划、城市建设及城市运行相关联的城市基础设施、公共服务设施和社会公共事务的管理。一般城市管理所研究的对象主要针对狭义的城市管理，即市政管理。

（三）城市文化

城市文化系统从宏观层面来说指在城市区域内，人类社会历史实践过程中所创造的物质财富和精神财富的综合，包括城市长期的发展过程中所积淀的一切物质的和非物质的财富。从微观层面上看，城市文化是指在城市中所形成的语言文字、艺术形式、文学作品、广播电视，以及社会性和群众性的各种娱乐活动、民风民俗等的综合（戴琼，2013）。城市文化在城市中具有标志性意义或深厚的内在价值，可以使城市具有独特性，并且充满朝气，是区别一个城市与其他城市不同的内在特质，这也是城市文化的价值所在（高原，2015）。

（四）城市社会

社会学认为社会是由具有一定联系、相互依存的人们组成的超乎个人的、有机的整体。在城市中，社会最基本的内容是社区，它是由一个个或大或小的社区所组成的。社区是社会的缩影，任何一个社区就是一个规模不等的具体的小社会，是整个大社会的不同程度的具体反映。与社会相比，社区更加实际，便于感知，易于把握。从社区功能上看，社区具有管理生活在社区的人群的社会生活事务，为社区居民和单位提供社会化服务，救助和保护社区内弱势群体，提高社区成员的文明素质和文化修养，化解各种社会矛盾，保证居民生命财产安全等基本功能。

（五）城市生态

城市生态系统是城市居民与其环境相互作用而形成的统一整体，也是人类对自然环境的适应、加工、改造而建设起来的特殊的人工生态系统，人类活动对城市生态系统的发展起着重要的支配作用（赵维良，2008）。城市生态系统运行的目的不是为维持自身的平衡，而是为满足人类的需要。它不是自然生态系统，而是由自然系统、社会系统和经济系统所组成的复合系统，具有一定社会性。城市中的自然系统包括城市居民赖以生存的基本物质环境，如阳光、空气、淡水、土地、动物、植物、微生物等；

经济系统包括生产、分配、流通和消费的各个环节；社会系统涉及城市居民社会、经济及文化活动的各个方面，主要表现为人与人之间、个人与集体之间以及集体与集体之间的各种关系（赵维良，2008）。这三大系统之间通过高度密集的物质流、能量流和信息流相互联系，其中人类的管理和决策起着决定性的调控作用。人类在系统中既是消费者又是主宰者，人类的生产、生活活动必须遵循生态规律和经济规律，才能维持系统的稳定和发展。

三、物理城市的发展变革

城市化是生产力发展和工业化水平提高的产物，是人类社会进步的标志。然而，由于发展规划不当，城市化也带来了一系列的负面效应，诸如人口拥挤、交通堵塞、住房紧张、犯罪增加、水源短缺、污染严重等。未来城市将聚集我国 6 成以上的人口，如何在城市化快速发展的过程中，保持较高的城市化规划和管理水平，选择科学合理的城市发展模式，构建以人为本、生态宜居的城市生活环境是摆在政府和城市管理者面前的问题（国家智慧城市标准化总体组，2014）。科技手段，特别是信息科技手段，是解决诸多问题的有效手段之一。

现代信息技术的进步和发展，进一步推动了城市的发展。信息技术引领的管理变革为我们认识城市，解决城市中资源利用、环境保护、基础设施建设、产业发展、医疗及教育改革和城市管理这类高度繁复的问题，推动城市管理创新提供了新的视野。信息技术的发展使得信息的收集、处理、存储与传输成本大幅下降，大大降低了交易和管理成本，为组织的流程再造提供了技术上的支持，进而推动组织内跨层级以及组织间跨部门的业务整合与集成。信息技术引领的变革成为时代主题，如何充分利用信息技术让城市系统各子系统及子系统间运行更加高效稳定，加强对城市的认识、管理能力，做到高效管理城市成为当今城市发展的重要主题。

第二节　数字城市，精准映射现实

数字城市的概念来源于数字地球，它是数字地球的理念在城市的引用、延伸和拓展。数字城市作为城市信息化初级阶段，是人们对城市认识的又一次飞跃，与低碳城市、生态城市一样，是对城市的一种新的理解，是人们期望把城市建成何种模样的描述（薛凯，2011）。其本质是对城市的基本特征，包括硬件（基础设施）和软件（社会经济）及其相关现象进行统一的数字化重现和认识，从而用信息化手段来处理、分析和管理整个城市，促进城市的人流、物流、资金流、能量流畅通和协调。

数字城市是指充分利用地理信息技术、宽带网络技术、数据存储技术、数据分析技术、信息展示技术和信息安全技术组成的信息技术体系，对城市基础设施和与生产生活相关的各个方面进行全方位、多层次的信息化加工和使用，有效地整合城市资源、环境、生态、地理、人口、经济、文化、教育和安全等信息资源，形成在综合网络环境下的数字化应用平台，包括政府类、企业类、行业类和个人类应用系统，为城市经济和生活的所有方面提供便捷有效的服务（薛凯，2011）。

一、多重视角看数字城市

（一）从二维城市向三维城市跨越

数字城市是一项既能虚拟现实城市又能直接参与管理和服务的城市综合信息系统工程。它通过对现实城市的经济、环境、社会等复合系统的信息资源数据进行高效采集、智能加工、分类储存、自动解决、分析处理、决策支持等，成为现实城市的虚拟对照体（薛峰，2014）。数字城市是在城市经济、环境、社会等要素构成的一体化数字平台上和虚拟环境中，利用功能强大的系统软件和数学模型，通过可视化的表达方式再现现实城市各种资源的分布状态，并对城市规划、建设、管理的各种方案进行模拟、分析、研究，促进城市信息资源在全社会的共享和使用，为政府、企业、行业和公众提供信息服务，实现了从二维城市向三维城市的跨越。

（二）用数据说话，以数据为准

数字城市系统是一个人地（地理环境）关系系统，它体现的是人与人、地与地、人与地相互作用和相互关系，注重利用信息技术实现城市各领域的信息化以提升社会生产效率。数字城市包括地球表面测绘与统计的信息化（数字调查与地图），政府管理与决策的信息化（数字政府），企业管理、决策与服务的信息化（数字企业），市民生活的信息化（数字城市生活）。数字城市强调的是用数据说话，以数据为准（李普聪和吴清江，2003）。

二、数字城市关键技术

（一）地理信息系统

地理信息系统（geographic information system，GIS）是以地理空间数据库为基础，为城市研究、管理和决策服务的计算机信息系统。GIS 技术是数字城市实施中最关键的技术之一，从技术角度来说，数字城市系统平台可以看成 GIS 的扩充与发展，城市公共信息服务平台和各种应用系统一般都是基于 GIS 开发的（李坡，2013）。

目前，GIS 技术已从传统的单机系统、客户端/服务器系统发展到网络服务系统（Web GIS）和网格服务系统（Grid GIS），主要包括以下几方面的内容。

1. 面向城市地理信息系统的基础软件平台支撑技术

城市信息资源共享是数字城市的核心，而城市基础地理空间信息共享又是实现城市信息资源共享的关键。只有当城市信息被定位在城市基础地理空间数据上时，才能反映其空间定位或空间分布特征。因此，各个城市在实施数字城市工程时，首先要建设城市基础地理信息系统，其主要任务是管理城市 1∶500、1∶1000、1∶2000、1∶5000、1∶10 000 的地图数据，以及城市数字正射影像数据、数字高程模拟数据，将其作为城市各种信息系统整合的基础框架。同时，数字城市应用系统层的各种系统都需要有 GIS 软件作为支撑条件（宁津生，2008）。

2. 面向城市地理信息共享的基于 Web GIS 的数据互操作技术

网络技术与 GIS 的结合形成 Web GIS，使其应用扩展到各个应用领域和地理区域，并且出现了大量不同类型、分布、异构数据库或地理信息系统，它们由不同的政府机构、商业组织、企业和个人根据需求在不同的软件平台或数据库管理系统下创建和维护。Web GIS 具有自包含、自组织、自描述、模块化、标准化、网络化、开放性、语言独立、互操作、动态性等特性，这些使 Web GIS 成为现在及未来地理信息共享和互操作的重要途径和发展趋势（王家耀等，2008）。

3. 面向政府综合决策的基于 Grid GIS 的城市信息资源共享技术

网格技术是构筑在高速互联网上的将网络、计算机、数据库、传感器、远程设备等融为一体的新型技术。Grid GIS 是实现城市各部门站点之间资源共享和协同工作的关键技术，对政府跨部门的综合决策，特别是应急指挥决策和数字化城市管理尤其重要，无论用户在何种服务终端上，Grid GIS 都能为政府综合决策提供集成的城市空间信息服务和协同解决问题的功能（宁津生，2008）。

4. 面向公众的基于"一站式"门户的城市空间信息资源服务技术

基于"一站式"门户的城市空间信息资源服务技术，是实现空间信息服务大众化的关键技术。该服务系统的建立是数字城市实施的根本目的，它是服务于社会大众、企业、行业和政府的标志性工程，对改变广大社会公众的工作、学习、生活、文化和交往方式具有重要作用，对促进城市信息化建设、构建和谐社会具有重要意义（王家耀等，2008）。

（二）遥感技术

遥感（remote sensing，RS）技术是一种通过卫星、飞机等设备携带传感器，在不直接接触研究对象的情况下，获取其表面特征和图像信息的技术。它是获取和更新空间数据的主要手段，是目前最先进、最有效的空间信息获取方法。它不仅可以获取及处理有形的信息，如山川河流等自然形态、滑坡崩塌等自然灾害和房屋道路等人工造物，而且可以获取和处理无形的信息，如大气污染、城市热岛、交通流量、人口密度等。

当前在数字城市实践中使用的遥感技术主要有3个方面。

1. 高分辨率遥感影像

随着传感器技术的飞速发展，遥感卫星的空间分辨率民用可以达到0.8~1米，基本可以满足城市空间数据采集的需要；而军事侦察的空间分辨率则更高，一般可以达到0.3米。由于高分辨率的民用卫星在轨道上运行的数目已经有若干个，所以基本上也可以满足时间分辨率上的需要。航空遥感则具有很大的灵活性和机动性，空间分辨率和时间分辨率不受限制，所以深受欢迎，而且它还可以进行高光谱成像，波段可以从数十个到百多个，所以具有很高的光谱分辨率，可以满足城市空间数据的采集、更新和监测的需要（薛凯，2011）。

2. 城市三维重建技术

数字城市中建筑物三维重建是一项十分重要的工作，城市三维景观模型是数字城市最重要的信息数据。在三维城市重建中，首要问题是数据源。在此基础上，融合多种数据源建模三维城市，可以较好地弥补单一数据源的不足，能够提高自动化程度。以航空影像为主、地面影像为辅进行计算机辅助的城市三维建模效果较好，目前应用软件有 Google Earth、Virtual Earth 等，这将极大地提升人们在城市建设更新、城市规划管理、历史建筑保护、环境污染治理等方面的能力。

3. 城市变化检测技术

随着城市化进程的加快，用地面积每年都在发生着重大的变化。因此，研究城市中居住用地、道路和水系三大目标变化信息的提取至关重要。当前，遥感影像已成为获取城市地理信息的一个重要来源，研究如何自动获取城市主要地物的变化信息，提高空间数据库的更新效率和缩短作业周期，都是非常重要的。

遥感技术具有覆盖范围大、重复覆盖周期短等特点，故其获取信息的现实性更强，这对日新月异变化着的城市是非常重要的。遥感技术在当下城市规划中的应用范围也很广，主要包括以下 5 个方面。

（1）城市规划编制与管理的基础数据

将遥感数据按照国家基本比例尺地形图图幅范围裁剪调整后，生产数字正射影像数据集。它具有精度高、信息足、直观性强等优点，可以作为背景信息，评价其他数据的精度、现实性和完整性。另外，目前由于城市测绘部门地形图数据更新不及时、现实性不强，可以直接使用遥感影像图作为规划编制和管理的背景图或现状图，提高城市规划管理与决策的科学性和准确性（许业辉，2010）。

（2）城市基础属性数据获取

利用遥感技术可以比较容易地获取城市基础属性数据与位置信息。其中主要包括：城市发展的历史资料、城市建筑的密度与布局、城市的路网结构、土地的利用与变更数据、城市绿地系统数据、城市灾害数据、环境资源的污染与治理数据、水资源的污染与治理数据、噪声污染及其程度数据等（蔡迎霞，2012）。在这些数据基础上加工还可以派生出其他信息资料，如人口密度统计、城市视野分析等。

（3）城市规划和建设中的公众参与

联系公众和城市管理部门最有效的途径之一就是城市遥感影像图。

公众能够通过这种直观的、便捷的方式感受到城市的发展与变化，并对城市建设和发展提出意见和建议。公众对城市发展的关注、参与和监督必将更好地促进城市的完善。数字城市是一个开放的系统平台，它需要公众的监督和参与，而城市遥感影像图为其提供了良好的切入点（齐同军，2003）。

（4）城市发展的监管

城市发展在时间域和空间域上的表现是一个连续渐变和空间变化的过程，而城市发展的监管也应相应地展开，遥感技术就可以帮助实现这个要求。如通过对比分析项目的遥感资料和报建的审批材料，实现对城市在建和新建项目的监控调查，及时发现并制止超出审批范围的建设和无规划审批手续的项目，有效地解决了过去城市发展建设中的监管盲区问题。

（5）遥感数据与地理信息系统相结合

遥感数据与地理信息系统相结合，一方面提高了遥感数据的定性、定量分析水平，另一方面可以使地理信息系统不断获得新的数据信息，实现了专题信息数据库和地理数据库的实时更新，具有动态分析功能及高效的使用价值（陈传胜，2003）。

（三）全球定位系统

全球导航卫星系统主要有美国 GPS 系统、俄罗斯 GLONASS 系统、中国 CNSS 系统和欧盟筹建中的 GALILEO 系统（王翔宇，2013）。它们的系统原理和方法相似，目前应用最广泛的是美国 GPS 系统。全球定位系统（global positioning system，GPS）是一个全天候、高精度和全球性空间导航卫星定位系统。

全球定位系统由空间部分（GPS 卫星星座）、地面控制部分（地面监控系统）、用户设备部分（GPS 信号接收机）三个部分共同组成了一个完整的系统（吴家菁，2013）。它具有定位、导航、天气预报、应急通信和核爆检测等功能，可以满足数字城市对各种实时数据的需求。

GPS 在数字城市实践中的应用十分广泛，主要体现在以下几方面。

1. 数字城市空间参考基准的建立

数字城市要求所有的空间数据信息必须基于一定的空间参考基准，这个往往是通过建立城市平面控制系统即城市基本控制网来实现的（孔令尧，2013）。目前的标准方法是利用 GPS 技术建立城市基本控制网，它具有精度高且均匀、费用低廉、劳动强度低、作业效率高等优点。此外，利用 GPS 技术建立高质量的施工控制网，可以在城市地铁与隧道开挖、城市桥梁建设、大型土建工程中发挥巨大的作用。

2. 基于数字城市平台的 GPS 导航服务

基于数字城市平台的 GPS 导航服务是以城市电子地图为基础，以车载 GPS 定位技术为支撑的。根据实时城市交通状况，流动端和枢纽端显示以电子地图为背景的车辆运行轨迹，并根据需求提供服务信息，如安全监控、最佳路线、导航调度等，实现车辆的自主导航和全局调度（于海涛，2012）。

3. 改善市民的生活质量

利用 GPS 手表、手机和导航汽车等信息终端，以多种操作简便的方法和人性化的方式发出各种请求，并获得各类不同的响应地点与准确信息，改善市民的生活质量，提升城市的社会和经济效益。

（四）虚拟现实技术

虚拟现实（virtual reality，VR），也被称为三维虚拟现实或者虚拟现实仿真，它是信息可视化最有效的体现，是由计算机生产的高级人机交互系统。它将视景系统、仿真系统和模拟三维环境合而为一，利用图形眼镜、头盔显示器、立体声耳机、脚踏板、数据服、数据手套等传感装置，把操作者与计算机生成的三维虚拟环境联结在一起（张冬有等，2007）。通过传感器置于虚拟环境的交互作用，操作者可以轻松获得视觉、听觉、触觉等多种感知，并对虚拟实体进行实时动态操纵。

虚拟现实技术，就是利用计算机生成一个逼真的、三维的虚拟环境，人们通过使用各种传感设备与其互动作用的一种高技术模拟系统。其特点是将过去只擅长于处理数字化单维信息的计算机发展成为能够处理适合人的特性的多维信息的计算机。它将提供一种能使人沉浸其中、超越其上，进出自如、交互作用的环境，即沉浸—交互—想象（immersion-interaction-imagination），为人们认识和改造世界提供了强大的武器。在虚拟现实技术的条件下，虚拟的数字化城市代替了传统的二维抽象地图和枯燥的描述性文字，以一种三维的、动感的虚拟模型切实感知城市，消除了规划师与用户之间的专业差别。

虚拟现实技术系统包括软件开发平台、显示系统、交互系统和控制系统四部分。其中控制系统链接控制着其他三个系统，共同组成了一个有机秩序的整体。虚拟现实软件开发平台日益增多，主要的有 3DVR、Cult3D、EON、MAYA、Superscape、Viewpoint、Virtue3D、Virtools 等。利用这些平台进行三维视景影像内容的制作，在后台与虚拟现实集成控制系统进行连接，在虚拟显示系统上显示沉浸式的影像，然后通过虚拟现实硬件交互系统和显示系统内的仿真景象，操作者进入虚拟互动体验，如虚拟操作演示、建筑模拟生成、虚拟城市平台等（周玉海，2012）。

虚拟现实一般应用在有演示需求的地方，如城市三维仿真平台、建筑模拟漫游、古建筑三维复原、工业仿真制作、院校虚拟现实实验室等（宋永飞，2010）。虚拟现实互动演示辐射的领域主要有区域规划、建筑设计、数字地产、历史建筑修复、虚拟数字旅游、灾害预案、地下管线展示等方面。

三、数字城市典型应用

（一）城市规划与设计

数字城市的应用方便规划人员从整体上掌握城市信息，改变了过去在掌握城市信息上受条件限制的局限性。同时，数字技术的应用使城市规划从过去偏重定性方法转向定量与定性方法并重，使规划的精度大大提高（巩雪，2015）。

数字城市利用万维网络（WWW）描绘城市规划，可以为公民提供城市规划设计图信息，倡导公民参加和进行城市规划的公共讨论。另外，数字城市由电子信息数据组成，便于保存城市发展的历史信息，可以为设计者提供不同设计阶段的城市模型。

（二）城市信息管理与服务

数字城市可促进城市信息管理与服务在方式、内容、手段、速度、效果等方面进入新时代（段学军等，2001）。首先，就政府而言，数字城市将有助于城市政府日常办公效率的提高。其次，就教育等社会公益事业部门来说，数字城市也将推动其发展。教育部门可以将数字城市作为教学工具，用更为方便、直观、具体的方式开展教育工作。再次，对于企业来说，数字城市可以帮助企业管理者更好地开拓市场。诸如企业选址、区域市场战略等都可以利用数字城市进行辅助决策。最后，个人也是数字城市最重要的需求者，个人的工作、居住、交通、休闲均可通过数字城市进行。

（三）城市公共设施管理

数字城市能提高管理公共工程设施的综合能力，实现不同管线的共同管理，提高信息的共享程度，避免挖断光缆、凿穿煤气管道等事故的发生，同时，也可以使不同管线间的相互影响、相互干扰达到最小，效益达到最优。

（四）城市交通管理

数字城市不但可以提供有用的交通信息，还可以帮助城市交通管理，例如，车载电子导航系统将小型显示器装到驾驶室内，随着车辆的行驶，实时显示车辆的当前位置、运动轨迹、目的地方向和距离等，为司机提供交通网络全局的或局部的信息。另外，在数字城市内，只要输入起点和终点，系统就会自动找出两点之间的最佳运输路线并提供沿路几天内的天气变化情况和日常车流量大小，直接帮助运输部门做出决策。

（五）突发事件处理

突发事件通常有交通事故、刑事案件、意外灾害等。这一类事件一旦发生，最关键的就是如何及时、准确地处理。数字城市的大比例尺和高分辨率的地理空间数据不仅有利于突发事件精确定位，而且利用大量描述其周围的自然、环境、社会、经济数据，容易制定出影响小、损失小的处理策略，并且可以在网上实现部门协作、决策、调度与实施，将时间消耗降低到最小，满足时效性需求。

（六）市场调查与产品销售

商家企业可以利用数字城市的相关信息库进行某地区某种产品需求量的调查。借助对信息的分析结果，企业或公司就可对商业网进行规划，并及时调整销售策略。有了数字城市，厂家可以将产品虚拟化后放到数字城市上，电子市场就可以为产品找到厂家所需要的用户。用户可以将自己虚拟化后进入数字城市，并在电子市场的引导下找到自己所需要的产品。

（七）政府决策

数字城市是高度网络化的信息世界，政府工作人员可以随时随地通过有线、无线通信设施，用电脑上网得到所需信息，并且可以实现智能化分析。另外，数字城市提供了一个交互式的虚拟环境，市民与政府官员足不出户便可通过特定的装置实现面对面的交谈。

第三节　信息城市，全面感知态势

基于数字城市的基础，利用和融合更为先进的技术，通过物联化、互联化的方式，实现物与物、物与人、人与人互联互通，可以形成技术集成、综合应用、高端发展的现代化、网络化、信息化城市。其特点是更加透彻的感知、更加广泛的连接。

一、多重视角看信息城市

（一）全面透彻的感知

通过传感技术，实现对城市管理各方面监测和全面感知。信息城市利用各类随时随地的感知设备和智能化系统，智能识别、立体感知城市环境、状态、位置等信息的全方位变化，对感知数据进行融合、分析和处理，并能与业务流程智能化集成，继而主动做出响应，促进城市各个关键系统和谐高效地运行（许晓攀，2014）。

（二）宽带泛在的互联

各类宽带有线、无线网络技术的发展为城市中物与物、人与物、人与人的全面互联、互通、互动，为城市各类随时、随地、随需、随意应用提供了基础条件。宽带泛在网络作为信息城市的"神经网络"，极大地增强了信息城市信息获取、实时反馈、随时随地信息服务的能力（赵伟娟和潘冬育，2013）。

（三）协同统一的共享

在传统城市中，信息资源和实体资源被各种行业、部门、主体之间的边界和壁垒所分割，资源的组织方式是零散的，信息城市协同共享的目的就是打破这些壁垒，形成具有统一性的城市资源体系，使城市不再出现"资源孤岛"和"应用孤岛"（王浩，2014）。

在协同共享的信息城市中，任何一个应用环节都可以在授权后启动相关联的应用，并对其应用环节进行操作，从而使各类资源可以根据系统的需要，各司其职地发挥其最大的价值。这使各个子系统中蕴含的资源能按照共同的目标协调统一调配，从而使信息城市的整体价值显著高于各个子系统简单相加的价值。

二、信息城市关键技术

（一）物联网技术

物联网是新一代信息技术的高度集成和综合运用。它是基于社会、经济领域的实际管理和应用需求，利用感知技术和智能装置对物理世界进行感知识别，通过互联网、移动通信网等网络的传输互联，进行计算、处理和知识挖掘，实现人与物、物与物信息交互和无缝链接，提升人对物理世界实时控制、精确管理和资源优化配置能力，从而实现生产生活的科学化决策。

（二）宽带网络技术

宽带网络技术的发展使得人与物都可以通过网络进行连接。目前主要的宽带网络技术包括互联网技术、无线通信技术和三网融合技术等。互联网是建立在 TCP/IP 协议之上的国际计算机网络，是目前应用范围最广、数据最丰富、服务最多样的网络系统。无线通信是利用电磁波信号的自由传播方式进行信息交换的一种通信技术，是近年发展最快、应用最广的信息通信技术。三网融合是指电信网、广播电视网和计算机通信网的相互浸透、互相兼容并逐步整合成统一的信息通信网络。

（三）数据融合技术

数据融合这一概念是 20 世纪 70 年代提出来的，当时它并未引起人们的足够重视。随着社会的全面进步与发展，城市中管理、经济与社会诸领域均面临许多复杂的情况，需要新的技术途径对反映这些情况的多种数据进行综合的消化、解释和评估，因此人们越来越认识到数据融合的重要性。数据融合最早用于军事领域，它被定义为是对多传感器的数据进行探测、互联、估计及组合的多层次多方面的处理过程，用以帮助指挥员准确地识别敌方目标、判断战争态势和潜在威胁等。在世界上几次现代局部战争中，特别是在海湾战争中，数据融合技术发挥了强大的威力，从而引起了全世界的普遍关注。数据融合是一门对多种数据进行分析、综合的数据处理技术，它通过协同利用多种数据来获得对同一事物更客观、更本质的认识。

三、信息城市典型应用

（一）城市基础设施

物联网主要应用在信息基础设施和城市基础设施中。例如，云计算平台与银行管理结合可以增强数据处理能力、储存能力及数据可靠性。利用基于无线传感器网络的城市设施综合管理系统可以实时监测流量、水压和水质，对漏水情况及时进行处理。以韩国为例，其供水系统管道漏水率平均为 14.1%。漏水率每降低 1%，一个城市每年可以节约 40 万美元。仅靠此一项，一个城市每年平均可以节约 564 万美元（房辉和常盛，2016）。

（二）城市政务

信息城市的建设离不开高效的政府管理，运用现代物联网技术以及网络通信、计算机技术等，将政府管理和服务职能进行资源整合优化，使政府服务不断向智慧化方向发展，从而实现高效精准的公共管理，为社会机构和民众提供便捷的服务（杨晓帆，2014）。

（三）城市安全

信息城市中的城市安全管理以互联网、物联网为基础，通过城市安全信息的全面感知、各系统协同运作、资源共享，建立统一的公共安全系统及应急处理机制，实现对公共安全的应急联动。在我国无锡市，物联网技术已被用于电动车防盗，只要电动车上安装了无线传感器，车主可以随时查询车辆所处位置、使用状况等信息。

（四）城市环境

基于物联网的城市环境系统可以自动给市民的移动设备发送提示，如当日是否适合户外运动等，市民还可以查询气象、交通等方面的信息。此外，系统还可以根据空气可吸入颗粒物浓度，自动开启道路洒水系统，从而减少可吸入颗粒物，降低城市热岛效应。

（五）城市交通

物联网还能作为城市交通智能化的技术基础，通过信息资源的自动整合与智能共享，实现便捷、安全、经济、高效的交通运输。例如，公交车上的全球卫星定位系统可以进行实时定位，并计算到达下一站的距离，然后将信息发送给车站的电子显示屏，使乘客可以知道某路车的预计到达时间。

（六）城市生活

物联网为居民生活智能化提供了很好的实现方式。例如，市民早上醒来，可以通过手机、手表获得身体状况监测评估信息，若持有者出现问题，系统会自动把信息发给医院。系统还能够对幼儿进行照料，根据幼儿的需要及时喂奶、测量体温，并把信息传给家长，以便家长做出决断。通过物联网追踪技术，市民还能查知食物的原产地。

第四节　智能城市，科学预见未来

智能城市是城市发展的新阶段，其核心思想是利用云计算、大数据、人工智能等新一代信息技术，基于时空一体化模型，以网格化的传感器网络作为其神经末梢，形成自组织、自适应并具有进化能力的智能生命体。其关键是实时反馈（刺激–反应）的数字神经网络和自主决策支持系统。

一、多重视角看智能城市

从技术层面，完全可以预期城市将成为如下状态。

（一）人工生命的高级演化

人工生命的研究已经逐渐从器官和个体级别演化至群体和生态系统级别，因此，将其应用在城市中逐渐成为一种可能；而无线传感器网络和网格技术将使传统意义上的人工神经网络在城市范围内规模应用，其节点数将在千万级以上，并将导致城市具有生命系统的一些初步特征（史文勇和李琦，2006）。

（二）高度自治的复杂系统

如果将城市视为一个复杂系统，那么未来的城市必将是开放和高度自治的（李鹏程等，2010）。物联网、基于环境的服务等技术手段的不断普及，未来的计算和服务将无处不在，使城市具有智能性和自适应能力。

（三）虚拟社会与现实社会的无缝融合

与目前的网络虚拟组织和虚拟社会与现实社会截然分开的状况不同，在未来的城市里，由于网络的无处不在，虚拟社会和现实社会将会无缝融合在一起，人们可以任意切换，但是在虚拟社会中的行为将会对现实产生直接影响。因此，著名的"在 Internet 上没人知道你是一条狗"的断言将不再适用于未来，也不再会有人特意强调"数字化生存"，因为网络和数字化所构成的信息空间（cyberspace）将和现实社会成为未来一体化社会的不同侧面而已。著名的科幻影片《黑客帝国》的某些场景将会存在于未来的日常生活中。

二、智能城市关键技术

（一）人工智能——让城市更加聪明

随着现代化城市建设的快速发展，智能城市的建设与应用已经在多个城市兴起。作为当今城市建设的标志性工程，智能城市不仅技术先进、工程量巨大、耗费资金多，其设计、建设和应用也很复杂，尤其是错综复杂的探测器数据分析与应用对于城市的管理尤为重要，因此，如何深度完成城市布置的各类探测器的数据应用是智慧城市成败的关键。

首先，人的大脑无法满足城市数以万计探测器数据的分析报告审阅，其次，识别和判断更不可以依赖人力配合计算机实现。因此，只有让计算机自我学习、纠正、调用云计算中心数据，让计算机去汇聚系统内全部计算能力去完成城市管理功能，才可以真正地实现智慧城市应用。这也就是当前智能城市的关键核心——人工智能。

人工智能技术是研究、开发用于模拟、延伸和扩展人的智能的理论、方法、技术及应用系统的一门新的技术科学（张广鹏，2014）。也是正处在发展中的综合性学科，涉及数学、语言学、人体科学、哲学、心理学、逻辑学、计算机学等多门学科。人工智能技术的研发内容主要包括：自然语言理解、知识表达与模式识别、规划生成与问题求解、机器翻译与语言合成、定理证明与归纳推理、学习系统与发现系统、认知模型与专家系统、机器视觉与智能机器人、智能语言与自动编程等。人工智能系统，是一种基于知识的逻辑推理系统。人工智能技术广泛地应用于工业、农业、文教卫生、气象、地质勘探、交通运输以及社会科学等城市各领域，尤其大量应用于军事和国防科学技术研究与军工生产。

（二）大数据——智能城市的发展引擎

在智能城市中，大数据正扮演越来越重要的角色。众所周知，城市中由海量传感器组成的物联网正日夜不断地采集各类结构化、非结构化数据。监控视频数据、城市地理信息、交通数据、人口数据以及环境监测数据等各行业数据量正呈现爆发式增长，大数据已经遍布城市的方方面面，从政府决策与服务，到人们衣食住行的生活方式，再到城市的产业布局和规划，直到城市的运营和管理方式，都将在大数据支撑下走向"智能化"，大数据成为智能城市的智能引擎（张勇，2014）。

一个城市的管理和运营需要科学的决策，只有数据支撑才能保证智能城市的真正运行。城市发展需要完成大数据的采集、处理、整合、共享、挖掘、分析和应用，进而为智能城市建设提供多源信息采集、海量数据汇聚、智能分析处理、大数据深度挖掘、城市态势展报、惠民信息等多样化服务，创建城市管理社会服务新模式，从而实现新型智慧城市的核心价值。通过了解城市运行情况与发展态势，为各部门协同工作、领导决策提供支撑，进而服务于市民。

（三）云计算——为城市插上翅膀

云计算是一种基于网络的支持异构设施和资源流转的服务供给模型，

它提供给客户可自治的服务（李旻，2012）。云计算支持异构的基础资源和异构的多任务体系，可以实现资源的按需分配、按量计费，达到按需索取的目标，最终促进资源规模化，促使分工的专业化，有利于降低单位资源成本，促进网络业务创新。

1. 促进现代服务业的发展

发展现代服务业，带动产业结构调整，是我国信息技术产业所肩负的重要历史使命。云计算使计算与信息服务走向社会化、集约化、专业化，让更多的人能够以低成本享受到信息技术和信息资源服务，是促进我国现代服务业发展的重要信息技术（吴吉朋，2011）。

现代服务业是从工业、农业、服务业三个产业角度延伸出来的，它是一种利用高新技术，特别是信息通信技术和垫带管理理念的一种新的服务业态，云计算正是上述所提的新的业态。可见，云计算与现代服务业是一个交集关系，一方面它属于现代服务业，另一方面它也可以为其他工业、农业和传统服务业做计算服务，共同形成全面的支撑关系，可见云计算作为现代服务业中一员可提供一切需要计算服务的请求。

现代服务业中各种计算服务都可以采用云计算的解决方案。云计算将进一步推动现代服务业的发展，而现代服务业不断增长的需求又会促进云计算服务的更广应用和技术的进步。

2. 推动区域社会和经济更快发展

云计算作为一种计算模式，其重要特征就是资源整合，能够提供更强大的应用支撑能力，进一步推动区域信息化建设发展，为区域社会和经济更快更好的发展提供有力保障（张方兴，2012）。

经过多年的建设，传统的无线城市在电子政务、电子商务等方面已经形成了多个应用平台，积累了大量的数据。但是这些平台之间是相互独立的，形成多个数据孤岛，并且普遍存在设备利用率低、管理维护成本高等问题。云计算中心的建设，使我们能够有效整合计算资源和数据，支撑更大规模的应用，处理更大规模的数据，并且能够对数据进行深度挖掘，从而为政府决策、企业发展、公众服务提供更好的平台。

对于中小企业,传统的 IT 模式需要在硬件设备上投入大量资金,而没能在预期时间内获取相应的收益,将面临很大的商业风险;面对迅速增长的市场机遇,则可能因为无法满足用户需求而错失市场机遇。在云计算环境下,用户可以随时根据业务规模,租借相应的硬件设备资源,可以灵活地适应业务变化,有效规避风险,更好地把握机遇。因而,云计算能够更好地降低中小企业风险,促进中小企业高效、健康发展。

3. 降低区域信息化的总体成本

云计算通过资源整合、统一管理和高效的资源流转,可以有效降低区域信息化的总体成本,从而降低信息化门槛,使得更多的单位和企业愿意通过信息化提高工作效率(李旻,2014)。

首先,降低投资成本。通常情况下,IT 资源投资规划,往往是依照业务高峰负载时的需求进行采购,是一种负载最大化的规划形式。但在日常应用中,绝大多数时间里,IT 资源的负载只有 20% 左右,导致大量的资源在低负荷中被闲置浪费。云计算的突出特点,在于实现 IT 资源共享。可以在保证数据隔离的情况下,实现多个业务对物理资源的共享,即在实现安全性的前提下,有效提高物理资源的利用率。因而,采用云计算方案构建数据中心,可以将 IT 物理资源的利用率提高到 80% 以上,有效降低物理设备的投资规模,是更为高效的投资规划方向。

其次,提高利用率,降低日常运营成本。在白天业务高峰时,IT 物理资源负载较高。而在夜间,IT 物理资源负载很低。但为了保证业务的连续性,IT 物理资源往往需要不间断运行,由此,在夜间负载很低时,IT 物理资源也耗费了大量的电能。云计算,可以实现有效的绿色节能。在夜间负载低时,能够实现业务的不间断转移,可以有效将业务转移到部分 IT 物理资源上,而将其他空闲的物理资源关机或转入节能模式。经过实际验证,夜间,云计算可将 80% 的业务转移到 20% 的物理资源上,从而节约 70% 左右的电能。

最后,降低管理维护成本。传统的 IT 系统,服务器分散,大量的计算任务在桌面进行，每个单位和企业都要拿出相当的人力、物力进行 IT 系统的日常维护，包括硬件维修、软件升级、修补漏洞、查杀病毒等，甚至个人电脑重装系统都要浪费大量时间（张永民，2012）。云计算通过资源集中和统一管理，降低了这些单位和企业的日常维护工作量，大量的工作都转移到后台由专业人员完成，从而有效降低了管理维护成本。

4. 为数据安全提供保障

云计算通过将数据集中存放，降低了数据在个人手中遗失或者泄露的风险。同时，云计算中心还采用了多种安全手段和容灾备份手段，保证数据不会丢失，也不会被非法篡改。

三、智能城市典型应用

（一）变被动为主动，维护城市大环境

当前，为了 24 小时监控城市的整体运行情况，各种形态的摄像头随处可见。在人们的手里，摄像头就是一种工具，用于特定场景的监控、调查取证等方面。当然，在如今的智慧城市中，摄像头也具备了智能属性，依靠其中的图像识别等技术，它能够提供安全监控、追寻嫌疑人等服务。不过，在城市的大环境监控中，这些仅仅是不够的。

"智能"从根本上来讲就是一种"主动服务"，而不是一种简单的工具。在理想状态下的智慧城市中，当遇到某些特殊情况时，依托于摄像头对城市进行 24 小时监控的人工智能系统会主动发起相关措施。比如警务领域，在城市某一个角落里正在发生一起械斗事件，短时间内也不会出现路过的热心群众。此时，如果没有人报警或是拨打 120，这场械斗事件将没有人知道，其中的一些人也有可能受到重伤，甚至可能会发生一些悲剧。与此相反，如果系统足够智能，当事件发生时，其便会主动报警，从而避免一些事故的发生，起到维护城市大环境的作用。

（二）灵活多变，让拥堵成为回忆

不管是哪一个城市，"堵车"似乎已经成为一个通用的标签，每每想起总是令人头疼。因为交通拥堵，多个城市依据车牌属地或是单双号等展开了限流措施。不过，从实施情况来看，拥堵的情况似乎并没有减轻多少。

如果是在智能城市，交通又该怎样规划。在这之中，借助对城市的把控，作为城市大脑的人工智能系统能够获知整体情况，进而进行大数据分析，从而规划出一个较为完美的交通信号灯方案，将时间合理安排。与此同时，为了避免因不良车主插道而出现的拥堵，或许可以利用图像识别、物联网等技术，通过识别车牌以确定车主的身份，从而做出一些相应的惩戒措施等。

（三）统管全局，协助城市合理规划

因为发展的需要，城市的版图越扩越大，而在这规划中，为了避免造成不必要的损失和纷扰，每一块土地的分配都需要经过不断的计算和衡量。

在宏观层面上，当前，基于大数据等技术的协助，城市用地的规划部署比以往变得更为有效便捷，可以说多数用地基本上都实现了最大的价值。不过，在微观层面上，鉴于诸多因素的交织，一些小问题始终没有得到很好的解决，如乱占行道的小摊小贩，又比如没到位的基础设施建设。

在扩张过程中，一些基础设施的建设都是必需的。例如，在新扩城区中，为了满足人们的日常需求，需要建一座商场。那么，基于对人口基数、人流量等大数据的收集和分析，对于商场的大小，以及其中电影院等娱乐场所的需求，系统将给出恰当的参考方案。

当然，除了基于具体需求对现有区域进行规划，对于模糊需求的满足，或是宏观层面的扩张计划，基于大数据等技术，智慧城市背后的人工智能大脑系统都将能够给出满意的方案。

第五节　智慧城市，实时决策指挥

在智能城市的基础上，信息的综合集成获得知识，信息、知识的综合集成获得智慧。深入利用大数据、云计算、人工智能等技术，加入各类优化模型及专家决策，通过人机结合，人网结合，实现信息、知识和智慧的综合集成，更好优化城市管理模式，完善城市功能体系，促进城市产业发展，提升城市生活品质，提高市民幸福指数，实现兴业、简政、惠民。

一、多重视角看智慧城市

（一）集大成，成智慧

现代城市及其管理是一类开放的复杂巨系统，新一代全面感知技术的应用更增加了城市的海量数据。集大成，成智慧。基于云计算，通过智能融合技术的应用实现对海量数据的存储、计算与分析，并引入综合集成法（综合集成研讨厅），通过人的"智慧"参与，大大提升决策支持的能力。基于云计算平台的大成智慧工程将构成智慧城市的"大脑"（元晓和梁磊，2013）。技术的融合与发展还将进一步推动"云"与"端"的结合，推动从个人通信、个人计算到个人制造的发展，推动实现智能融合、随时、随地、随需、随意的应用，进一步彰显个人的参与和用户的力量。

（二）可持续创新

面向知识社会的下一代创新重塑了现代科技以人为本的内涵，也重新定义了创新中用户的角色、应用的价值、协同的内涵和大众的力量。智慧城市的建设尤其注重以人为本、市民参与、社会协同的开放创新空间的塑造以及公共价值与独特价值的创造。注重从市民需求出发，并通过维基、微博、Fab Lab、Living Lab 等工具和方法强化用户的参与，汇聚公众智慧，不断推动用户创新、开放创新、大众创新、协同创新，以人为本实现经济、社会、环境的可持续发展（宋刚和邬伦，2012）。

（三）开放应用

智能处理并不是信息使用过程的终结，智慧城市还应具有信息的开放式应用能力，能将处理后的各类信息通过网络发送给信息的需求者，或对控制终端进行直接操作，从而完成信息的完整增值利用。

智慧城市的信息应用应该以开放为特性，不仅仅停留在政府或城市管理部门对信息的统一掌控和分配上，还应搭建开放式的信息应用平台，使个人、企业等个体能为系统贡献信息，使个体间能通过智慧城市的系统进行信息交互，这将充分发挥系统现有能力，大大丰富智慧城市的信息资源，并且有利于促进新的商业模式的诞生。

二、智慧城市关键技术

（一）综合集成法

对智慧城市建设来说，由于其跨学科、跨领域的特点，其所蕴含的知识量是巨大的。综合集成的思想认为，知识是来自系统化、组织化的信息综合集成；而智慧是对知识的综合及应用，是知识的综合集成（薛惠锋，2007）。

处理开放复杂的巨系统的方法论是从定性到定量的综合集成，综合集成法作为一门技术又称为综合集成技术，作为一门工程，亦可称综合集成工程。它是思维科学的应用技术，既要用到思维科学成果，又会促进思维科学的发展。它向计算机、网络和通信技术、人工智能技术、知识工程等提出了高新技术问题（顾基发和唐锡晋，2005）。这项技术还可用来整理千千万万零散的群众意见、提案和专家见解以至个别领导的判断，真正做到"集腋成裘"。

综合集成法作为一门工程可称为综合集成工程,它是在对社会系统、人体系统、地理系统和军事系统这四个开放的复杂巨系统研究实践基础上提炼、概括和抽象出来的(李志磊,2014)。在这些研究中通常是科学理论、经验知识和专家判断相结合,形成和提出经验性假设(判断或猜想),但这些经验性假设不能用严谨的科学方式加以证明,需借助现代计算机技术,基于各种统计数据和信息资料,建立起包括大量参数的模型,而这些模型应建立在经验和对系统的理解上并经过真实性检验(凌娟,2014)。这里包括了感性的、理性的、经验的、科学的、定性的和定量的知识综合集成,通过人机交互,反复对比逐次逼近,最后形成结论。其实质是将专家群体(与主题有关的专家)、统计数据和信息资料(亦与主题有关的)三者有机结合起来,构成一个高度智能化的人机交互系统,它具有综合集成的各种知识,从感性上升到理性,实现从定性到定量的功能(薛惠锋,2007)。

综合集成法的主要特点如下:①定性研究与定量研究有机结合,贯穿全过程;②科学理论与经验知识结合,把人们对客观事物的点知识综合集成解决问题;③应用系统思想把多种学科结合起来进行综合研究;④根据复杂巨系统的层次结构,把宏观研究与微观研究统一起来;⑤必须有大型计算机系统支持,不仅有管理信息系统、决策支持系统等功能,而且还要有综合集成的功能。

(二)专家决策支持系统

决策支持系统是辅助决策者通过数据、模型和知识,以人机交互方式进行半结构化或非结构化决策的计算应用系统。为决策者提供分析问题、建立模型、模拟决策和方案的环境,调用各种信息资源和分析工具,帮助决策者提供决策水平和质量(徐雷波,2006)。

决策支持系统是辅助决策者指定各类决策的人机结合的计算机系统,由决策者的实际需求和计算机管理信息系统的发展而形成。广义而言,管理就是决策，就计算机的各种应用系统而言，决策支持系统是应用层次高、覆盖面宽、集成性强、人机结合密切的管理系统。

决策支持系统以快速打破行业/领域间的信息壁垒、深入挖掘城市大数据之间的关联关系和潜在价值为核心，旨在为城市管理者宏观决策需求提供完美体验。通过提供一整套符合城市特点的、量身定制的一体化解决方案，帮助城市管理者在城市功能定位、资源与环境、人口与就业、经济与社会协调发展等多目标之间实现统筹兼顾和综合平衡，是城市管理多因素、多目标复杂环境下科学决策的最强有力支撑工具。

决策支持系统致力于提供一种通用的决策支持模式。伴随决策者分析思考的过程，系统提供一个开放的、生态的、以全方位数据深度融合为基础的辅助决策工作环境或氛围，在适当的时机，以适当的方式提供指标、算法、模型、数据、知识等各种决策资源，供决策者选择，最大限度帮助决策者实现数据驱动的科学决策。

三、智慧城市典型应用——综合集成智慧提升

智慧城市包含的单元和子系统众多，以信息服务系统为中心，包括政务、商务、医疗、教育、交通、消防、环境等多个子系统，且各个子系统层次较多，相互之间又存在交叉，形成了多层级交互式的层级系统；作为一个城市整体，智慧城市要求所有系统最终构成经济有活力、文化繁荣、人民生活安康便捷、人与环境和谐的整体协调发展，而不是各个子系统之间的简单整合，因此具备了复杂巨系统的特征：具有联系精密的层次及系统，总系统的整体作用大于各个子系统的简单和，大系统决定性地影响小系统，有一定的边界且与更大的系统和旁系统进行交换，具有自组织和自适应性，复杂性和运行的非稳定性，因此将智慧城市作为复杂巨系统进行研究具有较强的科学性，适合引入从定性到定量的综合集成方法（曾剑秋和贾山召，2016）。

对于智慧城市建设来说，由于其跨学科、跨领域的特点，其所蕴含的知识量是巨大的。综合集成的思想认为，知识是来自于系统化、组织化的

信息综合集成；而智慧是对知识的综合及应用，是知识的综合集成（薛惠锋，2007）。建立人机交互体系基础上的综合集成方法，首先通过信息与数据挖掘得到客观的理性知识，而后由不同领域、不同学科的专家，发挥群体的智慧，依照不同领域的科学理论、经验性知识与感性知识，对智慧城市建设问题提出假设与判断（图1-2）。

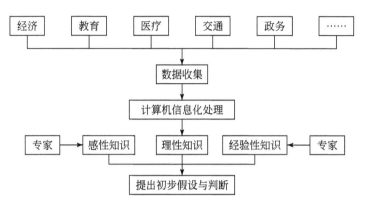

图 1-2　初步假设与判断的提出模型

由于社会系统的复杂性、不确定性导致不能以逻辑推理方式的方法进行证明，而社会系统也不能进行试验，要证明初步假设与判断是否正确，需要通人机结合、以人为本的研究方式，运用各种能用的数字方法和工具，再次结合不同领域、不同学科的科学理论进行综合集成的验证，通过人机交互、反复比较、逐次逼近，实现从定性到定量上的认识转变，对经验性假设的正确与否做出明确的结论，在智慧城市建设过程中，由于城市的动态变化和认识上的进步，可以不断提出新的经验性假设，不断由定性上升到定量的认识（图1-3）。

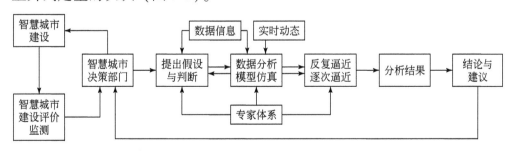

图 1-3　定性到定量综合集成方法的智慧城市建设应用模型

定性到定量的综合集成方法在智慧城市建设中应用的主要步骤如下（曾剑秋和贾山召，2016）。

1）初步假设与判断的提出。城市生活各个方面的信息数据被传感器收集上传到计算机系统进行信息化处理后，形成理性知识，结合各个行业领域专家的感性知识与经验性知识，并根据城市的发展阶段与特点，形成智慧城市建设的初步假设与判断，构建初步的智慧城市建设战略体系。

2）结合初步假设与判断，对数据信息进行数据分析、系统仿真与模型试验，验证初步假设与判断的正确性，由于智慧城市建设的长期性，会不断有新的信息、新的认识的加入，不断融入新的实时动态，对初步假设和判断与模型进行不断的比较和修正，专家体系在此过程中也不间断地发挥作用。

3）多领域专家对系统仿真与试验结果进行分析，通过人机一体化的反复比对，逐次逼近，直至形成可信的定量分析结果，如果此时的分析结果存在与最初的初步假设与判断不符，就形成对智慧城市的新理解。

4）在新理解的基础上，得到针对当前智慧城市建设阶段的新的结论和建议，反馈到智慧城市建设的决策部门，用新的结论和建议指导当前的智慧城市建设，微调智慧城市建设的方向，及时提出新的建设目标，以适应大环境与本城市的发展趋势。

5）在智慧城市建设过程中监测当前的建设状况，评价建设进度与建设成果，找出在建设中存在的问题，与建设目标相偏离的部门，反馈到决策部门，形成汇总意见，结合新的动态与数据信息，回到定性到定量的综合集成方法的循环中。

第二章　智脑

智慧城市建设是一项庞大的系统工程，需要从全局的视角出发，对智慧城市建设涉及的各个方面、各个层次、各种因素进行统筹设计，通过人机结合、人网结合、以人为主的信息、知识、智慧的综合集成技术，使得"跨层级、跨地域、跨系统、跨部门、跨行业、跨领域"的综合集成与统筹设计成为可能，进而实现各类系统从"不满意状态"到"最满意状态"的综合提升，促进智慧城市建设终极目标的实现。

20世纪80年代末到90年代初，钱学森先后提出从定性到定量综合集成法及从定性到定量综合集成研讨厅体系，这是钱学森智库思想的核心组成部分，也是本书所提"十智"模型的关键。综合集成研讨厅由6个部分组成，其中，思想库体系为复杂问题的分析提供哲学思想及工程方法指导，真正实现从数据决策到信息决策到智能决策再到智慧决策的思想大成，也是思想之根。数据体系为决策提供不同渠道的多种信息输入，并将其处理为不同类型的情报，为决策提供一切的数据来源。网信体系通过建立赛博空间信息高速公路，打造天空地一体化的体系构造，以卫星应用与应用卫星为优势，通过网络融合连接万物。模型体系根据不同领域应用为专题分析与方案优化提供建模方法与模型库，将原型转化为模型，利用推演仿真来实现对未来实践的预测。专家体系为综合集成研讨厅提供丰富的专家经验与智慧，大到国民经济和社会领域、小到具体工程技术，通过对不同层次、跨界融合的各类专家进行梳理与整合，形成强大的智慧支撑。决策体系为专家群体决策提供人机交互、辅助分析功能，借助智能决策支持、专家群决策等工具实现人机结合、人网结合、以人为主的决策支撑服务。

第一节　思想体系，夯实理论根基

一、概述

（一）系统工程思想的出现

20 世纪 50 年代前后，统治欧美乃至世界科学界的还原论思想方法产生了动摇，贝塔朗菲的一般系统论、申农的信息论和维纳的控制论的建立，标志着系统思想实现由定性到定量的升华，开创了一种新的思维方式。但在应用领域，仅在生物学、数学、物理学等学科产生影响。1948年，美国数学家维纳在研究通信和控制系统的特点的基础上，创立了"控制论"学科（魏峰，2016）。

在这段时期，钱学森敏锐地洞察到系统科学的思维方式将在人类生活的各方面产生广泛而深远的影响，从而把系统思维带入工程领域。1954 年，时任加州理工学院喷气推进实验室教员的钱学森在"控制论"的学潮中，在美国出版《工程控制论》一书，对各种工程系统的自动控制理论作了深入阐述。在世界上最早把维纳的控制论思想引入机械和电机系统的控制领域，把伺服机构和经典控制等工程实践升华为工程科学，这是钱学森学术生涯中的一次创举（王飞跃，2014）。自钱学森《工程控制论》发行了英文版之后，其内容很快在世界范围内传播，并被学术界所接受。其核心就是将在工程实践时应用的科技原理、方法，进行科学的整理总结进而提升至理论。

钱学森在《工程控制论》中文版的序言中写道："系统工程是关乎各类系统中组织结构和管理技术的学问，但是关系到系统内的各个部分如何进行组织的问题，这就用到了控制论，所以系统工程又与控制论有关，这就扩大了控制论概念的影响。"

钱学森在 1977 年 12 月刊的《人民日报》上发表的《现代科学技术》一文中写道："所以物理和数学也可以称为现代科学技术体系的基础。在此之上是天文学、地学、生物学和化学这些基础学科以及各种分支学科如力学等；再在上面是工程技术学科如工程结构、电力技术、电子技术、农业技术等。"这就是现代科学技术体系的构成。现代科学技术体系后来被总结为"三个层次"。

（二）构建现代科学技术体系

1957 年，钱学森发表《论技术科学》。在文章中钱学森第一次提出了科学技术分为三个层次的重要观点，即基础科学、技术科学和应用技术。后又在 1977 年的人民日报中发表《现代科学技术》，再次详细阐述"三个层次"的观点。之后从 1979 年到 1985 年，他又不断完善科学技术体系理论，钱学森认为现代科学技术体系从纵向上分为马克思主义哲学、马克思主义哲学与现代科学技术的桥梁、现代技术科学三个层次。现代技术科学分为 11 大类部，分别为地理科学、建筑科学、文艺理论、思维科学、行为科学、人体科学、军事科学、自然科学、社会科学、数学科学、系统科学；这 11 大类部通向马克思主义哲学的桥梁分别是认识论、人天观、地理哲学、军事哲学、自然辩证法、唯物史观、数学哲学、系统论、社会论、建筑哲学、美学。在每一类部中又分为三个层次：基础科学、技术科学和工程技术。他又特别指出，马克思主义哲学是现代科学技术体系的最高层次（于景元，2001）。

二、关键技术

（一）系统工程

1978 年，钱学森发表了《组织管理的技术——系统工程》，在该文中，他把系统工程解释为"组织管理的系统的规划"，是研究一般系统工程的设计、制造、管理等具有普遍意义的科学方法（钱学森等，1990）。

钱学森在美国留学期间，不仅从工程实践中总结理论方法，也从实践中指导工程设计。他归国后最初的 20 年中，把主要的精力集中在推进开展我国"两弹一星"工程上，同时，通过不断地总结和提炼，形成了独有的系统工程思想。

1963 年，钱学森发表了《科学技术的组织管理工作》，论述了科研工程中管理技术方法并总结中国航天工程的实践经验。中国的"两弹一星"系统工程是钱学森系统工程思想的一次成功实践，对"两弹一星"工程的提炼总结成为钱学森工程哲学思想的发展道路上的一座里程碑。20 世纪 80 年代，钱学森又组织成立了中国系统工程学会，对我国系统工程的发展起到了积极的推动作用。

（二）复杂系统理论

1979 年，钱学森第一次提出巨系统概念，巨系统也是钱学森在系统科学中创造的一个全新概念。1987 年，钱学森又系统地提出简单巨系统、复杂巨系统和特殊巨系统等概念并分类。之后，钱学森发现复杂巨系统分为开放的和封闭的两种，从系统与周边环境的关系角度提出了开放的复杂巨系统。从巨系统到复杂巨系统，最后到开放的复杂巨系统，体现了钱学森复杂系统思想的两次飞跃。

规模巨大且结构复杂的系统，按照钱学森的系统分类描述，其特点是系统不仅规模巨大，而且元素或子系统种类繁多，相互关系复杂多变，不同层次之间关联复杂，作用机制不清，不可能通过简单的统计综合方法推断其行为，人体、生物、生态以及许多宇宙现象等都属于复杂巨系统（苗东升，2002）。

在复杂系统的研究方法理论上，钱学森在 1992 年提出建立从定性到定量的综合集成研讨厅体系，并指出研究开放的复杂巨系统的方法应以系统论思想为指导，综合集成研讨厅体系的核心内容就是，建立一个既有广泛的远程研讨人参加的，又有专家群体在中心研讨厅进行最终研讨决策的、大范围、分布式、多层次、自下而上递进式、人机动态交互性的研讨、决策体系（苗东升，2007）。

（三）综合集成法

1987 年，钱学森在一次学术会议上提出了"定性与定量相结合的系统研究法"，这一方法主要是针对复杂巨系统问题的解决而提出的方法论思想。

1989 年，钱学森又把定性与定量相结合的系统研究法与综合集成概念融合起来，形成定性与定量相结合的综合集成法。

1990 年，钱学森与于景元、戴汝为联名发表了《一个科学新领域——开放的复杂巨系统及其方法论》一文，在研究解决复杂巨系统的问题时，提出从定性到定量的综合集成法。

1992 年，钱学森又系统提出"从定性到定量综合集成研讨厅体系"。1996 年，他结合现代科学技术体系思想，形成系统、完整的、具有深远影响的"大成智慧"学术思想。从定性到定量综合集成法再到之后从定性到定量综合集成研讨厅体系，综合集成研讨厅体系的理论也日趋完善。

钱学森的综合集成法主要是面对复杂巨系统，人们首先利用现有理论和经验从整体上把握，并得出一些感性认识，再对这些定性认识进行整体性考量，形成系统，上升为定量的认知，综合集成研讨厅是实施综合集成法的一种可行的实践方案，它利用现代信息技术、计算机网络和人工智能等完成综合集成的技术过程，实质是人机结合和从定性到定量的综合集成工程（钱学森等，1990）。

（四）大成智慧学

在取得一生事业的辉煌后，晚年的钱学森提出大成智慧学的概念。即"集大成、得智慧"，是内与外，深与广，德与智的集合。

钱学森将人的智慧分为两大部分："量智"和"性智"。他认为，一个人的智慧能不断被激发需具备两个因素：一是知识广博，二是情操高尚。二者缺一不可。而"量智"与"性智"在学科中一般都是二者的结合，但却有轻重之分：基础的数学、思维科学等为"量智"；而文学、美学等为"性智"。"性智"与我们现在多说的"情商"有相似之处，"量智"则与"智商"有所相似。钱学森将二者分别作"形象"与"逻辑"之分。

钱学森说："信息革命主要把人从繁琐的体力劳动中解放出来，以后越来越多的人将从事脑力劳动，大成智慧就是将人从体力劳动转变为脑力劳动，这将成为一场革命。"

三、系统工程思想与智慧城市

钱学森在1979年发表的《组织管理社会主义建设的技术——社会工程》一文是他社会工程思想最初体现。钱学森说："社会主义现代化建设，需要社会系统工程（简称社会工程），它是社会建设和社会管理的系统科学，其目的之一就是把其他科学中的有用思想或方法融入到社会科学中，这样就如同一位工程师设计实施一项工程一样，设计出社会主义现代化建设发展的蓝图。"

钱学森在1979年提出建立国民经济总体设计部的建议。他认为国民经济总体设计部应对我国的资源、人口、环境、教育、经济、外交等国情状况有系统的综合把握，对国民经济发展的长期战略和运行状况有全面动态的掌握，根据经济客观发展规律与国家政策方针提出建设意见，并对国民经济发展过程中出现的问题及时发现、及时解决，使得国民经济建设得到良好有序的发展。

钱学森在1980年发表的《用科学方法绘制国民经济现代化蓝图》中说道："要在经济建设中运用社会系统工程思想就必须有运用它的组织管理机构，即国民经济总体设计部。"同时他还指出，"自然科学工作者和工程技术工作者进入社会科学领域，和社会科学工作者一道共同解决国民经济中的一些重大问题，是当代经济工作发展的新趋势。"

1983 年，钱学森又在国家经济体制改革委员会会议通信中提出："国民经济和社会发展的总体设计部要把系统工程的思想运用于国民经济的管理，这个总体设计部不仅要包含社会科学工作者，还要吸收自然科学家和工程技术人员，集合多方面专家，综合各方面信息，系统地进行研究论证，使各部门发展规划协同合作，提出总体发展规划，成为国家决策的参谋机制。"

从智慧城市的发展态势来看，智慧城市是科技、环境、文化、社会的集合，尤其是一批新兴工程领域，如云计算、物联网、大数据技术应用等。优秀的智慧城市设计与建设，根本上讲就是处理好工程系统中各元素间以及与外部环境的对立统一，分清区别与联系，抓住现象和本质。智慧城市建设需要用哲学思维去统筹把握，以达到和社会发展的协调。

第二节　数据体系，完善决策证据

一、概述

（一）大数据的出现

随着信息技术的发展，人类的大数据时代已经到来。大数据对人类生活的各个方面，包括政治、社会和经济等领域，已经或者正在产生深刻的影响（杨淼，2014）。2008 年，在 Google 成立 10 周年之际，著名的《自然》杂志出版了一期专刊，专门讨论未来的大数据处理相关的一系列技术问题和挑战，其中就提出了"big data"的概念。维克托·迈尔-舍恩伯格等编写的《大数据时代》一书指出，大数据指的是不采用随机分析法或抽样调查法捷径，运用数据来展开分析处理。维基百科给出了一个定性的描述：大数据是指无法使用传统和常用的软件技术和工具在一定时间内完成获取、管理与处理的数据集。当今大数据一词的重点其实已经不仅在于数据规模的定义，它更代表着信息技术发展进入了一个新的时代，代表着爆炸性的数据信息给传统的计算技术和信息技术带来的技术挑战和困难，代表着大数据处理所需的新的技术和方法，也代表着大数据分析和应用所带来的新发明、新服务和新的发展机遇。

（二）大数据的特征

大数据具有以下几个特征。

1. 大容量

大数据最早应用于天文学和基因学中。2000 年启动的斯隆数字巡天项目中，新墨西哥州的望远镜在几周的时间内，便搜集到了超出之前整个天文学所搜集的数据之和；2016 年，智利全景巡天望远镜投入运用 5 天的时间，所搜集信息量就会超过斯隆数字巡天项目十年的信息档案。2003 年，人类首次破译人体基因密码，30 亿对的碱基对排序差不多耗时 10 年，而在 10 年后，完成同样的工作量只需要 15 分钟。

2. 多样性

随着传感器技术的发展，智能设备及社交网的盛行，数据类别日益向复杂化发展，不仅有传统关系数据类型出现，还包括来自互联网的文件、社交媒体论坛、电子邮件、主动和被动系统的传感器数据。

在大数据时代，数据平台的数据格式也是因数据的不同类型而运用不同格式，同时数据来源也进一步拓宽，不仅产生在组织各环节内，同时也源自组织外。大数据不但能够处理巨量的数据，更可以为处理不同的来源、不同格式的数据提供可能（孟小峰和慈祥，2013）。

3. 快速度

"一秒定律"是数据处理速度中的著名定律，即于秒级时间内得出分析结果，超出时间便代表数据失去原有的价值了，在商业方面，"快"已成为贯穿了整个企业运营、决策及管理智能化全部环节的概念。例如实时、光速、快如闪电、价值送达时间等描述快的新兴词汇越来越多地出现在商业数据的语境里。

为什么我们要以速度为终极目标呢？首先，速度即是金钱。二者就是分子与分母的关系，速度越快，单位价值自然就越高；其次，数据是有价值的，它就像其他商品一样，也会折旧，数据在不同时间点上价值是不一样的；再次，就像我们所了解的新闻一样，数据也具有时间性，过了既定时间后其就失去了原有的意义。

4. 真实性

真实性主要体现在对于决策的支持。获得真知最重要的因素是数据的质量和真实性，而这也是制定成功决策最坚实的基础，而数据的规模是不能决定它是否能为决策提供帮助的。追求数据的真实性是一项极其重要的任务。数据都有一定的不确定性，哪怕是再完善的数据库系统也无法避免这一问题。虽说有一定的不确定性，但是我们不能因此而忽略数据背后的巨大价值，我们必须要接受数据库的这一缺点，并想办法将其负面影响降到最低。如数据融合技术，其就是运用模糊逻辑方法等先进的数学方法，凭借参考大量的可靠性偏低的数据来源来搜集更加精确、有参考价值、有指导意义的信息数据。

还有人把大数据的基本特征进一步扩展，包括价值密度低、可视化、有效性等。例如，随着互联网的广泛运用，信息感知已渗透在我们生活的方方面面，在很大程度上改变了我们的生产及生活方式，就视频监控而言，在持续不断的监控进程中，我们会搜集到大量的信息，但并不是所有的都是有价值的。如何凭借高科技来筛选相应的信息，达到"提纯"目的，是信息时代迫切需要解决的问题（孟小峰和慈祥，2013）。

二、关键技术

（一）大数据生态系统

为应对大数据时代各领域的挑战，我们应以大数据思维为核心，建立以数据科学、数据资源、数据战略为核心的大数据生态系统（周世佳，2015）。

1. 数据科学

在数据科学领域，应以大数据技术、数据教育和数据科学家培养为主要目标，深入开展数据领域的科学研究。在美国白宫发布的《大数据白皮书（2014）》中写道，"数据科学可化为生活中每一个方面都带来革命性影响"，我国同样应重视数据科学领域的发展。由于大数据的产生具有实时性和海量性，并且几乎不受时间和地点限制，大数据技术中，面对数据的处理方式一般分为两类：数据流处理（要求短的响应时间，操作对内存容量要求较高）和数据分批处理（将大数据分块分区，且计算要在数据中间进行，避免通信消耗）（孟小峰和慈祥，2013）。

2. 数据资源

在数据资源领域，我们应深刻认识到，大数据已经成为生产资料，是信息科技高度发达时代的一种资产。郧贺铨院士在2013年指出，"大数据是无形生产资料"。在各领域中，相关决策和管理将更多基于数据产生，而并非基于经验或直觉。在大数据思维对生产力的影响上，国务院发展研究中心李泊溪（2014）指出，大数据将"保障生产力的持续发展"、"提高生产力的运行效率"，并且"促进决策技术的进步"。

在智慧城市建设中，应尽快建立我国自主的智慧城市标准体系，实现政府部门各类服务和管理信息的汇聚、融合共享并为政府提供及时、准确的决策支持。

3. 数据战略

在数据战略领域，2014年5月，工信部电信研究院发布了《大数据白皮书（2014）》，白皮书中对我国在大数据时代面临的重大机遇和挑战给予了关注，并对我国大数据产业目前的状况和问题进行了讨论，并指出，"如何抓住机遇，将我国拥有的数据资源转化为经济发展动力，是摆在政府和产业界面前的紧迫课题"。

《中华人民共和国国民经济和社会发展第十三个五年规划纲要》中指出：实施国家大数据战略。把大数据作为基础性战略资源，全面实施促进大数据发展行动，加快推动数据资源共享开放和开发应用，助力产业转型升级和社会治理创新。全面推进重点领域大数据高效采集、有效整合，深化政府数据和社会数据关联分析、融合利用，提高宏观调控、市场监管、社会治理和公共服务精准性和有效性。依托政府数据统一共享交换平台，加快推进跨部门数据资源共享共用。加快建设国家政府数据统一开放平台，推动政府信息系统和公共数据互联开放共享。制定政府数据共享开放目录，依法推进数据资源向社会开放。统筹布局建设国家大数据平台、数据中心等基础设施。研究制定数据开放、保护等法律法规，制定政府信息资源管理办法。深化大数据在各行业的创新应用，探索与传统产业协同发展新业态新模式，加快完善大数据产业链。加快海量数据采集、存储、清洗、分析发掘、可视化、安全与隐私保护等领域关键技术攻关。促进大数据软硬件产品发展。完善大数据产业公共服务支撑体系和生态体系，加强标准体系和质量技术基础建设。

（二）大数据安全

数据安全问题，并不是大数据出现后才被广泛关注的，个人信息、企业信息、政府信息总是存储在某个地点，或者由某些部门掌握。由于在数据安全方面的技术储备、规则制定和执行始终存在问题，我们的信息始终没有得到有效的保护，公众处于弱势群体的一方，而集体也有可能因此遭到损失。例如，我国每年的全国性考试众多，而考生信息的保护却屡受挑战，当考生在官方报名网站注册成功后，有很大的可能，考生的手机就会收到各种贩卖答案的短信息。2012 年全国硕士研究生入学考试中，英语科目出现的大范围泄题事件，至今记忆犹新。随着互联网迅速发展，大数据时代来临，更严重的问题出现了。2013 年 6 月，美国人爱德华·斯诺登曝光了美国国家安全局的"棱镜计划"，这项从 2007 年起就已经开始运行的大规模监听计划，震惊全球。

保护国家数据主权，成为一个重要问题。英国《金融时报》曾撰文指出，大数据时代的数据安全问题是"既美丽又可怕的图景"。在大数据时代，我们需要从两个方面入手解决这个问题：一是从大数据技术上，加强科研力量，占领大数据科技制高点；二是在数据安全国家政策上，提高安全意识，制定大数据隐私保护政策。我国应大力开展研究基于云计算的分布式存储、节点通信、终端安全、审计安全等统一安全架构体系，构建新安全体系要做到自主、可控，从而有力保障国家数字主权安全。大数据时代，手机、社交网络、平板电脑都会产生大量使用痕迹，包括位置信息、交易信息、社交信息、使用偏好等，如微博照片地理信息、微信朋友圈数据、百度淘宝搜索记录。通过数据挖掘和深度分析，将所有有关的设备信息采集、清洗和分析，其结果将精确地指向社会中某个个体。在个人的隐私保护方面，如何避免"第三只眼"的危险，是需要每个人都注意的问题。在大数据时代，公众应该意识到，网络中的个人隐私将渐渐成为奢侈品，这对社会中个体的行为提出了更高要求，需要个体在网络社会中有更负责任的态度。如何认识大数据时代的数据安全问题，如何做好个人、集体的隐私保护，都是值得我们认真思考的（周世佳，2015）。

三、大数据与智慧城市

当前，我们已经处于大数据时代，智慧城市的建设离不开大数据，大数据是智慧城市各个领域都能够实现智慧化的关键性支撑技术。大数据将遍布智慧城市的方方面面，从政府决策与服务，到人民衣食住行，再到城市的产业发展布局，都将在大数据的支撑下走向智慧化。

（一）用数据看未来

大数据时代带给我们巨量的数据和先进的数据分析技术，以及两者的结合带来的我们最为关心的一项能力——预测。不管是总统大选还是汽车零件的更换时间，大数据带给我们最为重要，也是我们最想得到的就是它的预测能力。大量的传感器将我们身边的一切物体纳入物联网，使一切事物的动态、变化都变成大量的数据流不断进入负责监控的计算机。基于云计算技术的强大数据分析能力则将这些数据进行分析处理，得出的结果则可以对事物现时的情况进行把握，同时对其下一步的发展进行预测。在大数据时代，我们已经可以说能够对事物的进一步发展进行预测，虽然我们还做不到百分之百地掌控。苹果教父乔布斯在与癌症做斗争时，运用了大数据对自身的 DNA 和肿瘤 DNA 进行排序，医生根据乔布斯的特定基因组成，按所需要的效果进行用药，一旦监测发现药物失效，就即使更换另一种药物，虽然这种治疗方法并没有能够克服癌症，但是，也给乔布斯延寿了数年（王浩，2015）。

大数据不但可以预测事物的发展状况，甚至连人类行为也可以进行预测。美国的艾伯特·拉斯洛·巴拉巴西教授（2012）在他的《爆发：大数据时代预见未来的新思维》一书中表示，人类行为的 93% 是可以预测的。在之前的研究中，科学家们认为人类的行为是随机的、偶然的、毫无规律的，是根本无法预测的。法国数学家西莫恩·德尼·泊松在 1873 年发表的《关于刑事案件和民事案件审判概率的研究》中认为，陪审员犯错的概率是可以计算的，他认为如果人类行为是最随机的，那么就是可以通过泊松分布来进行预测的。事实上，泊松分布并不能预测人类的行为，而且人类行为也并非随机性的。艾伯特·拉斯洛·巴拉巴西教授通过对人们发送电子邮件和浏览网页的习惯发现了人类行为符合幂律分布，不断地将一些事物搁置拖延，并在短时间之内爆发，将这些事情迅速处理完毕，并做出了更进一步的研究和阐释。而在大数据时代下的数据监测可以将人们的行为转化为数据，例如，我们在网上发布的状态，非结构化数据分析可以将这些数据进行分析，经过人类行为预测模型的处理，就可以对人们的行为进行预测，也就是说，人类的大部分行为也将可以被预测。

（二）用概率来表达

当"精确"不能解决全部问题时，我们就需要换一个角度，考虑

"模糊"这条道路。在 1965 年美国数学家扎德发表了论文《模糊集合》，出现了模糊数学学科，同经典数学不同，它是研究模糊现象的一门数学。经典数学是以精确为准，面对许多不能精确化定义的事物，经典数学很难对其进行研究，这就催生了模糊数学。模糊数学的产生说明世界上许多事物是不能用精确来解决的，过去科技不发达，认为是不够精确，现在发现事物本身就存在模糊性，用精确的手段自然不能够解释和处理。在大数据时代，我们发现了更多的模糊性的事物，那么我们的思维方式也必将从过去的精确性思维方式向模糊性转变，这样我们才能更好地开展智慧城市的建设（王浩，2015）。

大数据的模糊性来源于数据的混杂和错误，因为大数据接受错误和混杂，这样就难以保持精确，也不需要再执着于精确，大数据的"大"已经可以解决当下许多问题。模糊性成为人们思维方式上需要变革的方向，对于放弃用简单为某一件事情定性，而学会用概率和数据说话，或许需要一定的时间来改变，但不可否认的是，这终究是我们今后进步的方向。另外，数据的模糊性还来自于数据的生长性，大数据时代大多数的数据不是静态的，而是不断生成、不断变化的动态数据，对于这种具备生长性的数据，很难做到精确地、简单地定性，而是需要我们用模糊的和概率的数据来表达。因此，在大数据时代，接受了错误和混杂，认识到数据的动态变化，我们的思维方式必将展现出一种模糊性的变化趋势。

（三）用数据来跨界

大数据时代相关关系研究打破了传统的线性因果关系研究思路，使许多通过传统科学研究方法根本无法联系在一起的事物寻找到了一定的联系。这打破了传统的机械思维和还原方法论的统治，同复杂性科学研究方法类似，甚至可以说大数据时代的研究方法本身就是一种复杂性科学，而这种复杂性科学也代表了这个时代人类思维方式向着复杂性的趋势发展。复杂性科学认为一切对象都是有生命的、会演化的系统，最简单的几个要素通过非线性的相互作用，也有可能涌现出复杂的行为，我们不能根据简单的因果关系推导系统的行为。大数据时代的相关关系研究恰恰就是通过数据之间的关系来研究事物之间的非线性的相互作用，大数据时代对复杂性科学将起到极大的推进作用，也会给人类的思维方式带来复杂性的变化趋势，人们眼中的世界将不再是简单的、可以被分割的单独个体，而是互相有联系的一个复杂的系统。

恩格斯指出，"当我们深思熟虑地考察自然界或人类历史或我们自己的精神活动的时候，首先呈现在我们眼前的，是一幅由种种联系和相互作用无穷无尽地交织起来的画面"（中央编译局，1995）。马克思和恩格斯认为这个世界的一切都是联系和发展的，而事物之间的联系则是由"中介"联系的，那么在大数据时代，数据就是世界联系的一个重要的"中介"，一个容易被发现，容易被捕捉的"中介"，通过这个"中介"我们可以研究许多之前研究不了的事物间的关系。另外，数据的动态变化监测能力能够让我们更容易研究世界的发展变化。根据马克思和恩格斯的理论我们可以看出，大数据时代的研究正是朝着正确的方向进发，不断地将这个世界清晰地还原到人脑之中。在大数据时代，复杂性的、动态的思维方式将被树立，人们的思维方式也将呈现复杂性的变化趋势。

第三节　网信体系，获取全面态势

一、概述

天空地一体化信息网络是综合利用新型信息网络技术，以任务为驱动，以信息流为载体，通过天、空、地多维信息的有效获取、协同、传输和汇聚，以及资源的统筹处理、任务的分发、动作的组织和管理，实现时空复杂网络的一体化综合处理和最大化有效利用，为各类不同用户提供实时、可靠、按需服务的泛在、机动、高效、智能、协作的信息基础设施和决策支持系统。其目标是对事件进行全面高效协同的处理。具体而言，天空地一体化信息网络由通信、侦察、导航、气象等多种功能的异构卫星/卫星网络、深空网络、空间飞行器以及地面有线和无线网络设施组成，通过星间、星地链路将地面、海上、空中和深空中的用户、飞行器以及各种通信平台密集联合。地面和卫星之间可以根据应用需求建立星间链路，进行数据交换。它既可以是现有卫星系统的按需集成，也可以是根据需求进行"一体化"设计的结果，具有多功能融合、组成结构动态可变、运行状态复杂、信息交换处理一体化等功能特点（刘立祥，2015）。

天空地一体化信息网络属于多层异构网络结构（杨勇，2013）。

1）基于分布式卫星的天基中继网。一个分布式卫星就是一个天基子网。不同行业或军兵种开发的分布式卫星可能采用不同的通信体制，形成多个异构的天基子网。

2）空基网。可以是机载编队数据链、机载侦察情报网、民航自组网，也可以是单个高速飞行器或导弹。每个子网都是异构的自主运行网络。

3）地基网。可以是目前商用的公共陆地移动通信网络、公用电话交换网。

依托分布式卫星，解决星间宽带传输与交换、天空地高动态宽带接入问题，构建天空地一体化通信体系。在军事方面主要用于以下几方面的支撑。

1）空间异构网络互联与信息融合，如海、陆、空、天战术网络协同互联与中继，实现更大范围的通信覆盖和远程指挥。

2）面向多基信息链路的信息传输与对抗。

3）区域监视侦察、预警探测。

4）感知与测控，如多基协同测控等。

5）复杂环境（包括强烈对抗事件、重大自然灾害和军事作战等）下的可靠通信。

在民用方面，我国幅员辽阔，地形地貌复杂，自然灾害频发，地面信息网发展不平衡，现有的信息网络基础设施难以满足山区、沙漠、森林、国土边境地区等复杂地理环境下，车载、水面航行、高速飞行等特殊条件下移动通信和无线宽带接入需求。迫切需求一种能支持广域覆盖、高动态、可互联的一体化宽带无线接入通信手段，作为现有信息基础设施的补充。因此，天空地一体化信息网络可广泛用于遥感遥测、山区森林防火、国土资源调查、大区域污染监控传感信息采集和边防预警探测等复杂环境监控，火灾条件下的快速反应机动通信恢复，重大事件或热点地区大型活动的实况转播等。

天空地一体化信息网络以其战略性、基础性、带动性和不可替代性的重要意义，成为发达国家国民经济和国家安全的重大基础设施，其所具有的独特位置与地域优势以及特有的信息服务能力，可带动我国新兴产业的发展，形成具有巨大潜力的核心竞争力和民族创造力。当前，天空地一体化信息网络已成为智慧城市建设的重要基础设施，通过天基信息网、地面互联网、移动通信网的全面融合、共同演进，形成覆盖全面的天空地一体化信息网络，为智慧城市各类应用提供"随遇接入、安全可信"的服务。

二、关键技术

（一）天空地一体化信息网络架构

天空地一体化信息网络是指基于分布式卫星的天基通信网络、基于航空飞行器的空基通信网络、基于陆地移动的地基通信网络，三网合一，实现高动态、大尺度、高效、异构的天空地信息互联互通。

如果空中平台承载3G/4G基站，快速构成一个覆盖受灾地区的空间通信网，以代替被破坏的局部地区通信网，结合卫星通信网络，可兼容地基移动通信网络，实现天空地一体化应急通信。在发生重大自然灾害时，首先，地基公众蜂窝移动通信网部分受损或完好的情况下，利用地基公众蜂窝移动通信网，支持公众应急通信和抢险救灾。此时，无需空中平台和卫星的介入。其次，在地面基础设施受损或者能力不足时，架设空中平台，结合卫星通信实现天空地一体化应急通信。此方案可以充分利用公众通信基础设施，无需架设专用应急通信系统。在一般场景下，仍然使用现有的TD-LTE系统进行通信，空中基站可以处于暂时关闭状态；应急场景下，开启空中基站，只需切换软件场景，即可提供应急服务，即应用不同算法，在一套系统框架下实现两个场景的通信。

天空地一体化信息网络需要解决三个问题：星间中继、空天接入和空地接入。可采用的组网模式主要有两种。

（1）大区制+多模基站

每个分布式卫星的数据模块可集成载荷多种体制的通信系统，如现行多种体制（3G/4G、数字集群等系统）的基站设备，支持空基子网节点以现有的互异传输技术与天基平台无缝互联。每个分布式卫星的覆盖范围等效为一个大区，用户透明感强。该方案最适合于覆盖区域内子网数较少的特殊情况，技术风险最小。主要问题在于：①星间通信无法解决。②天基通信平台复杂，面临多频段多体制基站集成和天线共用、电磁兼容设计的挑战。③系统效率低，容量有限。

（2）蜂窝制+双模基站

分布式卫星的数据模块充当群首/基站，装载一个统一的宽带无线中继设备，采用统一的空口技术，实现星间宽带中继。同时，空基网络的群首/基站装载一个统一的宽带无线接入设备，采用统一的空口技术，实现空天宽带接入。从而，实现异构天基和空基子网之间的互联互通。该模式适合于覆盖区域内天基和空基子网较多的情况。不管是何种体制的空基子网，只要有群首，通过星间中继，均可实现与任一分布式卫星的透明接入。该模式覆盖区域大，系统效率高，容量大，兼容性强。此外，天基平台相对简单，仅包括两种通信体制，即一个专用的子网内部通信设备和一个统一的宽带无线中继/接入的基站设备，用于星间中继和空天接入。

（二）多层异构信息网络拓扑发现技术

拓扑发现是指发现网络节点并确定节点之间的互联关系。网络拓扑发现是拓扑重构、网络管理、优化和提高生存能力的基础，是一项极具挑战性的工作。针对上述蜂窝制+双模基站的组网模式，构建多层混合网络，网络拓扑发现拟采用分层发现，分层管理的方式。分三步完成。

1）发现阶段。通过子网群首节点的主动探测或子网内部节点的主动汇报机制，该子网群首节点先获取该子网的相对/绝对拓扑信息，构建并维护子网的拓扑结构图。

2）扩散阶段。群首节点发现本子网拓扑变化后，向上一级子网群首节点汇报自己的拓扑消息和子网内部节点 IP 信息或逻辑 IP 信息。

3）收集阶段。上级子网群首节点收集下级所有群首节点汇报的群首定位信息（如利用北斗，或自主定位等其他技术手段获取的三维位置信息），以及下级子网内部节点的 IP 信息或逻辑 IP 信息，构造本级子网拓扑结构。

最终，通过以上三个阶段，最高级群首节点可获得下一级子网群首节点的拓扑信息和全网所有节点的 IP 信息或逻辑 IP 信息。

三、天空地一体化信息网络与智慧城市

天空地一体化信息网络是以地面网络为依托，天基、空基网络为拓展，以信息安全保障为支撑，采用统一的技术架构、统一的技术体制、统一的标准规范，由天基、空基互联网和移动通信网互联互通组成。主要目标是将人与人、人与物、物与物进行相连，通过信息的传递、共享、收集，最大化地进行信息融合，并对信息安全提供保障，是推进智慧城市建设的基础。

智慧城市建设中，综合运用天空地一体化信息网络构建网络通信体系，具有无可替代的优势。在天空地一体化感知方面，天空地一体化信息网络通过卫星、飞机以及地面站间链路，链接地面、空中和深空中的用户、飞行器以及各种通信平台，采用智能高速处理、交换和路由技术，准确获取、快速处理和高效传输信息的一体化高速宽带信息网络，即天基、空基和地基一体化综合信息网络。天空地一体化信息网络分为空间段和地面段，由通信链路（微波与激光）实现两段之间及各段内互联（姜会林等，2014）。天地一体化信息网络由通信基础设施（主干网、接入网、子网）、网络基础设施（协议、路由、组网控制）和应用基础设施（信息获取、类型整合、

信息服务）三大部分组成，融合现有物联网、互联网资源，通过多协议间的有机结合、优势互补，最终构建一套适用于我国的天空地一体化网络的通信协议框架与标准，支撑我国天空地一体化网络构建。此外，在信息安全保障方面，将技术体系、管理体系、运维体系有机结合，通过统一的信息安全集中运维管理中心进行管控与展现，在整体上形成主动防御体系与纵深防御体系，最终建成全面自主可控的信息安全保障体系。

利用天空地一体化信息感知网络和通信网络，构建复合式、立体化的网络和信息化及态势感知体系。天基监测方面，通过资源卫星、高分卫星等实现最小 10 分钟间隔的遥感数据采集；空基监测方面，通过高空激光雷达和无人机等平台对数据进行采集；地基监测方面，利用物联网、视频监测等手段进行数据采集。利用天基、空基、地基监测手段，将监测范围由点拉伸到面，由地面拉伸到高空，对从城市到边疆形成全面的立体监测。通过数据融合技术和分析手段，形成综合监测模型，实现真正的天空地一体化监测体系。通过建设天空地一体化的信息网络，构建宽带泛在、随遇接入的网络基础设施，将人与人、人与物、物与物进行连接，通过信息的传递、共享、收集，最大化地进行信息融合，为综合决策提供支撑，为从更高层次、更广领域感知城市社会态势和智慧城市建设奠定基础。

第四节　模型体系，实现仿真推演

一、概述

模型是以某种形式对一个系统中所求解问题的本质属性的描述，用以揭示系统中所求解问题及其变化规律。模型是现实世界中问题的映像，是对客观事物及其运动规律的描述、模仿、映像或抽象，即将问题的本质属性用某种定式（如语言文字、图表、数学公式等）来描述。从计算机实现的角度看，它是描述实际问题或系统的一组参数及其相互关系（胡爱民，2000）。人们认识和研究客观世界一般有三种方法：逻辑推理法、实验法和模型法。模型法是了解和探索客观世界的最得力、最方便、最有效的方法之一。它在客观世界和科学理论之间架起一座桥梁，通过这座桥梁可以分析研究系统的各个侧面。通常说的模型指的是数学模型，它用数字符号和数学公式来表达问题的结构或过程（蔡玉红，2004）。

模型是客观世界的一个表征和体现，同时又是客观事物的抽象和概括，一般具有以下特点（高洪深，1996）。

1）模型比现实世界容易操作，尤其一些参数值的改变在模型中操作比在实际问题中操作更容易。

2）有些实际问题很难甚至不可能做实验，通过建立模型可以克服这种困难。

3）有些变量在现实中需要长时间才能观察出它的变化，但用模型研究则能很快地看出变化规律，从而能最迅速地抓住本质特征。

4）用模型研究变量之间的关系，可以节约时间和费用。

5）通过建模进行灵敏度分析，以便看出哪些因素对系统影响比较大。

为了建立模型，首先应对所分析研究的对象有深入的了解和丰富的知识，并且要对外部环境的影响以及内部要素之间的相互关系有比较深的理解，再加上建模者的想象力、技巧和创造性，就会建立起我们所需要的模型。这个过程称作模型化，它是完成系统分析的重要手段。

在决策支持系统中，模型是求解的主要手段之一。因此，决策支持系统中模型的丰富程度和准确程度直接体现求解问题能力的强弱。传统的决策支持系统中通常以模型库为基本支柱。

决策支持系统中的模型主要是对决策过程中的数据分析和数据处理行为进行抽象或模仿，是一种行为抽象或行为模拟。它具有如下特性（王丽珍，1994）。

1）模型表示的多样性。模型在用户眼中和计算机内部所表现的形式是不同的，分别称为模型的外部视图和内部结构。在用户眼中，模型可看成是一个反映输入表与输出表关系的黑盒，用户需根据输出信息制定决策，他们对输出结果及其正确性感兴趣，但对模型工作原理不了解或不感兴趣。而在黑盒内，模型则如同一个自动机，从输入初态（即输入表）不断加工转换直至输出终态（即输出表）。

2）模型的语义性。模型虽然有一定的抽象形式，但它有语义背景，如对输入表和输出表作出约束描述等。

3）模型的可编程性。在决策支持系统中，模型被广义描述为可执行的计算机程序，模型可用某种通用高级语言编写，也可用决策支持系统提供的专用建模语言或机制构造。

决策中使用的数学模型是用数学方程和数学表达式对决策过程的抽象模拟，它们绝不仅仅是数字的计算和表达式的简单堆积，其中还蕴涵了大量的知识信息，包括：关于模型使用的先验知识、关于模型运行结果的评价知识和使用模型进行分析预测的知识等。

解决决策支持系统所涉及的问题时，可利用的模型数量已经相当多，根据它们的功能和用途可以分为若干群体，即模型群。

1）预测模型群。在这个群体里，有关定性模型有德尔菲法、主观概率预测法、交叉影响矩阵法等；有关定量模型有回归模型、平滑预测、马尔科夫链预测等。在这些模型中还可以细分，如回归预测有一元回归、多元线形回归、非线性回归等；平滑预测有平均预测法、指数平滑法等。

2）系统结构模型群。主要用来分析社会经济系统以及其他系统的结构，反映系统各要素之间的主要联系和关联作用，它们主要从宏观和结构上来描述和刻画系统的运行规律。系统结构模型、层次分析模型、投入产出模型、系统动力学模型等克服了其他模型过于理性化、经典化，过于依赖数据的缺点。它们充分考虑了人类认识现实世界抽象过程中的思维模式、逻辑推理以及因果规律所揭示的"行为"机制的重要性，并把人的主观因素考虑进去，把人的判断能力、经验与严格的逻辑推理结合起来。

3）数量经济模型群。主要包括以经济活动为核心的计量经济模型和经济控制论模型。生产函数模型和消费需求模型都属于这一模型群。

4）优化模型群。它是系统优化的主要手段和方法，主要包括线性规划、非线性规划、动态规划、目标规划和最优控制等方法。

5）不确定模型群。这一类模型主要用来解决和描述系统中不确定因素和不确定概念，它主要包括模糊数学模型、灰色模型和随机模型。

6）决策模型群。主要包括单目标风险性决策、多目标决策，还有一些不确定性决策方法等。

7）系统综合模型群。这一部分模型主要运用大系统分解协调原理对各自系统的优化综合，并通过计算机仿真，生成若干总体优化方案。

二、关键技术

（一）模型的表示

模型的表示是指模型在计算机内的存储结构，为了增强灵活性和减少冗余，使模型便于管理，模型的表示趋向于将模型分解成基本单元，由基本单元组合成模型。决策支持系统中的模型通常以三种形式表示。

（1）程序表示

模型以程序表示是最典型的方法。每一个模型就是一个程序段，包括输入、输出格式和算法在内，可以由主程序或其他程序调用，也可以独立运行。这种表示方法主要有两个缺点：一是解程序和模型联系在一起，使模型难于修改；一是存储上和计算上的冗余。

（2）数据表示

模型的数据表示，是把模型描述为由方程、元素和解程序组成的数据抽象，把模型看成是从输入集到输出集的映射，模型的参数集合确定了这种映射关系。

（3）语句表示

语句表示是用某种语言把模型写出语句集。这些语句通常应有严格的顺序和从属关系，语句集不宜太大，因此往往用来描述一些专门功能，如显示或打印输出表。通常是在人机会话时直接操作和解释运行，并能自动调整顺序。语句模型具有更大的灵活性，但功能比较单一。

模型的三种表示方式各有特点，实际工作中应根据需要选用，其中前两种可以由用户自己产生，第三种则主要靠系统平台提供支持。

（二）模型的收集

模型库中应存储大量的模型，这些模型包括较为通用的稳定性模型、专用模型、用户自建的和定向的模型，用于操作的模型、用于战术的和战略决策支持的模型，以及支持多种任务和分析方法的模型等。

实现决策支持系统的目标和功能的关键是系统中备有何种模型，因而模型的收集和选择显得十分重要。实际上在模型的收集和选择过程中，应考虑多方面的因素，一般是按照应用背景的要求来进行的。任何一个应用背景都需要多种方法、多种方案的比较，要进行一些交叉验证。同时也应考虑到存储过多的模型将延长开发时间，增加了用户使用模型时的选择难度。在模型的具体选择和搜集过程中还应遵循下面的几条原则。

1）模型要有合理的算法、结构和一定的精度。既然模型是现实系统的替代物，它必须反映现实系统的本质，且有一定的精度，失真太大就失去了模型的意义。

2）模型要尽量简单。在能保持反映问题本质的情况下，设计的模型应选择尽可能简单的，以方便决策者的使用。

3）遵循适用规律和具有可验证性。模型库中并不是存储的模型越多越好，也不是什么模型都要存储进去。要充分考虑使用者的需求，在此基础上，估计模型的使用频率，模型建立、存储的复杂程度与模型的使用率之间的关系，对于那些几乎可以肯定决策者不会使用到的模型，则没有必要存储到模型库中去。另外，对于那些可以由其他已经存储在模型库中的模型组合而成的模型，也可以考虑不存到模型库中。

4）尽量采用现成的模型。模型的建立是一项十分耗时的任务，采用现成的模型可以大大节省模型库管理者的工作量和时间，这同时要求决策者或使用者对现有的模型十分了解。

5）模型必须反复修改、完善。由于决策问题、群体决策方式的复杂程度，模型通常很难一建立起来就能很好地模拟现实问题或解决问题，需要反复修改和完善。

（三）模型库管理

1. 模型管理系统的产生与发展

决策支持系统利用大量的模型、数据和友好的交互界面对决策制定者提供帮助。早期决策支持系统的设计在方法上与早期计算机模型和计算机程序的开发相似：数据、对话框和模型部件紧密结合在一起，形成一个静态的系统设计，开发起来不但要花费很多的资金，更是一件费时的工作，而且难于更改。这种静态的系统设计阻碍了决策支持系统的广泛使用。

20世纪70年代中期数据库管理系统的形式化和实现也已经成熟。认识到在数据管理中遇到的问题与数学建模中遇到的问题相似，数据管理工作极大地影响了模型管理的初期工作。模型被当成数据一样的有组织资源，而对模型的管理也致力于将用户从模型的物理存储和处理细节隔离开来。

尽管模型管理的数据库管理方式观点使模型和数据之间建立了有意义的相似，然而，随着决策问题日益复杂化和支持知识处理的需求，这种简单的模型系统已不能适应新的决策需求，因而其功能也发生了很大的变化。除了模型的创建、存储、检索、运行和维护这些基本的功能外，新一代决策支持系统的模型管理系统必须支持模型组合、模型集成、模型选择和知识处理（黄悌云，2001）。

2. 模型管理系统的功能

一般认为一个有效的模型管理系统的主要功能有三个方面。

（1）模型的查询维护管理

类似于数据库的查询维护，模型库同样需要对模型进行增加、删除、修改和查询等工作。随着技术的发展，需要增加新模型。当模型需要更新时，需要删除旧模型。当模型需要部分进行修改时，要修改模型程序。这些维护工作的进行都要按模型的存储组织结构形式进行。

（2）模型的运行管理

模型的运行管理包括模型程序的输入和编译、模型的运行控制、模型对数据的存取（陈文伟，2000）。

1）模型程序的输入和编译。模型程序的输入不同于数据输入，需要一个编辑系统才能完成。模型程序是利用计算机语言来编制的，用不同的语言编制程序的形式是不同的。这种输入的程序是源程序。通过相应语言的编译系统可把源程序编译成目标程序，用于计算机的运行。

2）模型的运行控制。模型程序的运行主要是计算机执行模型的目标程序。首先，必须把模型目标程序找到，按模型的组织存储结构，先到模型字典库中找到该模型记录，再按模型文件的存取路径找到模型目标程序文件。

3）模型对数据的存取。运行模型都需要数据，原始的方法是各模型自带数据或数据文件，这样，数据不能共享。这种方法只适合于单模型的运行，不适合于多模型的组合运行。在模型程序中存取数据库中的数据，需要建立模型和数据库之间的接口。利用接口，使模型能存取数据库中的数据。这样，使模型库和数据库形成了统一的整体。

（3）支持模型组合与模型集成

模型组合是利用已经存在的多个模型来创建一个新的模型，模型组合是将多个模型按照一定的顺序执行（前一个模型的输出作为后一个模型的输入），从而得到一个新模型。模型组合的特点是不改变模型的内部结构。

模型集成也是利用已经存在的模型，通过两个或多个模型的内部结构的合并来创建一个新的模型。在模型集成中，参与集成的模型需要被修改，模型集成是模型创建中最复杂的。模型集成需要通过程序设计中三种组织结构方式来完成，即顺序结构、选择结构和循环结构。这三种结构形式又可以嵌套使用，从而形成任意的复杂的系统结构的集成模型。模型集成在很大程度上依赖于模型的抽象表示。

三、模型与智慧城市

智慧城市方方面面的创新应用、实践的第一个重要领域，即是决策服务应用领域。智慧城市应用体系中的决策过程是为实现一定目标而制定的行动方案，并准备组织实施的活动过程，这个过程也是一个提出问题、分析问题、解决问题的过程（于学伟，2009）。对决策问题一般用"结构"这个概念来描述，分成结构化、半结构化和非结构化三种不同描述。

结构化决策是指决策过程是能够用明确的语言（如数字的、逻辑的、定量的和定型的）说明，并可以编制程序加以说明或描述的决策。结构化决策问题的决策规则，可用决策树或决策表加以表述。结构化决策问题是一种确定型的决策问题，所有决策方案都是已知的，所有的决策规则也是明确的。解决问题的关键是如何准确、及时、高效地做出决策。一般结构化决策问题都可以用决策目标、选择标准（原则）和输入与输出间关系的表达式表达清楚。

非结构化决策是预先没有确定的决策规则，决策目标与实现目标的影响因素间的关系也不清楚，一般也没有与决策目标有明显关系的行动方案。这种决策问题一般采用非程序化的决策方法，依靠个人经验，进行决策。这类决策问题一般有以下几种情况：①引起决策的事件是突发性的。②决策问题的因果关系太复杂，不易了解清楚。③决策过程所依赖的环境条件变化太快，无法掌握决策规则。④未出现过的新问题。对决策支持系统概述这类决策问题，决策支持只能协助收集、存储数据，供可用于分析问题的信息，由决策者根据经验去进行判断和决策。

半结构化决策表现为对决策问题有所分析但不确切，对决策规则有所了解但不完整，对决策的后果有所估计但不肯定。这类决策问题通常位于组织中的高管理层。半结构化的决策问题一般表现出如下情况：①决策的目标只具有方向性，尚不明确。②评价决策目标的定量标准尚待确定。③影响决策目标的因素范围边界不清楚，所需的信息也不完全。④已有的信息所反映的影响因素对决策目标的影响关系不确切，不能完全定量分析，无法准确地描述出影响因素与决策目标间的数学表达式。

第五节 专家体系，集成专家经验

一、概述

随着科技咨询与决策环境的日益复杂化以及科技咨询与决策项目的层出不穷，专家在科技咨询与决策中扮演着越来越重要的角色。同样，智慧城市的建设、运营和管理也离不开专家的智力支持。作为科技咨询与决策活动中科技评价或评审的主体，专家个人的学术水平与个人素质直接关系到科技咨询与决策结果的科学性与公平性。因此，专家的选择直接影响着科技咨询与决策结果的质量，而专家体系建设又是科学合理地进行专家选取的重要环节（王雪芬，2010）。

从技术或系统角度来看，专家体系可分为两类：一类是专家知识库，即存储的是用于辅助决策的专家知识，包括逻辑推理、判断规则等，这类专家体系更接近于人们所熟悉的专家系统或人工智能系统。另一类是专家人才库，即存储的是专家人才信息，主要提供决策咨询过程中所需的相关专家的检索与查找，如评标专家库、学科或项目评审专家库等，就是为项目招标与同行评议中的科技咨询提供相关专家。

专家的特有知识多表现为阅历、技能、创造力、预见性、洞察力等隐性知识。通过在特定范围内，如高等院校、科研机构、国有企业等，按照一定条件进行遴选，并把结果中的个人简历、主攻方向、社会职务、学术专长、科研成果以及其他一些有用信息收集在一起，通过分类、整理、建档等步骤，形成专家数据库。

专家体系的建设是"智慧"的主要来源，海量专家资源的高效利用需要一套先进的管理模式以及与之相配套的信息化系统作为支撑，结合专家本体构建一套基于特征描述、科学评价和关联聚合三个维度的领域专家指标体系，并形成各指标的详细计算方法，在此基础上通过对学术数据库的信息采集、整理、分析与挖掘的自动化处理，筛选指定领域专家，智能识别其研究领域，从而构建一套完整的专家体系。特别是基于专家间的各种关联关系实现对相关领域专家资源的深度聚合与可视化揭示，能够为复杂问题分析和跨领域问题研究提供相应的信息服务和决策支持。

二、关键技术

随着专家检索需求的日益增加，以及专家信息尤其是专家专长信息的动态变化，有关专家检索的研究已经开始成为信息检索领域的一个新的研究热点。目前专家检索技术中常用的、主要的方法或策略具体如下。

(一) 基于文档集排序的方法

基于文档集排序的方法首先对网络上各相关数据源进行抓取，并在所得的数据集合上建立索引和抽取专家信息。然后根据查询主题，利用传统信息检索方法，对索引结果集进行检索，得到各主题的支持文档集；与此同时，根据候选专家的特征信息，对所抓取的数据集合进行信息抽取，得到各候选专家的支持文档集。然后，将上述两种支持文档集进行交叉与归并处理，生成各主题相关的候选专家支持文档集，并进行相应的权重计算，生成每个专家的主题相关性得分，最终得到专家列表。

简单地说，这种方法将文档看成连接查询和专家的纽带，先检索与查询相关的文档，同时文档又是相应专家的支持文档，通过整合支持文档与查询的相关度获得专家与查询关联程度。

(二) 基于专家描述的方法

基于专家描述的方法首先根据所有与候选专家相关的文档或专家自己的论著，为各个候选专家构建个人描述，然后将这些个人描述作为文档，利用检索技术对候选专家的个人描述进行索引，实现专家检索。

这种方法最为关键的就是基于不同类型信息集合的专家信息抽取过

程，以及后续的信息整合生成专家描述的过程。在具体研究中，通过借鉴网格研究中的虚拟组织结构框架与特征分析，将不同类型的信息等进行抽取和整合，构建专家的虚拟专家描述文档。

（三）基于社会网络的方法

在利用社会网络进行专家检索的各种方法中，比较常用的、有效的也是比较流行的方法就是基于传播模型的两阶段法。

第一阶段也称初始化阶段，主要根据给定的查询主题利用专家的基本信息，通过信息检索方法获得专家的初始相关度分值，并选择相关度高的候选专家构建专家子网络图。

第二阶段也称传播阶段，主要是采用基于传播的方法，将子网络图中候选专家的相关度分值按照一定的标准传递给与他有关的其他专家。其基本思想依据是，如果某一专家与候选专家列表中很多专家有关系，或与候选专家列表中某一专家频繁沟通或一起频繁出现，那么这个专家就很可能是给定查询主题的专家，就可以应用传播算法向这个专家传递相关度分值并将该专家加入候选专家列表中。当然不同的专家间关系会根据具体情况设置不同的权重来决定传递过程中传递分值的多少。

基于传播模型的两阶段法允许专家检索系统查找出更多的专家，重新为专家的专业程度赋值，进一步提高专家检索的精度。

三、专家体系与智慧城市

专家咨询以其特有的功能，在促进智慧城市规划、建设、推广和应用以及运营管理中发挥着重要的作用。专家是智慧城市相关问题咨询结果准确性和权威性的保证。专家体系是存储专家信息的载体，其运行情况间接影响着咨询的效率和有效性，包括专家管理系统、专家组织管理系统、专家推荐系统、专家资源服务系统、辅助决策分析系统等。

专家体系以科技专家资源的集中管理和运行为出发点，以数据的集成和交换为基础，以知识化、智能化、精准化服务为目标，应具备以下特点（杨小晓，2010）。

（一）网络化

在传统的专家库中，专家就是数据库中储存的一个对象，而储存的形式就是一张张的表格。但是专家不是一个独立的个体，而是其社会关系网络中的一分子，不应该只是用孤立的观点来看待专家这个科技咨询中的重要角色。专家体系以网络的结构和可用资源的观点来展现专家的个人社会关系，用网络化的模型对专家群体结构进行展示和操作，研究专家之间的持续性关系。一方面用网络的形式和结构展现专家信息，研究专家的联系，以及以联系为纽带的资源网络。另一方面用社会网络分析的方法，从社会关系的角度入手对专家的网络结构进行剖析，并分析和解释专家群体结构的特征指标。

（二）可视化

传统专家库的查询结果往往都是一行又一行的数据，工作人员面对的不是数字就是文字，一方面看一个列表的数据需要耗费较多的时间，另一方面界面不够友好。可视化是运用计算机图像处理技术，将数据转换成图形或图像在屏幕上显示出来，并进行交互处理的理论、方法和技术。社会网络信息可视化已经成为了可视化领域的一个重要的课题。专家体系引进社会网络信息可视化的技术，可直观地展现专家的社会关系以及特定范围内的专家和专家之间的关系，洞悉专家群体的内在信息。

（三）动态化

专家网络总是处于不断的发展过程中，专家个人信息、专家的关系信息都会发生改变。要及时进行所有专家信息的更新对于传统专家库来说，是具有很大难度的。但是专家信息的改变也是有一定规律的，纯属性数据总是很少会发生改变，比如学历、出生年月、职称等，也就是说专家信息发生改变主要体现在关系信息的改变上，比如学术上的项目、著作、研究方向的改变等，都可以通过关系数据的更新实现专家信息的更新。专家体系将属性数据和关系数据进行分离，通过网络和数据库技术来实现分布式的异构数据整合，数据内容可以方便地导入，减少了更新信息的工作量和难度，可动态化地体现专家关系的状态和变化情况。

第六节　决策体系，便捷人机交互

一、概述

智慧城市是城市信息化的升级和发展，是一个庞大的复杂巨系统，要确定智慧城市建设的目标、主要内容和任务以及运营管理，需要采用大数据、物联网、云计算等技术手段建立高效智能的决策支持系统。

20 世纪 70 年代末，钱学森创造性地将还原论和整体论有机地联系起来，形成了系统论方法，这是钱学森综合集成思想在方法论层次上的体现。到了 80 年代末 90 年代初，钱学森又先后提出从定性到定量综合集成法及其实践方式——从定性到定量综合集成研讨厅体系（凌娟，2014）。

1989 年之后，钱学森关于复杂性思想的理解日趋明朗，并提出了复杂性研究的独特的方法论。1990 年与于景元、戴汝为合著发表于《自然杂志》第 1 期，《一个科学新领域——开放的复杂巨系统及其方法论》就是他向复杂性进军的宣言书。

（一）定性与定量相结合方法的提出

钱学森对系统学进行了更为深刻的研究，并与相关学者开展讨论。1988 年 4 月 20 日，在给于景元的信中，钱学森与他系统探讨如何研究复杂巨系统、如何建立复杂巨系统的系统学时指出："按昨日所论关于复杂巨系统的看法，要建立复杂巨系统的系统学宜从实践系统工程的手法出发，即从①社会系统工程的定性、定量相结合的几百个参量的方法；②医学（西医、中医）的临床方法；③地理（生态）的区域规划方法开始，然后上升到理论。所以不是没有材料，而是材料极为丰富，是提炼成理论的问题"（姜璐，2012）。

1988 年 6 月 18 日，钱学森提出，"对社会经济系统我们有个看法，即社会经济系统是复杂巨系统，Prigogine-Haken 的理论是不够用的，要用我们称之为'定性与定量相结合'的方法。"

1988 年 8 月 29 日，钱学森在写给马洪的信中指出："承示有关新国民经济核算体系的文件，十分感谢！仅提以下几点意见供参考：一个国家的社会集体是一个开放的、与世界有交往的复杂巨系统；'巨'是说组成这个系统的子系统数量极大，上亿、十亿；'复杂'是说子系统的种类极多，而且其相互作用又各式各样。尤其是子系统中有人，而人是有意识的，能根据环境信息作出判断，决定行动，不是简单的一定规律的反射。这样的复杂巨系统可以称为社会系统。……根据以上认识，建立国民经济核算体系的理论现实是一门系统科学理论，即社会系统理论，所建立新国民经济核算体系工作应有系统科学、系统工程的专家参加。"

1989 年 5 月 4 日，在给刘则渊的信中，钱学森指出："这类开放巨系统可称之为开放的复杂巨系统，如生态系统、人体。要说社会，那是最难处理的了；因为社会系统中重要的子系统的一个个的人，是有意识的，人的行为不是一成不变的，天天变，所以社会作为一个系统是开放的特殊复杂巨系统。处理这类开放的复杂巨系统（以及特殊复杂巨系统），现在还没有严格的理论，只能用定性定量相结合的方法；而且用的数量不能少，要一百个、几百个。"

1989 年 9 月 12 日，钱学森在于景元报告社会系统的方法问题后，以《处理开放的复杂巨系统不能简单化》为题发表讲话，指出："在马老（马宾——引者注）的指导下，我们创造了几个方法，虽然没有理论，但是这个问题要解决，怎么解决？就是所谓定性定量相结合的综合集成"（姜璐，2011）。

（二）综合集成法的成熟

1989 年 12 月 29 日，钱学森在系统学讨论班上以《定性定量相结合的综合集成法是马克思主义的方法，也是我们中国人发明的方法》发表讲话，"最近我们也想，原来前几年我也问马老，我们诌了一个名字，叫定性定量相结合的方法，最近这阵子我们觉得这个名字还不太好，所以想叫它定性定量相结合的综合集成法"。并于 1990 年在《自然杂志》第 1 期以《一个科学新领域——开放的复杂巨系统及其方法论》为题正式提出了"综合集成法"这一概念。明确提出"定性定量相结合的综合集成法，就其实质就是将专家群体（各种有关的专家）、数据和各种信息与计算机技术有机结合起来，把各种学科的科学理论和人的经验知识结合起来，并形成联系紧密的结构体系，进而发挥出该体系的整体优势和综合优势。"至此，综合集成法理论正式形成。

二、关键技术

（一）综合集成法

20 世纪 90 年代初，钱学森等首次把处理开放的复杂巨系统的方法定义为从定性到定量的综合集成法，综合集成是从整体上考虑问题并解决问题的方法论。钱学森指出，这个方法不同于培根式的还原论方法，是现代科学条件下认识方法上的一次飞跃。

综合集成法作为一门工程可称为综合集成工程，它是在对社会系统、人体系统、地理系统和军事系统这四个开放的复杂巨系统研究实践基础上提炼、概括和抽象出来的。在这些研究中通常是科学理论、经验知识和专家判断相结合，形成和提出经验性假设（判断或猜想），但这些经验性假设不能用严谨的科学方式加以证明，需借助现代计算机技术，基于各种统计数据和信息资料，建立起包括大量参数的模型，而这些模型应建立在经验和对系统的理解上并经过真实性检验。这里包括了感性的、理性的、经验的、科学的、定性的和定量的知识综合集成，通过人机交互，反复对比，逐次逼近，最后形成结论。

综合集成法其实质是将专家体系、信息与知识体系以及计算机体系有机结合起来，构成一个以人为主、人机结合的智慧集成系统，它能把思维、思维的成果、人的经验、知识、智慧，以及各种情报、资料和信息统统集合起来，从多方面的定性认识上升到定量认识，去解决复杂巨系统的问题。

综合集成法的主要特点如下（薛惠锋，2007）。

1）定性研究与定量研究有机结合，贯穿全过程。

2）科学理论与经验知识结合，把人们对客观事物的点点知识综合集成解决问题。

3）应用系统思想把多种学科结合起来进行综合研究。

4）根据复杂巨系统的层次结构，把宏观研究与微观研究统一起来。

5）必须有大型计算机系统支持，不仅有管理信息系统、决策支持系统等功能，而且还要有综合集成的功能。

（二）综合集成研讨厅

1992 年，钱学森提出从定性到定量的综合集成研讨厅，把"法"上升到"厅"的高度。综合集成研讨厅体系的形成过程概括起来主要经历了三个演变过程：从定性定量相结合的综合集成法到从定性到定量的综合集成法，再到人机结合，从定性到定量的综合集成研讨厅体系。

综合集成法及其研讨厅既可以用来研究理论问题，也可以用来解决实际问题。综合集成研讨厅体系主要由三部分组成：以计算机为核心的现代高新技术的集成与融合所构成的机器体系、专家体系、知识体系，其中专家体系和机器体系是知识体系的载体。

综合集成研讨厅是综合集成法从理论走向实践的应用形式，是综合集成了以计算机技术为核心的高新技术成果，与专家群体一起构成的高度智能化的人机结合体系。集成二字代表了逻辑、理性，而专家和各种人工智能体系代表了以实践为基础的非逻辑、非理性智能，这样就把综合集成法中的个体智慧上升到群体智慧。它的目的是提高人的思维能力，使系统的智慧超越其中每个成员的智慧。综合集成法是复杂决策问题的求解方法论，综合集成研讨厅是决策支持系统的高级形式。

三、综合集成研讨厅与智慧城市

综合集成研讨厅体系是一个人机结合、人网结合的信息处理系统、知识生产系统、智慧集成系统，是知识生产力的实践形式，将系统工程成功的实践经验进行汇总和升华。其核心思想可为智慧城市的决策支持体系建设提供指引。

（一）建立总体设计部

总体设计部是实施系统工程的运作机制，通过它对复杂巨系统进行总体分析、总体论证、总体设计、总体规划和总体协调，提出现实可行的、操作性强的配套方案、战略措施，为决策者提供科学的决策依据。总体设计部的设想，源于20世纪50年代后期的科学实践，在周恩来总理和聂荣臻元帅的领导下，我国科学技术工作者把当时苏联航空技术发展用的总体设计部和我国的行政管理体制结合起来，建立了航天系统工程管理组织。在后来的国防建设实践中，总体设计部为发展我国的航天事业起了重要作用，并创造出具有自己特色的系统工程理论和组织管理系统。其做法是：一方面由总体设计部对航天工程进行科学的技术管理。总体设计部由熟悉大系统各方面专业的技术人员组成，在总体设计师领导下，运用系统分析方法，根据任务要求，进行总体分析、论证、设计和协调，并采用计算机仿真技术，对系统方案进行整体优化，使系统的运行功能与结构协调一致。另一方面由管理机关，运用管理信息系统对航天工程实行科学的组织管理，从而合理地使用人力、物力和财力，以确保任务完成。

（二）组织专家群体

根据研究课题，选拔与之相关的自然科学、社会科学、系统科学专家和工程技术人员，在总设计师领导下，组成专家群体。专家群体的作用是：运用其理性知识和经验知识对研究的课题，分析其现状、内外部联系、发展趋势，探讨解决问题的途径、方法。通常采取会谈形式，集体讨论，充分发扬民主，畅所欲言，各抒己见，集中与会人员的集体智慧。会上，主持者应做出小结，肯定会议明确了什么，取得了哪些共识和成果，还有哪些问题尚待进一步探讨，并且初步定性，归纳出理想的决策方案。

（三）建构数学模型

建构模拟数学模型是综合集成法的关键步骤之一，综合集成法模型与普通建模有共同点，也有它特别的地方。首先，与普通建模一样必须详细地占有资料。随着科学技术的发展，信息资料出现了"知识爆炸"现象，而且获取、存储、利用信息的手段也越来越先进。由于复杂巨系统的复杂性，为其建模就应该尽量采用现代化的手段，如现代化信息技术网络等，以检索大量的有关课题的各种信息资料，认真地进行研究、分析综合，从中汲取最有价值的知识和经验，以丰富、扩展专家群体的智慧，为其研究讨论，建立数学模型提供相关的素材。其次，综合集成法建模也有其特殊的地方。以往建模多在自然科学领域进行，系统内外部关系受一定的科学规律约束，建立的模型也就明晰、精确、单一，这是一种刚性模型。但是对于复杂巨系统，尤其是人类社会存在的各类巨系统，各种不确定性、随意性、非规范性大量存在，建立一个或数个模型就能描述出事物的复杂关系是十分困难的。因此，复杂巨系统的模型，就是一种柔性模型。

（四）人机对话

人机对话就是把人的智慧与计算机的功能结合起来，通过相互交互，反复对话，优势互补，逐步深化，最终认识和把握客观事物，具体操作如下：将专家群体提出的各类解决方案，收集的各类信息资料，与计算机仿真、模拟技术结合起来，对模拟的开放的复杂巨系统及其解决方案，反复进行定性，特别是定量的分析，使之能从感性到理性、从微观到宏观、从部分到整体，迅速得出精确认识，进一步发挥专家群体的科技知识，激发创造性思维。利用虚拟现实技术和遥控技术，为总体设计部的工作者创造如同真实的情景，人机动态交互，能使人感受到从前不能感受到的东西，从而极大地扩展人的认识范围，迫使人的思维方式更新，更加全面、准确、如实地实现从定性到定量综合集成，并不断予以调整，找出最佳方案。

第三章 智眼

"寄蜉蝣于天地，渺沧海之一粟"。万般不畅皆由"无眼"而起；智慧之道，莫过"有眼而知"。智慧之眼，就是让全人类"有眼而知"，摆脱渺小不能掌控的宿命。它采集、观测智慧城市信息，运用天空地人一体化大数据信息采集和通信技术手段，感知、分析、整合城市运行核心系统的各项关键信息，从而对包括政务、民生、产业、社会治理在内的各种需求做出智能响应。其实质是利用先进的天空地人一体化信息技术，全面提升政府工作效率、城市管理水平和居民生活质量，推动经济社会不断向前发展，为人类创造更美好的生活。

第一节 天基感知，全球性观测

一、天基概述

卫星是指在环绕行星并按闭合轨道做周期性运行的天然天体，人造卫星亦可称为卫星。人造卫星是由人类建造，以太空飞行载具如火箭、航天飞机等发射到太空中，像天然卫星一样环绕地球或其他行星的装置。

天基感知主要通过人类发射的各种类别的卫星进行信息采集和实时遥感观测，主要由极轨卫星、静止卫星和相应的地面应用系统组成。这些卫星不止采集奥秘宇宙的相关信息，同时也为人类社会发展提供数据支持。

卫星分类方式有许多种，按用途可分为三大类：科学卫星、技术试验卫星和应用卫星。科学卫星是用于科学探测和研究的卫星；技术试验卫星是各种新原理、新技术、新方案、新仪器设备和新材料的试验设备；应用卫星是用于工程应用的卫星，按卫星用途主要分为遥感卫星、通信卫星、导航卫星等，其中遥感卫星根据应用领域不同，分为气象卫星、陆地卫星、海洋卫星和环境卫星，本节从遥感卫星应用领域进行介绍。

（一）气象卫星

气象卫星是从外层空间对地球及其大气层进行气象观测的卫星。在智慧城市建设中，可以通过构建智慧气象感知平台，支撑气象公共数据社会服务，实现公众全方位无缝隙获取气象信息，为城市防灾减灾和适应气候变化、规划建设等提供数据支撑。

气象卫星上携带了多通道高分辨率的扫描辐射计、高分辨率红外分光计和微波辐射计等多种观测仪器，用来接收和测量地球以及大气层的可见光、红外与微波辐射等，并将这些信息转换成电信号传输到地面，地球站将接收到的卫星信号复原绘制成各种云层、地表和海洋的图片，再经过进一步的处理和计算，就可以得到各种气象资料（孟执中和李卿，2003）。

按轨道的不同，气象卫星分为太阳轨道气象卫星和地球静止轨道气象卫星；按是否用于军事目的，分为军用气象卫星和民用气象卫星。气象卫星观测范围广，观测次数多，观测时效快，观测数据质量高，不受自然条件和地域条件限制，它所提供的气象信息已广泛应用于日常气象业务、环境监测、防灾减灾、大气科学、海洋学和水文学的研究，气象卫星也是世界上应用最广的卫星之一。中国风云系列卫星被世界气象组织列入国际气象业务卫星序列，是东半球气象预报的主力，通过中国人30年坚持不懈地奋斗和自主创新，气象卫星已成为现代气象业务和国民经济建设中必不可少的科技支撑。

（二）陆地卫星

陆地卫星也称地球资源卫星，是勘测和研究地球自然资源的卫星。在智慧城市建设中，陆地卫星可为国土测绘、地球资源统筹等提供全方位、多层次的数据支撑。

陆地卫星上携带了多光谱遥感设备，这些设备能够接收地球各种资源物资辐射和反射的各种波段的电磁波信息。陆地卫星将这些信息发送给地面接收站；接收站根据事先掌握的各类物质的波谱特性，对这些信息进行处理和判读，从而得到各类资源的特征、分布和状态等资料。

随着遥感技术的发展，采用合成孔径雷达和光学遥感器相结合的陆地卫星，具有全天候、全天时、高精度的特点，陆地卫星能迅速、全面、经济地提供有关地球资源的情况，对土地利用、土壤水分监测、农作物生长监测、森林资源调查、地质勘探、灾害监测和全球环境监测等方面具有重要作用。

（三）海洋卫星

海洋卫星主要用于海洋水色色素的探测，为海洋生物的资源开发利用、海洋污染监测与防治、海岸带资源开发、海洋科学研究等领域服务，为智慧海洋建设提供有效途径。

2020 年前我国将发射 8 颗海洋系列卫星，包括 4 颗海洋水色卫星、2 颗海洋动力环境卫星和 2 颗海陆雷达卫星，加强对黄岩岛、钓鱼岛及西沙群岛全部岛屿附近海域的监测（王敏，2015）。海洋卫星在海洋资源、环境、减灾和科学研究等方面发挥了不可替代的重要作用，世界各国的海洋卫星和以海洋观测为主的在轨卫星已有 30 多颗。

海洋卫星是地球观测卫星中的一个重要分支，是在气象卫星和陆地资源卫星的基础上发展起来的，属于高档次的地球观测卫星，包括军用海洋监视卫星、综合性的海洋观测卫星、各种专用的海洋学研究卫星等。利用海洋卫星可以经济、方便地对大面积海域实现实时、同步、连续的监测，已被公认为是海洋环境监测的重要手段。

（四）环境卫星

环境卫星是专门用于环境和灾害监测的对地观测卫星。在智慧城市建设中，为环境监测、灾害预警与防护、环境发展趋势预测等提供夯实基础。

中国环境与灾害监测预报小卫星星座是中国的环境专用卫星，系统由两颗光学卫星（HJ-1A卫星和HJ-1B卫星）和一颗雷达卫星（HJ-1C卫星）组成的。其中HJ-1A、HJ-1B于2008年9月6日以一箭双星的方式在太原卫星发射中心由长征二号丙火箭发射升空。HJ-1C于2012年11月19日在太原卫星发射中心发射升空。环境卫星拥有光学、红外、超光谱等不同探测方法，有大范围、全天候、全天时、动态的环境和灾害监测能力，主要用于对生态环境和灾害进行大范围、全天候动态监测，及时反映生态环境和灾害发生、发展过程，对生态环境和灾害发生、发展变化趋势进行预测，对灾情进行快速评估，为紧急救援、灾后救助和重建工作提供科学依据，通过采取多颗卫星组网飞行的模式，每两天就能实现一次全球覆盖。

环境卫星具备了大范围、中高分辨率、快速重访的对地观测能力，为中国灾害应急管理工作提供了高时效、高质量、稳定的数据源。环境卫星HJ-1A和HJ-1B星已纳入国家减灾救灾业务体系，并初步体现了较强的灾害持续重复观测能力、大范围灾害监测评估应用能力和较强的灾害综合监测评估能力。

二、关键技术

"遥感"从字面上可以简单地解释为"遥远的感知"；广义地讲，各种非接触的、远距离的探测和信息获取技术都是遥感；狭义地讲，遥感主要指从远距离、高空，以至外层空间的平台上，利用可见光、红外、微波等探测仪器，通过摄影或扫描、信息感应、传输和处理，从而识别地面物质的性质和运动状态的现代化技术系统。

遥感技术是从卫星、飞机、车载台或其他飞行器上收集地物目标的电磁辐射信息，判认地球环境和资源的技术。它是随电子计算机技术的发展而逐渐形成的综合性感测技术。利用遥感器感测地物目标的电磁辐射特征，并将特征记录下来，供识别和判断。把遥感器放在高空气球、飞机等航空器上进行遥感，称为航空遥感。把遥感器装在航天器上进行遥感，称为航天遥感，通常指卫星遥感。其他还有塔台遥感、车载遥感等不同类型。本节主要讲述卫星遥感相关的关键技术。

（一）卫星遥感技术

卫星遥感是航天技术的重要组成部分，是许多国家重点发展的一项高新技术。卫星遥感是遥感的重要组成部分和主要方式，是卫星应用的三大重要方面（卫星遥感、卫星通信、卫星定位与导航）之一，也是目前"数字地球"战略及信息工程的一个重要组成部分。卫星遥感是以卫星作为遥感平台的各种遥感技术系统的统称，主要是利用卫星对地球和大气层进行光学和电子观测。

卫星遥感技术是一门综合性的科学技术，是正飞速发展的高新技术，它已经形成的信息网络，正时时刻刻、源源不断地向人们提供大量的科学数据和动态信息，它集中了空间、电子、光学、计算机通信和地学等学科的成就。卫星遥感技术已应用在政治、经济、军事和社会的众多领域，成为改变生产和生活方式、创造新产业、推动现代化建设的有力手段（裴浩和敖艳红，2008）。

卫星遥感技术的迅猛发展，将人类带入一个多层次、立体化、多角度、全方位和全天候对地观测的新时代。由各种高、中、低轨道相结合，大、中、小卫星相协同，高、中、低分辨率相弥补而组成的全球遥感系统，能够准确有效、快速及时地提供多种空间分辨率、时间分辨率和光谱分辨率的遥感数据。

（二）遥感器技术

遥感器是远距离感测地物环境辐射或反射电磁波的仪器，按遥感器本身是否带有电磁波发射源，可分为主动式遥感器和被动式遥感器两类。主动式的遥感器向目标物发射电子微波，然后收集目标物反射回来的电磁波；被动式的是一种收集太阳光的反射及目标自身辐射的电磁波的遥感器，它们工作在紫外、可见光、红外、微波等波段。目前，在主动式遥感器中，主要使用激光和微波作为辐射源，被动式传感器占太空遥感器的绝大多数。

除可见光摄影机、红外摄影机、紫外摄影机外，还有红外扫描仪、多光谱扫描仪、微波辐射和散射计、侧视雷达、专题成像仪、成像光谱仪等，遥感器正在向多光谱、多极化、微型化和高分辨率的方向发展。遥感器接收到的数字和图像信息，通常采用三种记录方式：胶片、图像和数字磁带。其信息通过校正、变换、分解、组合等光学处理或图像数字处理过程，提供给用户分析、判读，或在地理信息系统和专家系统的支持下，制成专题地图或统计图表，为气象监测、资源勘察、环境监测、国土测绘、海洋监管、军事侦察提供信息服务。

（三）信息传输技术

遥感卫星中的信息传输技术非常关键，地位十分重要。原理上是卫星与地面间的数据信息通信，其工作流程是从卫星上的遥感器形成数据开始，经数据编码、压缩、调制、信道传输、解调、译码等一系列环节，最终将原始数据流恢复而结束。该项技术既是卫星有效载荷的关键技术之一，也是空间电子学的前沿研究课题，同时又是数据压缩/解压、纠错编码、加扰/加密、高速数据调制/解调、高稳定度频率综合、同步、专用集成电路等众多通信与微电子技术的集成。

卫星传输通道是一个基本稳定的通道，在整个传输过程中受外界环境变化的影响相对比较小，传输电平变化一般在几分贝至几十分贝。而地面微波传输通道受外界环境变化的影响相对比较大，传输电平变化可以大到数十分贝。卫星传输需通过卫星转发器转发，卫星上的有源转发器是一个共用资源有限器件，所以卫星传输系统是一个受空间资源制约的受限系统。相对而言地面微波不受转发资源制约，受限较小。卫星传输途径远长于地面微波系统，因此，卫星传输信息的长时延是有异于地面微波系统的传输特点（高卫斌和冉承其，2005）。

卫星信息传输技术从进入数字化阶段起，始终沿着三个方向发展。一是采用更高相数的调制技术，目前普遍使用的调制技术是 BPSK 和 QPSK，为减少占有传输频带，已出现 8PSK、16PSK 技术；二是进一步改善卫星传输信道的纠错能力，尽可能使设备的使用特性指标接近理论值，此外还研究除 Viterbi 编译码前向纠错技术外的其他纠错编译码技术；三是基带处理技术研究，目前普遍采用了数字压缩技术，卫星传输信道利用率已提高到原值的 4 ~ 8 倍。

（四）遥感数据处理与应用技术

卫星遥感器获取的图像和数据，传输给数据中心后，要通过一系列的技术处理和加工分析才能得到有价值的结果，服务于有关决策和规划。

遥感数据处理第一步是数字化：从多种卫星直接接收的遥感数据和参数或数字化的图像，进行快速传输、几何纠正、海量存储，建成数据库，提供查询和检索服务。第二步是信息化，又称数据挖掘：即通过数理统计分析、数据融合与共享、图形图像识别、时空转换动态变化研究，从海量数据中提取有效信息。第三步是知识化：通过各种专业应用模型，从有效的图形图像或数据中，凝练出客观规律，为工程设计、质量控制和管理信息系统提供科学依据。第四步是再现：根据客观规律，参照边界条件，通过虚拟仿真，重建自然或社会的历史过程，延伸和预测未来的发展趋势，并建议几种可能的解决方案。第五步是决策：由决策部门的领导审时度势，对解决方案做出优选或取舍（裴浩和敖艳红，2008）。

卫星遥感数据处理旨在使遥感影像更易于理解和使用，可以更好地提取某些影像特征信息，为进一步的分析使用奠定基础。卫星遥感数据的处理主要包括卫星遥感数据的预处理、遥感影像的几何精校正、合成假彩色遥感影像以及假彩色遥感影像的进一步处理等步骤。

三、天基感知与智慧城市

伴随着城市扩大化，"城市病"成为困扰各个城市建设与管理的首要难题，联合卫星遥感系统、物联网技术、云计算技术和新一代信息技术等，建设智慧城市，将成为解决城市问题的可行方案。天基感知可以融入智慧气象、智慧国土、智慧海洋、智慧环保、减灾防灾等智慧城市相关项目中，提升城市智慧化水平，更好地服务于城市建设和管理，促进社会和谐发展，下面将从几个方面，简要分析天基感知在智慧城市中的应用。

（一）天基感知与智慧气象关系

气象卫星数据已在气象研究、天气形势分析和天气预报中广为使用，实现了业务化运行。在智慧城市建设中，与卫星遥感数据结合，一是扩充升级气象公有云平台，支撑气象公共数据社会服务，实现公众全方位无缝隙获取气象信息。二是聚焦交通、保险等行业，形成气象大数据"孵化器"，构建全面、开放、共享的创新创业环境。三是推进智能感知应用，以"众筹"推动数据监测，以"大数据"检验感知"精准度"，为城市防灾减灾和适应气候变化、规划建设等提供数据支撑。四是利用新媒体，完善智能气象应用系统，聚焦内容，宽泛链接，促进公众互动（上海气象局，2016）。

（二）天基感知与智慧国土关系

通过天基感知，有效推动国土"一张图"建设，建立高效的国土资源信息采集、更新、加工处理、传输、开发利用和服务的长效机制，动态掌握土地利用现状、土地权属、基本农田、矿产资源等信息，为行政审批、执法监察和土地动态监管提供统一的数据支撑；同时可以利用卫星遥感技术提高国土资源普查与详查的准确性，大大提升工作效率，明显减少野外实地勘测工作量，主要包括土地、森林、草地、湿地、农田、矿产等资源的勘测，以及农作物和牧草长势与估产的监测等。从而提高国土资源管理决策的科学性，为保证社会经济可持续发展提供决策依据。

（三）天基感知与智慧海洋关系

在智慧城市建设中，卫星遥感信息可以用于渔场海洋环境研究，主要包括水温反演、流隔研究、渔场水文现象监测和叶绿素浓度分析，也可应用于海洋生态环境监测中。例如，海洋近岸的水体污染越来越严重，迫切需要利用高新技术对海洋近岸水质实现近实时、高频率的监测，发挥卫星遥感技术在信息收集方面的优势，把海洋生态环境置于严密的动态监视监测之下，使海洋生态环境得到良好保护。在海洋灾害监测方面，可以通过卫星遥感，实现灾害性海况监测与预报，实现对海上风场、海面波浪场以及波浪能量谱等进行全天时、全天候、广覆盖、短周期、高精度的监测（贺玉芳，2015）。

（四）天基感知与智慧环保关系

利用空气质量传感器、卫星遥感以及卫星图片处理技术，可以实时感知城市环境变化，对环境进行分析预测，及时发现问题，并将环境信息及时发布。应用多源卫星遥感数据，结合地面实地考察与观测，可以实现对不同空间、时间尺度对象的现状和变化趋势的监测和分析。例如，森林、草原、荒漠植被的现状和动态及土地荒漠化，河道、湖泊水面、水质的变化，河口、河道、湖泊、水库泥沙淤积速度与分布，水土流失与土壤侵蚀，城市热岛，城市扩张调查等。另外，卫星遥感技术在天气系统的监测及天气预报方面得到了广泛的应用，近来在气候变化方面也有尝试性的应用。

（五）天基感知与减灾防灾关系

利用先进的卫星遥感手段可以及时了解气象灾害发生及其发展动态，科学监测与准确评估，对于正确、有效地部署防灾抗灾救灾工作意义重大。主要包括灾害性天气、火灾、煤田自燃、干旱、洪涝、雪灾、公路雪崩、凌汛、海冰和植物病虫害等的监测评估，以及地震、滑坡、泥石流等地质灾害的监测评估。

第二节　空基感知，全天时监控

一、空基概述

在城镇化加快发展的今天，城市的治安、消防、重点目标、突发事件的监控和管理日益频繁和复杂。由于一般通用监控设备在 5～20 米的高度布设，容易被建筑遮挡，要实现基本无遮挡的全面监控相当困难。空基城市监控因自身的独特优势能够在复杂的城市环境中看得见、看得清和看得远。

空基监控平台包括各类航空器，如气球、飞艇、飞机等。航空器依靠空气的静浮力或空气相对运动产生的空气动力升空飞行。综合设备成本、维护成本、安全性、可用性、技术成熟度等各方面考虑，适合在智慧城市中大规模使用的空基监控平台有无人机和无人飞艇。

（一）无人机

无人驾驶飞机简称"无人机"，是利用无线电遥控设备和自备的程序控制装置操纵的不载人飞机，或者由车载计算机完全地或间歇地自主操作。

无人机包括机体、动力装置、机上飞行控制系统、有效载荷及用于起飞和回收的装置等。无人机的机体与有人驾驶飞机大致相同，但不需要生命保障等系统，结构比较简单、轻便，广泛采用非金属材料。动力装置的类型因无人机的性能和用途而异，有小型涡轮喷气发动机、活塞式航空发动机、冲压喷气发动机和火箭发动机等，其特点是成本低和要求寿命短。机上飞行控制系统包括自动驾驶仪、程序控制装置、遥控和遥测设备、电视摄像机、自动导航设备、计算机、自动起飞和着陆系统等。有效载荷包括侦察与测试设备、电子对抗设备和武器等。无人机可根据不同用途选装上述设备和加装其他专用设备（军事科学院军事百科研究所，2006）。

无人机按应用领域，可分为军用与民用。军用方面，无人机分为侦察机和靶机。民用方面，无人机+行业应用，是无人机真正的刚需。目前在航拍、农业、植保、微型自拍、快递运输、灾难救援、观察野生动物、监控传染病、测绘、新闻报道、电力巡检、交通巡检（图3-1）、紧急医疗救助（图3-2）、影视拍摄等领域得到广泛应用。

图3-1 无人机用于交通巡检

图 3-2　无人机用于紧急医疗救助

无人机不但用途广泛，而且成本低、效率高、无人员伤亡风险、生存能力强、机动性能好、使用方便。可以说，凡是需要空中解决方案的地方，都将有无人机的一席之地。无人机将应用在更广阔的领域。

（二）无人飞艇

飞艇通过艇囊中填充的氦气或氢气所产生的浮力以及发动机提供的动力来实现飞行。它的出现和应用比飞机还要早，1884 年世界上最早的实用飞艇试飞成功。此后，飞艇作为当时最为成功的载人飞行器登上历史舞台，并在空中称霸一时。

飞艇的飞行受大风和雷雨等气候条件影响比较大。到 20 世纪 30 年代，随着飞机的逐渐完善化和实用化，飞艇被飞机取代。但是无人驾驶飞艇独特的技术优势，使人们从未放弃对它的开发和应用。

飞艇相对于飞机来说最大的优势就是它具有无与伦比的滞空时间。飞机在空中飞行的时间是以小时为基本单位来计算的，而飞艇则是以天来计算。其次，飞艇的有效载荷也是普通民用无人机无法比拟的。大型飞艇可以搭载 1000 公斤以上的载荷飞到 20 000 米的高空，留空时间可以达一个月以上。小型飞艇可以实现低空、低速飞行，作为一种独特的飞行平台能够获取高分辨率遥感影像。同时，无人驾驶飞艇系统操控比较容易，可以使用运动场或城市广场等作为起降场地，特别适合在建筑物密集的城市地区和地形复杂地区应用，如城市地形图的修测、补测，数字城市建立时的建筑物精细纹理采集、城市交通监测、通讯中继等领域。此外，现代飞艇的安全性已经有了质的提高。现代飞艇普遍填充氦气，氦气是一种惰性气体，不可燃。由于飞艇气囊中的氦气压力并不是很大，仅仅只需要能保持其外形即可。所以即使飞艇气囊破损，如果破孔不大，那么氦气的泄漏速度将是非常缓慢的，几乎可以暂时不用处理。如果破孔很大，飞艇虽然不得不取消既定的行动计划，但仍然有足够的时间安全返回地面基地（段洣毅等，2006）。图3-3为美国HHA高空飞艇。

图3-3　美国HHA高空飞艇

二、关键技术

（一）航空器监控技术

要利用空基平台进行城市监控，首先需具备对各类航空器的管控能力，这样才能减少空基监控的消极因素，消除空基平台的潜在威胁，使各类空基监控平台在统一的调度下有条不紊地工作，提高智慧城市的智慧水平。

在复杂城市环境、不同的天时和天气条件下，目前针对低空航空器的各单项探测设备均存在一定局限性，迫切需要发展多种探测技术，通过多元协同探测，形成对低空航空器的全天候、全天时、广地域的探测识别能力。

为实现城市复杂环境下低空目标的全天候探测与跟踪，需要综合利用雷达、可见光相机、红外相机、声测设备等多元传感器的优势，取长补短，形成互补优势。重点研究城市复杂环境下低空目标雷达探测技术、光电探测技术、声测预警技术、激光雷达探测技术等。

(二) 信息融合技术

信息融合是一种多层次的、多方面的处理过程，在这个过程中对多源数据进行检测、结合、相关、估计和组合以达到精确的状态估计和身份估计，以及完整、及时的态势评估和威胁估计。多平台多传感器多源信息融合通过不同平台的多个传感器跟踪多个目标，各传感器之间的数据以一定的数据链进行通讯融合而达到精确跟踪不同目标的目的。

智慧城市中的空基监控涉及声光电等多种传感器资源，其信息呈现出典型的多源异质的特点，从融合的架构来看，需采用多级混合式融合架构，即在各平台进行多传感器集中式融合，在平台间构建融合中心，对各平台的融合结果进行进一步的融合。融合过程中，需要重点解决的技术问题包括多传感器交叉提示、时空对准、目标特征关联等，目标特征信息库可为相应的算法模型选择提供决策反馈，不同融合层次的结果也可作为传感器资源调度管理与优化协同的反馈，从而实现一体化的协同感知与融合处理。

传感器优化协同融合的核心是交叉提示，当一个传感器发现了潜在的目标时，需要交叉提示其他传感器直接对该目标进行额外或更详细信息的获取，为信息融合提供必需的数据。同时又能够在目标稍纵即逝的情况下，要求其他传感器马上对这个可疑目标进行观测，以满足时间上的紧迫信息需求，即进行目标交接。传感器彼此之间互相提示，被提示的传感器也可能是发送提示的传感器，反之亦然。其中包括和哪个传感器进行协作、协作时传感器资源冲突的解决方法。同时，传感器交叉提示是更好地进行信息融合的技术基础，构成了信息融合系统的反馈环节，弥补了信息融合的不足，提高了传感器的利用率（樊浩等，2012）。

（三）图像识别技术

图像识别技术是人工智能的一个重要领域。图像识别技术是以图像的主要特征为基础的。每个图像都有它的特征，对图像识别时眼动的研究表明，视线总是集中在图像的主要特征上，也就是集中在图像轮廓曲度最大或轮廓方向突然改变的地方，这些地方的信息量最大。而且眼睛的扫描路线也总是依次从一个特征转到另一个特征上。由此可见，在图像识别过程中，知觉机制必须排除输入的多余信息，抽出关键的信息。同时，在大脑里必定有一个负责整合信息的机制，它能把分阶段获得的信息整理成一个完整的知觉映像（中国测控网，2016）。

视频监控在过去的实际应用中，面临的最大问题就是必须由人工查看视频。图像识别技术通过对视频进行智能分析、有效信息的结构化数据提取，从而让视频监控的使用者真正告别人工安防而走进自动化安防的新时代。

目前视频智能分析主要有两种产品形态：前端智能和后端智能。前端智能将智能分析算法嵌入到前端摄像机，前端摄像机对采集的视频内容立即进行分析，提取出画面中关键的、感兴趣的、有效的信息，形成结构化的数据，将后端感兴趣的内容实时传给后端做存储或深入分析。后端智能是前端摄像机只负责采集视频图像，将码流传递到后端服务器做集中处理。这样对于后端的计算压力比较大，也不利于实时处理。更合理的方式是前端摄像机进行基础的结构化数据提取，后端服务器再进行深度二次分析；也就是说，将前端和后端配合起来做智能分析，才能真正让视频图像智能分析实现最大化价值。

图像识别技术对于整个空基监控来说都是一项艰巨而又关键的任务，直接决定了后续图像处理与分析的准确性和便捷性。在视频监控领域，图像识别技术正面临着不小的挑战，具体可阐释为：其一，对图像质量的要求越来越高，图像识别与处理的算法也越来越复杂；其二，对图像的实时性处理和传输要求越来越高；其三，图像识别的算法更加个性化，也更加成为市场竞争力的关键所在；其四，图像数据往往涉及隐私，因此也需要提供可以信任的安全保证。

（四）高速实时空基网络

空基网络是指在通信网络中至少有一个空中节点参与组网的一类网络。高速实时空基网络是空基监控平台完成监控任务的基础。构建一个高速、大容量、宽带以及动态的空基网络对于提高各监控平台间的信息共享、协同监控能力具有重大的意义。但空基组网存在诸多限制，如作用距离、节点移动速度、网络控制、载荷加载和功率等都要考虑。目前普遍对空基网络如何应用认识不足，如何为空基监控平台提供可靠稳定的网络服务始终没有得到各方一致认同，特别是城市环境复杂多变，空基网络如何适用于这种多变城市监控需求是必须研究的问题（李桂花，2014）。

空基自组网是一种采用自组织方式进行组网的空基网络，它是移动自组网在空基网络中的特殊应用。采用空基自组网技术，空基监控节点可不依靠基础设施或与基础设施结合自动建立起互联互通的通信网络，网络中节点采用单跳或者多跳方式进行数据交换。在城市监控领域中，相对于当前主流的单跳通信方式，多跳通信扩大了节点间的通信范围、增强了网络的抗毁性，可大大提高信息共享能力。

三、空基感知与智慧城市

（一）空基感知与智慧城市的关系

智慧城市建立在可全面感知的城市基础设施之上，具有更透彻的感知、更全面的互联互通、更深入的智能化三大特征。通过在城市上空灵活机动的空基监控平台搭载的智能设备收集感测数据，使所有涉及城市运行和城市生活的各个重要方面都能够有效地被感知和检测起来，实现更透彻的感知；通过高速空基通信网络及城市内各种先进的感知工具的连接，实现更全面的互联，将智慧城市中各子系统整合成一个大系统，使所收集的数据能够充分整合起来成为更有意义的信息，进而形成关于城市运行的全面影像，使城市管理者和市民可以更好地进行管理和生活；更深入的智能化则是在数据和信息获取的基础上，通过使用传感器、先进的移动终端、高速分析工具等，实施收集并分析城市空基监控关键信息，以便政府及相关机构及时做出决策并采取适当措施（张帆，2012）。

安防监控在过去的十几年间被广泛应用到城市管理的诸多领域，如城市安全防范、城市交通管理、土地资源管理、环境管理、教育行业、通信行业等。随着城市信息化建设的不断深入，安防监控还将在城市管理和人民生活的更多方面发挥巨大作用。但是智慧城市体系中的空基监控与传统意义上的安防监控还是有一些区别的，主要体现在以下几个方面。

1. 观念的转变

在传统意义的安防监控领域，服务的对象主要是如公安、交警、城管等城市管理者，主要目的是帮助城市管理者更好地对城市的方方面面进行自上而下的监控管理。但在智慧城市中，这只是其中的一个方面，即城市的管理和服务，更多更大的需求来自于工商业活动和居民生活。空基监控充分考虑工商业单位及数量庞大的城市居民的需求，开发出满足他们相应要求的产品和系统，这是空基监控行业在智慧城市时代进行市场开拓的一个新方向。在城市信息化的基础上，这部分需求将很快被释放，其市场前景不容小视。

2. 从封闭的网络到开放的网络

传统意义上的安防监控设备一般都是固定归属于某一个自我封闭的小系统的。例如，某个道路监控摄像机固定地属于 A 地的道路监控系统，它不会归属于城管监控系统，也不会归属于 B 地的道路监控系统。这样布局的结果就导致了无法将某个摄像机的图像共享给其他系统。在智慧城市时代，单个空基平台的传感器前端所采集的信息能提供给多个系统进行共享，因为同一个信息源采集的信息在不同的应用系统中的分析结果可能是不同的，而不是专属于某一个子系统。信息的共享转发工作可以通过在各子系统间搭建信息转发网关的形式来实现，将信息从一个子系统传递到其他同样需要该信息的子系统内。

3. 建立功能强大的信息分析处理中心

智慧城市的核心，就是通过对前端传感器采集到的信息进行深度处理和分析，从而得到用户需要的结果。这就需要在城市中建立强大的信息分析处理中心来完成这项工作。目前国内外 IT 界热炒的"云计算""云中心"，即是这类信息分析处理功能的体现。信息分析处理中心的建立既有助于快速处理用户的信息处理需求，同时，也有助于降低前端传感器的分析负担，降低对于一些便携式传感器的配置要求，使得这些传感器更加小型化和便携化，使得空基平台能携带更多传感器或更高端传感器。

4. 更智能的前端分析能力

随着电子信息技术发展，电子元器件的信息处理能力会越来越高，使得信息智能分析的前端化成为可能。信息分析处理中心虽然处理功能强大，但与整座城市内所有空基监控平台每时每刻产生的数以亿万计的信息相比也是杯水车薪。因此需要对一些信息在采集的同时在空基平台上进行初步分析，输出初步的分析结果，再提供给信息分析处理中心进行更深层次的分析，有效地降低城市大型信息分析中心的处理压力。

总之，空基监控系统是助力智慧城市建设的重要技术之一，其创新应用进入爆发期，未来将颠覆人们的想象、重构生活场景，开启的是万亿级的市场空间，它与互联网、大数据相结合可以让城市管理更高效。

(二) 无人机监控在智慧城市中的应用

随着无人机技术的飞速发展，"无人机+城市监控"的概念得到城市管理相关行业的广泛认可。城市规划、交通巡检、灾情监视、警务巡逻、环境检测等领域均有无人机的参与，无人机的作用逐渐得到有关部门的重视。美国由于其低空空域开放政策的实施，城市无人机监控已常态化。

1. 无人机的优势

与其他城市监控方式比较，无人机具有几个明显的优势。

第一，无人机可实现多种功能作业。在现有的航空遥感领域中，已经形成比较成熟的无人机航空遥感技术。无人机高空遥感多使用大载荷、长航时的大型固定翼无人机。在此基础上，为了精准监控城市局部地区的具体情况，可以利用飞行高度较低且行动灵活的轻小型多旋翼无人机和无人直升机进行低空遥感测绘。通过相机等设备收集图像、视频等直观信息。

第二，无人机作业效率较高。无人机对起降环境要求较低，不需要专用机场，尤其是多旋翼无人机可随时随地垂直起降。同时，无人机飞行高度一般较低，受云层影响较小，甚至可以在阴天工作，增加了空中作业时段，自然提高了作业效率。

第三，无人机影像分辨率较高。无人机搭载的数码相机等机载设备分辨率可达厘米级，影像清晰且细致，反映的地物也比较丰富，容易判读。

第四，无人机作业成本低廉。一方面，无人机相对简单，生产、采购成本较低。同时，用于低空作业的维护保障及存放库房成本也相对低廉。另一方面，与有人机等手段相比，无人机作业的人员成本也更具优势。无人机驾驶员培养费用远低于有人机飞行员。

2. 无人机在城市规划/管理中的应用

（1）城市规划测量

航测无人机能够大大简化航空摄影测量的流程，提高航测效率，还可以同时处理 GPS、Glonass、北斗等导航系统数据。事实上，国内多个省市城市规划部门均采购无人机用于城市规划测量，且多采用固定翼无人机（图3-4）。由于其速度快、航时长、覆盖范围广，能够有效满足城市规划测量作业的标准与要求（无人机世界，2015）。

图 3-4　固定翼无人机适用于城市规划测量

以蚌埠市勘测设计研究院对蚌埠市禹会区天河科技园 1∶1000 地形图规划项目为例，天河科技园地处天河西侧，地形开阔，适合进行无人机航拍摄影。测区东西长 6 千米，南北约 4 千米。实际操作中，将该区分成 4 个架次进行拍摄，共拍摄 960 张航片。利用已获得的影像数据，进行像控点布设，测区内共布设 192 个像控点。采用全数字摄影测量工作站进行立体测量，利用空三导入的方法建立数字立体模型。整个数字化测图过程相比直接野外测量可缩短一半时间，有效提高了作业效率，降低作业成本。

（2）城市违章建筑监管

传统的违章建筑监管主要以人工监察为主，需要大量的人力资源与时间成本，且效率低下。同时，由于违章建筑主要建设在建筑物高层甚至顶层，相对隐蔽，一般在地面很难发现。不仅如此，有时候即使怀疑屋顶有违建，但是由于业主不配合，无法近距离调查，给查证工作造成了很大的困难。

运用无人机进行空中巡查，可以快速实现预定区域的建筑物观测，及时高效，节省大量的人力物力。从空中有效捕捉违章建筑影像，让违章建筑无处遁形。尤其是多旋翼无人机，可以在发现疑似违建的同时，近距离悬停观察，并实现影像素材拍摄存储，为后续执法提供有力保障。广州、武汉、深圳等多个城市的监管部门均开始应用无人机进行违章建筑监管，取得显著的效果。

（3）城市建设工程监测

根据相关规定，城市建设工程应该坚持环境保护与经济、社会协调发展的原则，相关工程施工组织设计必须有环境保护方案和措施的内容。运用无人机，可以在工程规划、设计和审查阶段进行现场勘查，全面了解施工地区及周边的环境，包括水系、植被、土壤等状况；在施工期间，无人机可以针对性地对面积、土石方体积、植被覆盖度、工程外观等进行勘查和测量，为环保部门判断环境评价结论和环境保护措施的合理性提供依据。

3. 无人机在城市交通巡检中的应用

当前，我国各大城市车辆保有量大幅上升，交通拥堵、交通事故频发已经成为影响城市公共安全的首要因素。在很多城市固定式交通检测设备虽然大量布设在快速路主干路上，但存在下列缺陷：①监控摄像头存在着监控盲区；②现代道路交通监控系统需采用多屏幕显示，无法有效将同一路段的全方位监控影像集成在同一画面；③现今国内道路交通监控系统缺乏智能判定交通状况的功能，需人工监视交通画面，采集道路交通信息。

上述缺陷造成部分重要路段的交通信息缺失，导致城市突发事件的信息采集存在着时间、空间、规模等方面的诸多不确定性，难以有效灵活地进行道路监控及交通诱导，让交通管理部门无法有效地针对事故实现快速应急处理。

基于无人机的空基交通信息获取具有覆盖面广、反应迅速、信息全面准确等优点，无人机的监控功能在城市的交通监控、道路和公共场所停车管理方面大有可为，可以高效地监控大片区域（翁松伟等，2016）。

（1）交通巡检

交通巡检模式下，地面终端发送指令，旋翼无人机按照指定的巡航路线监控道路交通，将采集的影像传输到地面终端并进行自动处理，得出道路参数、道路服务水平评级，整合出交通诱导信息，将交通诱导信息及时反馈，达到提高道路安全水平、车流量诱导等效果。另外，超低空巡飞的无人机还可以拍摄车辆牌照和自动辨识按规定放在前风挡玻璃下的付费停车票据，能够在短时间里巡逻大片区域，惩处非法停车或者超时停车。

（2）事故应急处理

险情应急模式下，地面终端发送指令，无人机快速前往事故路段，定点监控事故现场。图像实时回传功能让现场情况一览无遗，准确记录事故现场的环境、车辆的相对位置、车辆和道路设施损失情况等。将事故路段险情信息发送到交通部门、广播电台、微博平台。同时，可在事故道路入口执行"空中电子交警"任务，通过机载交通信号灯、警报器，现场发出道路指示信息，协助交通部门对事故路段车辆进行安全引导。"空中电子交警"是指搭载着 LED 显示器、警报器的无人机在空中充当"交警"。在事故路段入口处，显示交通信号灯，发出警报声，提醒入口处车辆缓慢前进或绕道行驶，避免事故路段过分拥堵，保障救援工作有序进行。

4. 无人机在城市灾情监视中的应用

当城市的爆炸、火灾、水灾等灾害发生时，有时救援人员无法或不能很快进入受灾区域。这时可利用旋翼无人机携带的照相或摄像设备对受灾区域进行侦察，将现场实时图像传送回来，便于及时了解灾情，帮助救援人员及时了解现场情况，做出正确的决策。

国外在使用无人机进行城市灾害监测方面起步较早，经过长期应用与研究，取得了很好的效果。目前，国外无人机灾害监测范围主要包括火灾、地震、台风、洪水等。近几年，我国相关管理部门也加大了对无人机灾害监测应用与研究力度，并取得了一定的效果，如民政部门在低温雨雪冰冻灾害和地震灾害监测中的应用，水利部门在蓄滞洪区和流域性凌情、汛情监测中的应用。以上应用，尤以民政部门在地震灾害中，使用无人机对地震灾害损失应急监测、灾后恢复重建跟踪监测取得的效果最为显著。

无人机对灾害监测的作用，主要体现在以下几方面（李云等，2011）。

1）提高了灾情监测能力。在恶劣的灾害环境和地理条件下，遇到受灾地域广、救灾任务紧的时候，可以借助无人机快速飞抵受灾现场，监测灾情，为灾害救助提供决策支持，提高灾害救助的时效性，提供宝贵的搜救初期发现。

2）提供了客观的灾情数据。根据无人机遥感影像，可以排除现场灾情信息采集时表述不清、意见相左、他人质疑等各种主观因素影响，有利于对灾害损失程度做出正确判断和评估，制定科学、合理的救灾方案，避免灾害救助的盲目性。

3）监督了灾后恢复重建进展。无人机遥感影像不但可以作为灾区灾后恢复重建规划依据，也能作为恢复重建工作监测和督查、援建项目验收和评判的依据，实效明显。

4）提升了预警监测水平。以无人机为载体，采用航拍手段进行灾害监测，利用航拍遥感影像，建立相关的减灾救灾预警数据库，有利于提高灾害预警的准确性。

5）健全了对地观测技术在减灾救灾中的应用。无人机灾害监测作为遥感监测的一部分，很好地弥补了卫星遥感等对地观测精度和频度上的不足，是我国对地灾害遥感监测系统的重要补充。

5. 无人机在城市警务巡逻中的应用

公安干警和武警利用无人机来应对突发的社会事件，特警部门则利用无人机进行空中侦察抓捕罪犯等工作。警用无人机在协助各个警察部门在公共安全领域发挥着重要的作用。

（1）社区民警领域

一般而言，社区民警是公安派出所从事治安防范、管理和沟通群众的主力，主要承担的职责有六项，即开展群众工作、掌握社情民意、管理实际人口、组织安全防范、维护治安秩序和应急救助。对于管辖范围较大、人口较为密集的地区，无人机装备无疑为社区民警的工作带来了极大的提升。

1）公共领域常规巡查。对于片区治安来说，巡查是社区民警必不可少的一项工作。但是对于管辖区域大、人口密集且分散分布的地区，由于警务力量不足等因素，可能造成巡查存在漏洞，给犯罪分子以可乘之机。无人机一般可携带多种警务设备，包括高清数码摄像机、夜视仪等，可以帮助社区民警对管辖区域进行定时定线的巡查。不仅可以节省警务力量，而且有利于公安部门及时掌握相关区域的公共安全状况。

2）大型集会监控。无人机可对会场空中监控，提供高清画面，并可以快速机动到任何需要的区域上空，搜索发现地面可疑人员、车辆，提供强有力的空中情报保障。将视频图像实时传输回指挥中心，指挥中心根据无人机传输回的资料对现场实时掌控，一旦发现突发情况，无人机可以第一时间发现，极大地提高应急处理效率。

3）聚众闹事事件监控。无人机飞抵事故目标区域上空对目标区域进行全方位不间断的监控，为公安干警全面掌控事态提供先决条件。警方可根据无人机拍摄的资料对事故责任方进行举证，同时可以了解目标区域的事件发展情况，及时形成相应的决策，防止事态失控。

4）突发媒介失灵事件应对。面对因谣言而发生的群众聚集事件，无人机加装空投装置后，能进行特殊物品的投送，如播撒传单，向地面人员传递信息，达到辟谣效果。小型旋翼无人机通过加装高音喇叭，可以进行空中喊话，传递政府信息。也就是说，在正常媒介失灵的情况下，无人机可以暂时承担这一任务，及时完成政府部门与群众沟通的任务，帮助社会度过这一危险期。

（2）公安刑警领域

公安刑警最主要的工作就是进行刑事侦查，负责刑事案件的侦破工作。无人机对刑警的帮助体现在以下几方面。

1）空中侦察。由于无人机可携带高清数码相机、摄像机等警用设备，在某些特定的目标区域或者是由于某种原因而无法进行人员派遣的某些目标区域，警用无人机均可发挥重大作用。一般而言，小型的无人机以电力为动力源，噪声较小，不易惊醒任务目标。而且体积较小且高空飞行，也具有较强的隐蔽性。当无人机携带上高清摄像设备时，就可以实施侦查任务了，为警方的下一步行动做好准备。2013年12月，广东省公安厅成功围剿广东陆丰"第一大毒村"博社村。此次行动中，"鹰眼"无人机为公安提供84个疑似制贩毒窝点的精确地理位置数据，在案件侦办中起到了关键性作用。

2）定点监控。无人机可以对逃犯采取的各种逃跑方式进行跟踪、监视，也可以搭载红外设备，对夜晚逃犯进行监控，可对躲藏在丛林里的犯罪嫌疑人进行扫描式飞行搜索。无人机将逃犯的逃跑路线提前通报警方，提高警方的抓捕速度与抓捕准确性。

3）追捕罪犯。当碰到罪犯拒捕且出逃的情况时，可能由于某些原因警方无法立即组织力量响应，这就带来了一定程度上的时间滞后。时间滞后越久，追捕犯罪分子的难度越大，捕获其的可能性就越小。如果装备警用无人机的话，时间滞后可以大大缩短。警方在相应力量没有完全组织起来之前，完全可以先出动警用无人机，对逃犯实施实时监控，完成对目标逃犯的定位，并将相关信息和地形、人群数据传送回指挥中心，为警方的抓捕做好准备。2011 年 12 月 10 日，美国"捕食者 B"无人机在 3200 米高空巡逻。通过回传的实时视频，确认一名持枪抢劫案嫌疑人没有随身携带武器，引导警方乘机一举逮捕了该嫌犯。这是第一次有记载的无人机民用警察行动。

（3）反恐处突领域

对于公安武警和特警而言，他们的主要职责就是应对突发的暴力事件和反恐事件，如 3·1 昆明火车站暴力恐怖事件。在反恐处突等任务中，警用无人机的用处是极大的。

无人机参与反恐处突作业流程如下。

第一步：无人机迅速起飞，迅速赶到现场勘查，并将现场大致情况及时反馈给指挥中心。

第二步：无人机实施低空拍摄，将犯罪分子人数、规模、人员伤亡等情况及时传回指挥中心，便于指挥中心做出下一步行动。

第三步：指挥中心根据无人机传回来的消息，迅速做出决策，对武警特警、救护人员、消防人员等进行合理部署。

第四步：无人机不间断对目标进行监控、将犯罪分子的动态实时传递给指挥部，配合武警特警部队进行精确抓捕。

6. 无人机在城市环境检测中的应用

随着我国大气污染状况越来越严重，特别是 $PM_{2.5}$、PM_{10} 等在污染物中所占的比例越来越大，我国的大气污染检测与治理的任务也越来越重。国家对此在大多数城市布设了颗粒物、气体检测设备，形成了国控点结合省控点分布密集的地面污染源检测网。

然而我们也能清楚地看到，依据国控点地面检测数据所作出的预测与实际环境污染状况还是存在较大差距。此外，依据地面监测数据所实施的治理手段，如地面洒水、建筑工地遮盖、交通限行、工业限产、锅炉改造、脱硫脱硝处理等方案，效果也不尽如人意。

作为第三代遥感技术的无人机遥感技术，是今后进行大气突发事件污染源识别和浓度监测的重要发展方向之一。环境检测无人机利用高分辨CCD相机系统获取遥感影像，利用空中和地面控制系统实现影像的自动拍摄和获取；通过无人机搭载的智能气体传感器对现场数据进行采集，将采集来的模拟信号转换成数字信号。同时实现航迹的规划和监控、信息数据的压缩和自动传输、影像和现场数据预处理等功能，可为各级环境检测部门和环境信息化建设提供一体化解决方案，并可满足环境应急响应的需求。目前我国已启用无人机对一些重污染区域进行高空排查，针对污染企业过于分散、发现不全等问题，进一步扩大巡查范围。

7. 无人机的局限性

随着无人机在各行业应用的不断深入，各行业对无人机及相关保障提出了更高的要求。对于应用于城市监控领域的无人机而言，也面临着诸多局限。其技术局限性，主要表现在以下几个方面。

第一是无人机的飞行稳定性。目前，用于城市监控领域的无人机大多为轻小型无人机，由于自身体积重量较小，其对异常环境的适应性也相对较弱。一般在大风、雨雪天气无法进行空中作业，影响了无人机的整体效率。

第二是抗干扰能力。在城市上空作业，尤其是多旋翼无人机的低空作业，需要处于复杂的电磁环境中。对于GPS干扰、电磁干扰、人为干扰等情况，目前的无人机还是显得应对不足。

第三是动力系统。目前的轻小型无人机，尤其是多旋翼无人机大多采用电池动力。然而，出于起飞重量的考虑，一般采用小型电池，很难保证长航时飞行作业的要求。频繁的电池更换自然导致作业效率降低。

除此之外，无人机航测遥感的数据处理技术也有待提高。一方面，需要进一步提高无人机图传系统的稳定性，另一方面也需要开发更多针对城市监控领域的专用软件。

与技术方面的局限相比，人才方面的局限可能更为突出。

我国正式开始规范化管理无人机驾驶员是在 2013 年，第一批民航局承认的无人机驾驶员合格证是 2014 年颁发的。由此可以看出，虽然有部分飞行技能过硬的飞手存在，但是由于无人机驾驶员的规范化管理与培训时间不长，其整体素质还不高，且质量参差不齐。

不仅如此，考虑无人机的相关问题，应该将其置于具体的应用实践之中。然而，目前在各个无人机应用领域，"会飞的不懂行业、懂行的不会飞行"，能够全面掌握相关行业知识的无人机驾驶员少之又少。

此外，在无人机大规模应用之前，还应具备对无人机的有效管控能力，使无人机能够充分发挥其正面作用，消除潜在安全隐患。

（三）无人飞艇监控在智慧城市中的应用

飞艇是一种轻于空气的航空器，它与热气球最大的区别在于具有推进和控制飞行状态的装置。飞艇由巨大的流线型艇体、位于艇体下面的吊舱、起稳定控制作用的尾面和推进装置组成。艇体的气囊内充以密度比空气小的浮升气体（氢气或氦气）借以产生浮力使飞艇升空。吊舱供人员乘坐和装载设备。尾面用来控制和保持航向、俯仰的稳定。其中飞行时不需要有人驾驶的飞艇即为无人飞艇。

无人飞艇可被广泛地应用于城市监控各个领域，如空中交通巡逻和指挥、航空测量、环境监测、气象预报等。随着材料科学与技术的发展，为飞艇提供了强度高、氦气渗透率低的新型蒙皮和气囊材料，使得飞艇具有质量轻、强度大、气密性好、尺寸稳定等特点。同时，计算机和自动控制技术的进步，使得飞艇的结构设计更为合理，进一步提高了其可靠性，飞行控制也更加准确灵活，为无人飞艇开创了更广阔的应用领域（范珉，2007）。

无人飞艇与其他飞行器相比有很多优势。具体体现在以下几点。

1）容积大、有效载荷大。飞艇可以在其气囊中携带大型监控设备，监控设备的形状和尺寸几乎不受限制。

2）续航能力强。飞艇由大量平均密度小于空气密度的气体提供升空的浮力，而不需要动力产生升力来克服重力，因此能量消耗低，滞空时间长。

3）可飞得低，飞得慢。低速可减小像移，低空接近目标减弱了辐射强度损失，因此可容易地获取高分辨率、高清晰的目标图像，这是其他航天航空传感器所没有的优势。同时，飞得低则受空中管制的影响小，并且能在阴天云下飞行，减小了天气依赖性。

4）可靠性和安全性好。无机组人员随艇上天，可避免意外发生时危及生命安全；氦气轻于空气，自重小；飞行速度慢，对地面目标构成的威胁小。

5）可对建筑物盘旋，进行多侧面成像，有利于三维城市建模纹理信息的获取。

6）机动性好，无须专门的机场起降。

7）使用成本低。

我国于1976年批准了有关飞艇发展的提议，并于1979年开始研制，但由于种种原因，相关研究停滞过一段时间，从2000年后又重新全面启动。通过研究所、高校、公司厂家等多个单位的努力，我国的飞艇研究正在不断取得进步。目前我国正积极开展大、中型软式氦气飞艇的研制，并结合我国的国情发展遥控飞艇。2003年成都神舟飞行器有限公司组织研制的ST-3飞艇是中国第一艘通用遥控飞艇，该飞艇长17.63米，气囊容积150立方米，飞行高度达2500米，飞行速度75千米/时，有效载荷35千克，可广泛应用于城市交通监控、市政建设航拍、高空大气采样、火警监控等。2006年，由广西壮族自治区公安厅与珠海新概念航空航天器有限公司联合研制的"空中机器人警用飞艇"投入使用，是中国第一艘具备执行多重任务能力的警用无人飞艇，并在第三届中国—东盟博览会等"三会一节"期间执行了空中巡航监控任务。其可以利用卫星导航、遥感遥测等先进技术自驾巡航飞行，活动半径为 80~120 千米，能长时间在指定区域航行或定点悬浮，执行实时监控任务。2008 年，中航工业第六〇五所研制了 FKC-1 超视距遥控飞艇，该飞艇主要用于地质勘查、环境监测等，飞行高度 600 米，最大续航时间 2 小时，最大载荷 15 千克，最大平飞速度 60 千米/时。

第三节　地基感知，全覆盖采集

一、地基概述

从服务对象上，地基感知可分为民生服务类、城市治理类、产业升级类、生态宜居类四类信息采集。

（一）民生服务类信息采集

面向民生服务的地基感知包括诸多类型，如证件识别感知、生物特征识别、二维码扫描、医疗成像仪器、刷卡、客流统计、智能停车和自动化门禁等装置，都属于地基感知在各类场景的应用，同时包括公交车、出租车、大巴车、货车和私家车上实时获取车辆到站信息、路况信息的定位器以及车辆内各类预警装置。

（二）城市治理类信息采集

城市治理类信息采集类型包括许多种，交通、安防视频信息采集是一种最为直观的感知方式，在道路管理、车辆管理、重要场所管理、移动执法管理、应急管理等方面得到了大量的应用，尤其在视频行为分析、车牌识别、视频诊断、智能检索、图像复原和人脸识别等方面；其他也包括消防类预警信息感知、安全生产监督类信息感知、质量监督类信息感知以及各类涉及城市治理和应急管理的信息感知。

（三）产业升级类信息采集

产业升级类信息采集主要包括用电、用气、用油等各类能源信息使用情况监测以及共享单车识别、旅游车乘客识别、农区监测、林区监测、物流运输情况监测等感知手段，也有在产品自身添加感知装置的，有效提升生产效率和生产监测水平。将地基感知融入传统产业中，可以有效提升产业的信息化水平，助推产业转型升级。

（四）生态宜居类信息采集

面向生态宜居类的信息采集覆盖水质监测、水量监测、空气监测、工业排放监测、重金属监测、废弃物监测、垃圾场监测以及地球资源信息监测的方方面面，在生态宜居的各种场景均有应用。生态宜居类信息感知的手段和方式也众多，基本覆盖了大部分地基感知手段，地基感知在生态宜居中的应用，有效提升了居民生活质量和城市宜居指数，为信息监测及防范举措提供夯实基础。

二、关键技术

地基感知的关键技术主要包括物联网技术、传感器技术、射频识别（radio frequency identification，RFID）技术、二维码技术、ZigBee 技术、蓝牙技术等，同时也包括本章第一节提到的信息传输和数据处理等技术。

（一）物联网技术

物联网简单理解就是物物相连的互联网。将无处不在的末端设备和设施，包括具备"内在智能"的传感器、移动终端、工业系统、数控系统、家庭智能设施、视频监控系统等和"外在使能"的，如贴上 RFID 的各种资产、携带无线终端的个人与车辆等智能化物件或动物，通过各种无线或有线的通信网络实现互联互通、应用大集成以及基于云计算的 SaaS（Software-as-a-Service，软件即服务）营运模式，在内网、专网或互联网环境下，采用适当的信息安全保障机制，提供安全可控乃至个性化的实时在线监测、定位追溯、报警联动、调度指挥、预案管理、远程控制、安全防范、远程维保、在线升级、统计报表、决策支持、领导桌面等管理和服务功能，实现对万物的"高效、节能、安全、环保"的"管、控、营"一体化（朱桂华，2011）。

物联网技术是通过 RFID、红外感应器、卫星系统、激光扫描器等各类信息传感设备，按约定的协议，将任何物品与互联网相连接，进行信息交换和通讯，以实现智能化识别、定位、追踪、监控和管理的一种网络技术。窄带物联网是物联网领域新兴技术，支持低功耗设备在广域网的蜂窝数据连接，也被称为低功耗广域网，支持待机时间长、对网络连接要求较高设备的高效连接，是未来物联网发展的重要方向。其核心是面向低端物联网终端，适合广泛部署在智能家居、智能城市、智能生产等领域，对长距离、低速率、低功耗、多终端的物联网应用具有较大优势。

（二）传感器技术

传感器是一种检测装置，能感受到被测量的信息，并能将感受到的信息，按一定规律变换成为电信号或其他所需形式的信息输出，以满足信息的传输、处理、存储、显示、记录和控制等要求。它是实现自动检测和自动控制的首要环节。

传感器技术是对感知节点的不同定义与探索。比如一个温度传感器可以实时地传输它所测量到的环境温度，这是利用汞的液态与温差变化而形成的；声控灯安装在楼道之间，有人路过就亮，这是基于人走路时声音的分贝大小来进行控制；高速路上的收费站在人们开车经过时，地面的称重传感器会将车辆重量反馈给电脑,以便确认其是否超重,这是基于弹簧弹性收缩变化的张力长度来进行测量。

未来传感器技术可能包括温度、湿度、声音、压力等物理参数,亦可以包括氧气、二氧化碳等化学成分的含量等化学参数。物理与化学手段集成的传感器技术是现在人们追求的技术。

(三) RFID 技术

RFID 是一种无线通信技术,可以通过无线电讯号识别特定目标并读写相关数据,而无需识别系统与特定目标之间建立机械或者光学接触。

无线电的信号是通过调制成无线电频率的电磁场,把数据附着在物品标签上传送出去,以自动辨识与追踪该物品。某些标签在识别时从识别器发出的电磁场中就可以得到能量,并不需要电池;也有标签本身拥有电源,并可以主动发出无线电波。标签包含了电子存储的信息,数米之内都可以识别。与条形码不同的是,射频标签不需要处在识别器视线之内,也可以嵌入被追踪物体之内。

(四) 二维码技术

二维码是用某种特定的几何图形按一定规律在平面分布的黑白相间的图形上记录数据符号信息的;在代码编制上巧妙地利用构成计算机内部逻辑基础的 "0" "1" 比特流概念,使用若干个与二进制相对应的几何形体来表示文字数值信息,通过图像输入设备或光电扫描设备自动识读以实现信息自动处理;它具有条码技术的一些共性;每种码制有其特定的字符集;每个字符占有一定的宽度;具有一定的校验功能等。同时还具有对不同行的信息自动识别功能及处理图形旋转变化等特点 (杨军等,2002)。

二维码主要包括矩阵式二维码和行列式二维码,其中行列式二维码编码原理是建立在一维条码基础之上,按需要堆积成两行或多行;它在编码设计、校验原理、识读方式等方面继承了一维条码的一些特点,识读设备与条码印刷与一维条码技术兼容；有代表性的行排式二维条码有 Code16K、Code 49、PDF417、MicroPDF417 等。矩阵式二维条码是在一个矩形空间通过黑、白像素在矩阵中的不同分布进行编码；在矩阵相应元素位置上，用点的出现表示二进制"1"，点的不出现表示二进制的"0"，点的排列组合确定了矩阵式二维条码所代表的意义；具有代表性的矩阵式二维条码有 Code One、MaxiCode、QR Code、Data Matrix、Han Xin Code、Grid Matrix 等。

（五）ZigBee 技术

ZigBee 是基于 IEEE802.15.4 标准的低功耗局域网协议的一种短距离、低功耗的无线通信技术。其特点是近距离、低复杂度、自组织、低功耗和低数据速率，主要适用于自动控制和远程控制领域，可以嵌入各种设备。简而言之，ZigBee 就是一种便宜的、低功耗的近距离无线组网通信技术。ZigBee 协议从下到上分别为物理层、媒体访问控制层、传输层、网络层、应用层等。

简单地说，ZigBee 是一种高可靠的无线数传网络，类似于 CDMA 和 GSM 网络。ZigBee 数传模块类似于移动网络基站，通讯距离从标准的 75 米到几百米、几千米，并且支持无限扩展。与移动通信的 CDMA 网或 GSM 网不同的是，ZigBee 网络主要是为工业现场自动化控制数据传输而建立，因而，它必须具有简单、使用方便、工作可靠、价格低的特点。每个 ZigBee 网络节点不仅本身可以作为监控对象。例如，其所连接的传感器直接进行数据采集和监控，还可以自动中转别的网络节点传过来的数据资料。除此之外，每一个 ZigBee 网络节点还可在自己信号覆盖的范围内，和多个不承担网络信息中转任务的孤立的子节点无线连接（纪金水，2007）。

（六）蓝牙技术

蓝牙是一种无线技术标准，可实现固定设备、移动设备和楼宇个人域网之间的短距离数据交换（使用 24 亿～24.85 亿赫的 ISM 波段的 UHF 无线电波）。蓝牙使用跳频技术，将传输的数据分割成数据包，通过 79 个指定的蓝牙频道分别传输数据包。每个频道的频宽为 1 兆赫。蓝牙 4.0 使用 2 兆赫间距，可容纳 40 个频道。第一个频道始于 2402 兆赫，每 1 兆赫一个频道，至 2480 兆赫。有了适配跳频功能，通常每秒跳 1600 次。

蓝牙是基于数据包、有着主从架构的协议。一个主设备至多可和同一微微网中的七个从设备进行通信。所有设备共享主设备的时钟。分组交换基于主设备定义的、以 312.5 微秒为间隔运行的基础时钟。两个时钟周期构成一个 625 微秒的槽，两个时间隙就构成了一个 1250 微秒的缝隙对。在单槽封包的简单情况下，主设备在双数槽发送信息、单数槽接受信息。而从设备则正好相反。封包容量可长达 1、3、5 个时间隙，但无论是哪种情况，主设备都会从双数槽开始传输，从设备从单数槽开始传输（赵磊等，2015）。

三、地基感知与智慧城市

地基感知的应用范围很广，包括智慧环保、智慧公安、智慧政务、智慧民生、智慧能源、智慧旅游等各行各业，下面以智慧环保和智慧安全为例，进行简要分析。

（一）地基感知与智慧环保关系

地基感知基本覆盖智慧环保建设的各个方面，如水质监测和空气监测。水质监测是保护水环境的重要手段，是水资源环境管理与保护的重要基础。通常通过传感器感知信息，用户可以通过传感器节点收集监测信息，主要通过采集水样和采用各种水质监测仪器对水样各种参数监测，包括 pH、DO、浊度、水温、电导、氨氮、TOC、COD 等基本参数，并且对这些基本参数数据进行各类分析，支撑综合决策。

空气监测通过空气质量信息采集传感器，能够实现空气质量的监测预警以及对外发布环境空气质量现状及预警信息，提高对城市环境空气自动监测数据的分析、预报和预警的能力和水平，使环境管理部门以及民众更好地了解空气污染变化趋势，为环境管理决策提供及时、准确、全面的空气质量信息，预防严重污染事件的发生。

（二）地基感知与智慧公安关系

视频采集作为智慧公安建设中最直观的一种感知方式，在车牌识别、交通视频监管、人脸识别等方面得到广泛应用，视频采集将遍布整个城市的视频感知设备收集和储存的分散信息及数据连接起来，进行交互和多方共享，从而更好地对环境和业务状况进行实时监控，从全局的角度分析形势并实时解决问题，使得工作和任务可以通过多方协作来得以远程完成，从而彻底改变公安办公办案的运作方式。

在智慧公安、智慧安防建设中，可将管理目标明确为对人、车、物的管理。管理的层级和方向也可以划分为两个阶段：一是城市级视频监控报警平台的建立，其核心是安全保障；二是城市应急通信指挥体系的建设，其核心是预防和响应。视频信息作为监控报警平台和应急指挥平台核心信息资源之一，更加直观地为城市的警力部署，为接出警策略、突发事件处理策略等上层应用提供更好的数据支撑（钟书华，2012）。

第四节　人基感知，全行为记录

一、人基概述

人作为城市活动的主体，其行为记录是智慧城市必然获取的关键信息之一。人基感知是指通过手机信息采集、上网行为采集、智能硬件采集等途径获取人的行为信息，并通过分析、判断等过程保证信息的有效性，通过各类工具，尤其是人机互动工具，将获取的信息提供给智慧城市的各类应用系统。

（一）手机指令采集

手机作为智能终端之一，人们每天基本无时无刻不携带手机，手机上记录了人们每天的位置、行为等各类个人信息，可以根据手机指令获取追踪手机位置，进而分析用户的行动轨迹、驻留地点、出行方式等，也可以分析出城市热门商圈、热门公交路线、用户职住信息等。

（二）上网行为采集

通过计算机、手机、平板电脑等各类终端感知用户的上网信息，包括浏览信息、购物信息、支付信息、用户偏好等。通过分析用户浏览情况、驻留时间、购买内容，可以有效构建用户画像、了解用户偏好，为用户提供更好的服务，为商家提供精准推送基础，也为政府提供决策支持。

（三）智能硬件采集

智能硬件是继智能手机之后的一个科技概念，通过软硬件结合的方式，对传统设备进行改造，进而让其拥有智能化的功能。智能化之后，硬件具备连接的能力，实现互联网服务的加载，形成"云+端"的典型架构，具备了大数据等附加价值。智能硬件主要包括运动健康类、体感交互类、信息咨询类、医疗健康类和综合服务类等设备，通过智能硬件的感知，可以有效了解用户喜好、用户健康情况等信息（周宇煜，2015）。

二、关键技术

人基感知的关键技术主要包括无线通信技术、用户行为分析、数据挖掘技术、数据处理技术、数据交互技术等。

（一）无线通信技术

对于用户终端、智能硬件的应用而言，短距离无线通信技术更适合用户终端与网络之间、智能硬件之间、智能硬件与用户终端之间的数据通信和信息共享。目前智能硬件与用户终端的通信大部分是基于无线局域网（wireless local area network，WLAN）、蓝牙、近场通信（near field communication，NFC）等短距离无线通信技术，应用数据的同步采用私有协议。用户可以通过 NFC 技术将智能硬件与智能手机相连，不需要其他复杂的设置；用户可以通过蓝牙和 WLAN 技术从智能硬件中获取数据，并将数据发送到智能手机或云端，同时又不会消耗太多电量；用户还可以借助 WLAN 直连技术直接将 2 个 WIFI 设备连接在一起，无须设置接入点（肖征荣和张丽云，2015）。此外，智能硬件也可以通过 3G、LTE 等移动通信技术进行数据传输或分享。

（二）用户行为分析

用户行为分析，是指在获得用户访问基本数据的情况下，对有关数据进行统计、分析，从中发现用户访问信息的规律，并将这些规律与其他策略等相结合，为进一步修正或重新制定营销策略、顶层决策提供依据。通过对用户行为监测获得的数据进行分析，可以让企业更加详细、清楚地了解用户的行为习惯，让政府部门更加深入地了解居民信息，从而更有针对性地实现为民服务。

（三）数据挖掘技术

数据挖掘一般是指从大量的数据中通过算法搜索隐藏于其中信息的过程。数据挖掘通常与计算机科学有关，并通过统计、在线分析处理、情报检索、机器学习、专家系统（依靠过去的经验法则）和模式识别等诸多方法来实现上述目标。数据挖掘主要包括四部分：聚类分析、预测建模、关联分析、异常检测。聚类分析实用的技术包括 K 均值、凝聚层次聚类、簇评估等，主要目的是通过基于原型、密度、图等的聚类，发现其间的关系；预测建模则更多的是一种可视化角度分析方法，利用分类、回归等方法，来建立模型解决问题；关联分析更多强调数据中的特征强关联，如说过一万次的啤酒与尿布等；异常检验则主要是识别不同于其他数据的具有显著特征值的数据。

（四）数据处理技术

人机交互输出界面或回馈包括文字显示、数据分析、语音反馈、动态或虚拟影像等，所有这些输出界面的呈现都必须透过内容运算系统分析，如扩增现实、虚拟现实、AR（augmented reality，增强现实技术）结合 VR 的混合现实、立体投影等各种现实内容计算和环境感知分析以及各种测量分析计算如血压、血氧、心率、脉搏、体温等。此外，云计算、大数据等相关数据处理技术，可以将用户终端、智能硬件采集的数据及时、准确地发送到后台，通过对收集到的数据进行有效的统计分析，可以为用户提供合理的建议。

（五）数据交互技术

智能硬件的价值不仅是简单的硬件功能，还包括依托于硬件的软件和数据服务。但是目前很多厂商的应用和云服务封闭，存在数据孤岛，不能与其他设备共享数据，缺乏开放产业生态环境。因此需要开放并统一智能硬件、手机、云服务之间的接口，推动信息的流动和共享，消除数据孤岛，为用户创造出更多的价值。智能硬件与云平台的交互方式，按照通信方式的不同可以分为两种：一类是智能硬件具备通信能力，能够直接与云平台交互；另一类是智能硬件不具备通信能力，需要通过手机与云平台交互（肖征荣和张丽云，2015）。

三、人基感知与智慧城市

人基感知在智慧城市中主要实现面向民众、企业和政府提供数据支撑，具体包括智能硬件为民众所用、精准分析供企业营销和民众信息供政府服务。

（一）智能硬件为民众所用

智能硬件是以平台性底层软硬件为基础，以智能传感互联、人机交互、新型显示及大数据处理等新一代信息技术为特征，以新设计、新材料、新工艺硬件为载体的新型智能终端产品及服务。随着技术升级、关联基础设施完善和应用服务市场的不断成熟，智能硬件的产品形态从智能手机延伸到智能可穿戴、智能家居、智能车载、医疗健康、智能无人系统等，成为信息技术与传统产业融合的交汇点（安晖和温晓君，2015）。

（二）精准分析供企业营销

移动互联网时代，数据的获取已经变得十分的简单快捷，因此对数据的准确分析深深地影响着一个企业，同时企业在营销的过程中更需要依赖这些数据，通过大数据分析用户行为及特征、大数据支撑精准营销信息推送、大数据营销活动投用户所好、大数据帮助企业筛选重点客户、大数据分析可以更加清晰了解消费者特点，在精准定位的基础上建立个性化的顾客沟通服务体系，最终实现可度量的、低成本的可扩张之路。

（三）民众信息供政府服务

民众的大数据信息可以更好地支撑政府服务，如在人本观测方面，可以通过手机指令采集和上网行为采集，并配合以视频、红外等感知手段，以人为样本，以街道为对象，融合城市设计、交通、安防、旅游、文创、传媒、大数据挖掘等多方力量，研究城市街道"人的需求、人的构成、人的分布、人的故事"。为顶层设计提供人本支撑，为跨界交流提供共享平台，为产业发展提供文化动因，为政府管理提供决策建议。

有此"智慧之眼"，风云变幻可知，前路何处可知，疾在腠理可知。人将摆脱"无眼无知"的黑暗时代，迎接信息全面化的革命。运用智慧之眼搜集的信息，还将建立起一座以人为本的城市。这座智慧城市将是所有到来者不舍离去的家园。它不是钢筋混凝土构筑的铁血冰冷，而是科技工作者精心设计的有面子有里子的饕餮盛宴。

遥望浩瀚星空时，仔细分辨，一闪而过或静静守候天际化成星辰的眼睛；穿行拥挤马路时，抬头仰望，立于角落不怕风吹雨淋从不眨眼的卫士；穿戴朴素手环时，闭眼感受，陪伴每分每秒不离不弃的贴心小棉袄。我们注视它们时，它们注视我们；我们不注视它们时，它们也注视我们。看在眼里，记在"云"里。

这就是智慧之眼。

第四章　智心

正如石油是现代工业稳定发展所必需的"血液"，数据也是驱动智慧城市高效、有序运转的"血液"，而智慧城市大数据中心就是将数据"血液"推动到智慧城市各个机体部位的核心驱动引擎——心脏。作为智慧城市的"心脏"，大数据中心需要解决异构海量数据的多源采集、清洗去冗、融合集成等问题，提供一体化的大数据交换与共享服务，提供海量数据的分布式处理能力，实现面向智慧城市应用的大数据挖掘分析服务。

第一节　语义融合，解决异构性

一、概述

大数据集成能力是智慧城市的一项核心支撑能力，大数据集成是对城市中政务、社会管理和公共服务等众多信息化系统中需要开放共享的信息资源进行有序集成，通过多源采集、清洗去冗、融合集成，形成一个数据完整、语义一致、权威的公共数据库体系，为向各智慧应用提供数据综合服务和预测分析服务提供基础支撑，因此，智慧城市建设中最重要的任务之一就是构建智慧城市的大数据中心。

作为智慧城市大数据集成的信息来源，城市的政务、社会管理和公共服务等信息化系统一般来说都是一个个的"信息孤岛",语义相同的信息资源,如人员、企业、建筑物等,往往同时存在于多个信息化系统中,由于开发时间、运行环境、设计开发单位的差异,同语义的信息资源在不同信息化系统中存在或多或少的语义异构性。为保证集成后信息资源的语义一致性和权威性,必须基于统一业务语义的公共数据模型,运用先进的多源海量信息自动抽取技术、异构海量信息聚合技术,通过数据交换、清洗、数据映射、整合、加工、时空化等技术手段,有效解决信息资源的异构性,实现海量异构数据基于业务语义的大规模有机集成。

二、智慧城市多源数据融合所面临的问题

(一)城市原始信息资源的四性特征

一个具备一定信息化程度的城市,在政务、社会管理和公共服务信息化过程中必然已经产生了大量的信息资源,这些信息资源来源于分散在各个网络节点和地域的信息化系统,形成了一个个的信息孤岛,由于长期以来受传统观念、行政体制、管理模式、技术手段等多方面因素的制约,导致政务信息资源跨部门、跨区域共享困难,"信息孤岛"现象严重,如图4-1所示。

这些信息资源的主要特征表现为分布性、自治性、异构性和重复性。

分布性是指信息资源存放在分散的多个地域或网域,如图4-1所示,在市级和区级分别部署了交通管理系统。

自治性是指各政府部门都运行着自己独立的信息化系统,在被集成之后局部信息源仍然保持着一定程度的独立性,它们的结构很可能独立发生变化。

异构性主要指运行环境的异构和数据模型的异构,在数据模型上,由于开发时间、运行环境、设计开发单位的差异,在不同的信息化系统中,语义上同类的信息资源往往存在或多或少的语义异构性,包括结构异构性、属性定义异构性、属性值域异构性等。

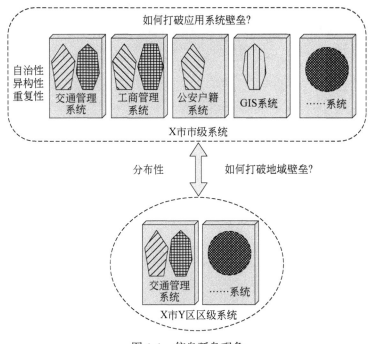

图 4-1 信息孤岛现象

重复性是指同样的信息会在已经建立的若干个信息系统中同时存在，例如，在上图的场景中，人员信息必然同时存在于交通管理、工商管理和公安户籍管理三个系统中，而地理信息也是在交通管理、GIS 系统中同时存在。

（二）城市原始信息资源异构性问题

1. 模式异构性问题

如图 4-2 所示，在 A、B 系统中均包含某个重复的信息资源，该信息资源在 A、B 两个系统的数据模式中存在部分同构、部分异构的情况，一部分属性在两个系统中均存在，一些属性则仅存在于 A 系统中，相同地，另一些属性则仅存在于 B 系统中。例如，公安户籍系统和交通管理系统均存在有关人员的信息资源，其中类似姓名、身份证号、出生年月等属性在两个系统中均会使用，但与婚姻、家庭等相关的属性则肯定只存在于公安户籍系统中，而与车辆、交通证件、交通违法等相关的属性也只存在于交通管理系统中。

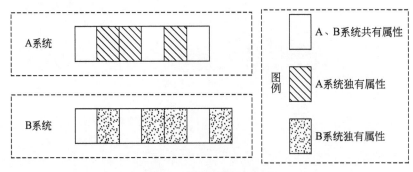

图 4-2　模式异构示意图

2. 属性定义异构性问题

如图 4-3 所示，即使是 A、B 系统中均存在的属性中，在属性定义上也可能存在多种异构性，包括：属性值类型异构，如属性 2 在 A 系统是字符型，而在 B 系统却是日期型；属性值长度异构，属性 1 虽说在 A、B 中通中均是字符型，但在 A 系统的长度是 20，在 B 系统是 30。

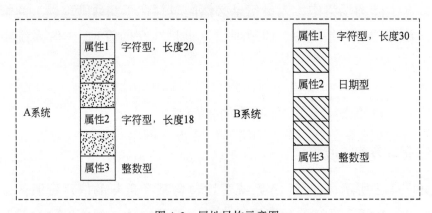

图 4-3　属性异构示意图

3. 属性值域异构性问题

如图 4-4 所示，即使是不存在结构、属性定义异构性，A、B 系统中相同属性——"性别"在值域上也存在语义上的异构性，在 A 系统中，用"0"代表男性，用"1"代表女性，在 B 系统则是用"M"代表男性，"W"代表女性。

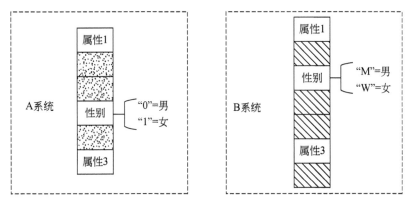

图 4-4 属性值域异构性示意图

4. 标识异构性问题

如图 4-5 所示，A、B 系统中均以"身份证号"作为人员的标识码，但是 A 系统采用的是 18 位的身份证号码格式，而 B 系统则采用 15 位的旧格式，在人员标识上存在语义上的异构性，显然，这种异构性是不能通过简单的补齐、比对等处理手段进行消除的，必须按照新旧身份证号码的转换规则，进行转换后才能进行数据合并。

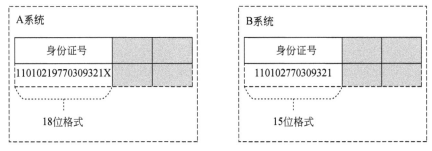

图 4-5 标识异构性示意图

（三）简单数据交换技术的先天不足

简单数据交换技术是指针对数据集成中存在的分布性、自治性、异构性问题，定义标准的中间数据格式和规范的数据交换（抽取、推送）接口，作为信息源的信息化系统将共享信息资源的元数据发布到信息资源目录中，并按照规范接口标准实现数据交换接口，而需求系统订阅信息资源目录中的共享信息资源后，交换体系通过源系统的数据交换接口，从源系统中获得中间数据格式的共享信息资源，推送到需求系统，从而在不同的信息化系统中实现了简单的数据交换。国家政务信息资源交换体系就是采用简单数据交换技术的典型应用，该体系按照国家标准（GB/T 21062.2—2007《政务信息资源交换体系第二部分：技术要求》、GB/T 21062.3—2007《政务信息资源交换体系第二部分：数据接口规范》等），在交换层面，通过对信息资源的交换数据格式（一般是 XML）进行标准化来实现。

简单数据交换技术能满足不同资源方与需求方之间的点对点数据交换需求，资源方以自己的业务数据结构公布共享信息资源，并按照标准的数据交换格式组织交换数据，提供给订阅的需求方，但需求方的业务数据结构与共享信息资源的结构在业务语义上存在或多或少的差异，而这种语义异构性的匹配工作只能由需求方完成，可见，这种技术途径没有在业务语义层面实现统一标准，必须进行点对点的语义匹配，这种弱点在业务领域的语义关联性弱的应用场景中不明显。而智慧城市大数据中心所支撑的各应用以及其他信息化系统在业务领域方面存在较强的语义关联性，点对点的语义匹配将造成数据集成复杂度的大幅提高，故必须在语义层面实现统一标准、统一集成与共享，才能构建一个业务协同性强的大数据中心业务服务体系，并以统一的业务模型支撑智慧城市各类大数据综合应用和分析决策。

由于这种技术途径只采用发布—订阅模式来实现信息交换，缺少一个统一的具有权威性且保障业务数据单一性定义的公共数据模型，导致发布的信息资源只表达了资源方单方面的业务语义，当不同资源方发布了相同业务语义的信息资源时，需求方无法对这些重复信息资源进行识别、合并和重组，可见这类产品无法解决重复性问题。

（四）语义融合是解决异构性的王道

为有效解决智慧城市大数据集成过程中存在的信息资源异构性和分布性问题，必须基于语义实现多源数据的全面融合，即基于统一业务语义的公共数据模型，运用先进的多源海量信息自动抽取技术、异构海量信息聚合技术，通过数据交换、清洗、数据映射、整合、加工、时空化等技术手段，消除信息资源在不同信息化系统间的语义异构性，实现异构海量数据基于业务应用的大规模有机集成，形成内容全面、业务广泛、数据规范、组织合理、高度融合的海量公共信息资源——"公共数据库"，包括人口、法人、宏观经济、地理信息四大公共基础数据库，以及视频资源、政务信息、建筑物信息、环保信息、安监信息、应急信息、交通信息、信用信息、民生综合信息等公共业务数据库，同时建立便于索引使用的资源目录和元数据库，按主题对公共数据库实行规范有序的统一管理，以支撑智慧城市各类大数据综合应用和分析决策。

三、智慧城市中基于语义的多源数据融合

智慧城市中基于语义的多源数据融合是一个多环节的大数据集成过程，其基本过程如图4-6所示。

通过信息规划制定统一语义的智慧城市信息资源目录体系，在大数据集成、共享服务与分析的全生命周期中，发挥核心公共数据标准的作用，采用分布式前置交换的方式保证应用单位业务信息库和业务应用系统的独立性，前置交换站点与中心集成站点协同完成前置抽取、集成汇集、集成处理、整合加工、共享分发、分发同步和前置推送共7个主要步骤，消除不同系统间的语义异构性，将分布在各个信息孤岛的业务数据整合为一个

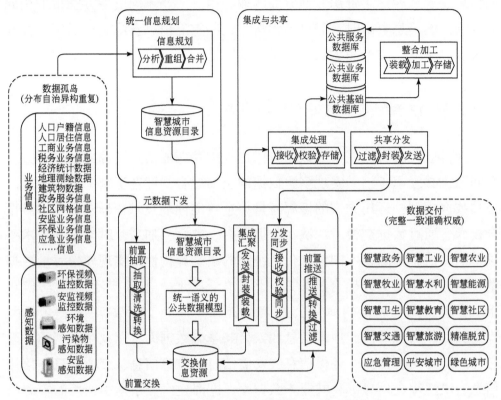

图 4-6　基于语义的多源数据融合过程示意图

有机整体，并将共享业务数据按需交付到业务系统中，保证数据交付的完整性、一致性、准确性和权威性，从而实现大数据集成与共享，以及业务数据同步应用。另外，在跨域数据集成中，前置交换站点和中心集成站点进行双向的信任握手，建立互信的通信信道，保证了共享业务数据安全、可信和可靠的异地交换，从而打破信息资源的地域壁垒。

（一）信息规划，确立统一语义模型

　　针对智慧城市各项业务的数据集成与共享需要，通过信息规划工作，形成统一业务语义、全面系统的信息资源目录体系，从而确定智慧城市各有关部门共享的数据资源范围，在大数据集成、共享服务与分析的全生命周期中，为实现各信息化系统之间的数据共享，提供权威、准确和语义一致的核心层面的数据标准，为后续智慧应用的建设提供数据交换与共享方面的指导。

要建立智慧城市统一语义的信息资源目录体系，首先要对已有的和将建成的各类信息化系统进行信息资源分析，这些系统包括各种政务类系统、社会管理类系统、公共服务类系统和其他类型的系统，分析的内容包括信息资源的业务语义和信息结构，通过信息资源分析，可以确立智慧城市整个信息资源集合的外延，以及各类信息资源的内涵。在信息资源调查和分析基础上，面向公共资源共享的需要，按照"一数一源、多元采集、共享校核、及时更新、权威发布"的原则，运用"分解与综合相结合"的系统论思想，对需要共享的业务信息的数据模式按照业务语义进行重组，对语义重复的业务信息进行合并，形成智慧城市全局性的信息资源目录体系（图4-7）。

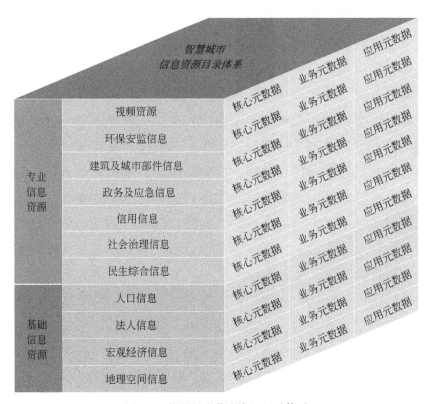

图4-7　智慧城市信息资源目录体系

信息资源目录体系在目录维度上，分为基础信息目录和专业信息目录两大类，对于基础信息目录，包括四类信息资源：人口信息、法人信息、宏观经济信息和地理空间信息，而专业信息目录则是针对各种定向信息服务的要求而形成的各专业领域信息资源目录，包括政务、环保、安监、应急、城建、教育等。在元数据维度上，需要将信息资源的元数据划分为三个层次：核心元数据、业务元数据和应用元数据，其中，核心元数据是所有种类信息资源的元数据都必须具备的基本属性，如编码、名称、权属单位等，而业务元数据是针对信息资源所属的业务领域而制定的扩展属性，应用元数据则是偏向具体应用的扩展属性，通过多层的元数据，可以为共享信息资源的分级授权使用提供标准依据。

全局信息资源目录奠定了整个信息资源集成与共享机制的基础，是贯穿整个信息交换过程的数据标准和目录体系，信息资源目录体系必须保证信息资源的权威性、准确性和语义一致性，以保证数据交换按照统一的语义和标准进行，同时要考虑如何对信息资源的分级授权使用提供数据基础，通过全局信息资源目录，可以使各云应用的业务应用与底层信息源隔离，从而通过统一的接口存取各种异构信息源。

为保证信息资源的权威性、准确性和语义一致性，解决语义异构性问题，在信息资源目录体系的规划过程中，需要按照业务语义对多个数据源中重复存在的信息资源进行识别、合并和重组，定义重组合并后的标准信息资源，并按照语义合集原则确定标准信息资源的数据模式，使各系统能够在相同的业务语义上进行信息聚合与共享应用，语义合集原则如下：标准信息资源在数据模式上，要能包容各原始信息资源需要共享的属性，以消除模式异构性问题；在各属性定义上，要能最大限度地兼容各原始信息资源的属性定义，包括数据类型和数据长度等，以消除属性定义异构性问题，如以字符型兼容整数、日期、枚举等；在各属性的值域定义上，要能覆盖各原始信息资源的属性值域，以消除属性值域异构性问题。

如图4-8所示，在交通管理系统和户籍系统中，都有与"人"相关的信息，是语义相同的信息资源在不同信息化系统中的不同实现，因此，交通管理系统和公安户籍系统的人员信息按照语义被整合为基础目录中的

"自然人"，人员信息和户籍信息中有关"自然人"的语义和属性特征将被抽象为"自然人"这样一个基础概念，人员信息和户籍信息只是对这个基础概念的引申和扩展。类似地，工商管理系统和 GIS 系统的信息资源则分别规划为"法人信息"和"地理信息"，各数据源系统按照整合后的业务模型提供信息资源，各需求系统按照整合后的业务模型使用信息资源，从而各个系统之间可以实现统一语义的业务协同。

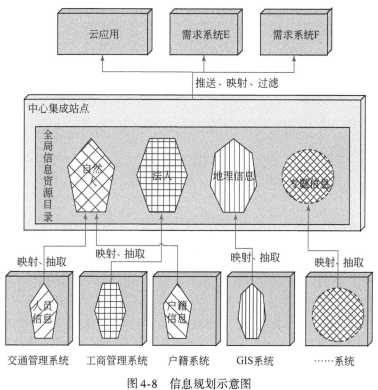

图 4-8　信息规划示意图

（二）前置交换，消除语义异构性

为保证应用单位业务信息库和信息化系统的自治性，解决语义异构性，大数据中心可以采用前置交换方式与应用单位的信息化系统对接，实现大数据中心与应用单位业务应用系统之间隔离，并通过模式映射、数据转换等处理过程，消除模式异构、属性定义异构、属性值域异构、标识异构等各种语义异构性。

前置交换包括前置抽取和前置推送两个环节。

1. 前置抽取

在信息源所在网络环境构建前置交换站点，从规划的各类数据源中有序抽取各种业务数据和文件，并对抽取的业务数据进行模式映射、唯一性检查、合法性检查和完整性检查等清洗处理，消除模式异构性，完成原始业务数据的抽取，包括人口数据、法人数据、宏观经济数据、环境感知数据、污染物感知数据、视频监控数据、环保业务信息、安监感知数据、安监业务数据、应急管理信息、政务信息以及其他数据，然后按照预先定义的数据转换规则，对原始业务数据进行转换，包括数据类型转换、数据格式转换、数据值转换、标识码转换、编码转换等，消除数据采集环节的各种语义异构性，形成符合智慧城市信息资源目录体系要求的资源数据和资源文件，存储到交换信息资源库中。

2. 前置推送

前置交换站点按需从交换信息资源库中装载共享资源数据和资源文件，并按照数据分级防护策略和应用资源权限进行过滤，然后依据预先定义的数据转换规则，对资源数据进行转换，包括模式映射、数据类型转换、数据格式转换、数据值转换、标识码转换、编码转换等，消除数据推送环节的语义异构性，形成符合需求业务系统语义要求的业务数据，再推送到需求业务系统中。

（三）集成整合，实现多源数据融合

为实现多源数据融合的目的，前置站点和中心集成站点紧密协作，通过信息资源的集成汇聚、整合加工、共享分发等流程，共同完成多源数据融合与共享。

1. 集成汇聚

前置站点按照预定汇集策略，从交换信息资源库装载需要汇聚的资源数据和资源文件，并进行数据转换，依据私有应用协议进行数据封装，形成适合非安全网络环境下传送的业务数据包，推送至中心集成站点。

中心集成站点接收前置交换站点推送的业务数据包后，依据私有应用协议进行数据解装，还原为信息资源数据及文件内容，按照安全设置进行可信性、有效性、完整性、一致性校验，存储在相应的公共数据库中，完成多源数据的汇聚过程。

2. 整合加工

中心集成站点按照动态配置的数据融合需要，以及各类综合主题业务需要，对各类有关联关系的资源数据进行融合、加工、时空化等处理，形成更有意义和使用价值的数据集合，完成多源数据语义一致的充分融合，并构建业务应用所需的业务数据库，充实公共服务数据库，提升数据的价值，实现数据向信息的转变。

3. 共享分发

为实现大数据共享的目的，中心集成站点按照预定分发策略，从公共基础数据库、公共业务数据库和公共服务数据库中装载需要分发的资源数据和资源文件，并按照安全防护策略进行数据过滤，依据私有应用协议进行数据封装，形成适合非安全网络环境下传送的业务数据包，推送至前置交换站点。

前置交换站点接收中心结成站点推送的业务数据包，依据私有应用协议进行数据解装，还原为信息资源数据及文件内容，按照安全设置进行可信性、有效性、完整性、一致性校验，同步到交换信息资源库中，必要时启动前置推送任务。

（四）多级部署，屏蔽资源分布性

多源数据通常与资源分布性紧密相关，为解决信息资源的分布性壁垒，在确立了需要集成的信息化系统后，根据各系统的地域和网络节点的分布特点，按照就近原则，进行智慧城市大数据集成体系的规划，考虑到城市的地理范围，为提高海量信息资源集成与共享的性能、数据通过性、可靠性和稳定性，智慧城市大数据集成体系应该是由各地域分布式部署的多级交换站点组成，所有交换站点都配置统一的信息资源目录体系，以保证站点之间的信息交换按照统一的语义和标准进行。如果需要，可以在各前置交换站点定义其专用的信息资源目录，以实现各区域差异化的信息资源集成和共享要求。

通过智慧城市大数据集成体系，可以依据信息资源目录体系所确立的数据标准，从各种信息化系统中获取共享信息资源的数据，汇聚为智慧城市公共基础数据库和公共业务数据库，在多个智慧应用环境中交换共享信息资源数据，为城市规划建设、城市综合管理、公共应急、国土利用及控制、便民服务等提供数据支撑。

智慧城市大数据集成体系（图 4-9）从下到上依次分为信息资源层、资源站点层、资源集成层、资源服务层和应用层。

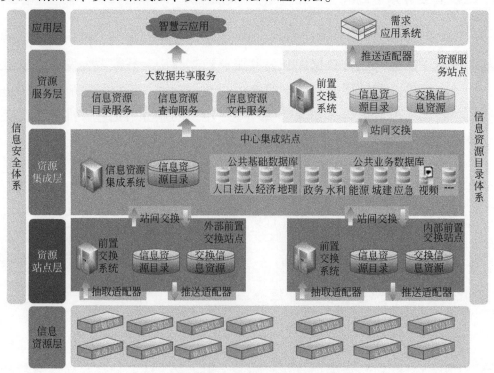

图 4-9　智慧城市大数据集成体系结构图

（1）信息资源层

通过对城市政务、环保、安全、工业、社会管理和公共服务等各类应用系统的信息资源进行调研和分析，可以确定要进行集成的信息资源，这些原始的信息资源共同构成了智慧城市大数据中心的信息资源层。

（2）资源站点层

资源站点层由在原始信息资源分布区域就近部署的前置交换站点组成，负责本区域内全局和专用的信息资源的交换，包括外部前置交换站点和内部前置交换站点。外部前置交换站点是指在外部网络设立的资源站点，这些外部网络包括公安、消防、税务、工商等派驻机构内部网络，以及企业内部网络；内部前置交换站点是指智慧城市电子政务外网区域内设立的资源站点。

前置交换站点主要部署信息资源前置交换系统、抽取适配器和推送适配器。其中，信息资源抽取适配器负责对应用系统中的信息资源进行抽取、过滤转换和映射操作，而前置交换系统按照设定的抽取策略通知或调用信息资源抽取适配器，从各自的源应用系统中，抽取信息资源的原始数据，进行必要的筛选和映射转换，形成交换数据，最终向集成站点推送这些信息资源数据。

需要共享信息资源的各种智慧应用和需求应用系统可以向前置交换站点提出资源请求，前置交换系统按照请求的推送策略和安全设置，对信息资源数据进行过滤和映射，形成需求方所需的资源数据，然后将资源数据通过需求方实现的数据推送适配器推送到需求方，在推送过程中，推送适配器可以按照需求方的业务逻辑，对资源数据进行映射转换。

（3）资源集成层

资源集成层主要包括中心集成站点，中心集成站点主要部署信息资源集成系统，负责所有信息资源的大集中和大共享，是信息资源的汇聚地和发散地；中心集成站点设立在智慧城市大数据中心，将抽取的信息资源数据存储在公共基础数据库和公共业务数据库中。

（4）资源服务层

资源服务层向智慧应用等需求系统提供高效的大数据信息资源服务，

包括大数据共享服务平台和资源服务站点，大数据共享服务平台可提供人口信息、法人信息、地理信息、经济信息等公共基础信息的综合查询服务，包括目录服务、信息资源查询服务和资源文件服务；为了大集中后的海量信息资源能高效地向智慧应用等需求系统提供服务，可以在需求系统相对集中的地域或网络按需部署纯粹的服务型交换站点，即资源服务站点，这类交换站点专门负责向智慧应用等需求应用系统推送信息资源，从而可以分担中心集成站点的服务压力。

第二节　清洗去冗，确保正确性

一、概述

智慧城市大数据中心的一个核心价值是面向智慧城市的综合管理与决策需要，基于各种主题提供大数据分析与挖掘服务，而质量高的数据是各种数据分析如联机分析处理、数据挖掘等有效应用的基本条件，因此，实现这个价值目标的最基本的前提之一就是大数据中心集成的数据必须正确无误，能够准确地反映城市现实世界的状况。

但是，由于智慧城市大数据中心集成的数据是从多个独立开发的信息化系统中抽取而来，而且包含历史数据，由于存在数据输入错误、不同来源数据引起的语法差异、数据间的不一致等可能现象，这些原始数据直接集成后的数据质量往往不高，避免不了有的数据是错误数据、有的数据相互之间有冲突，导致现有的数据中存在这样或那样的"脏数据"，这些"脏数据"必须按照一定的规则"洗掉"，才能发挥数据真正的支撑作用，这就是数据清洗。

数据清洗是对数据进行重新审查和校验的过程，其目的是检测数据中存在的错误、重复和不一致，剔除或者改正它们，以提高数据的质量，包括检查数据一致性、处理无效值和缺失值等。数据清洗是整个数据分析过程中不可缺少的一个环节，其结果质量直接关系到决策正确性和应用效果。

二、"脏数据"及其应对之道

(一)"脏数据"是什么?

智慧城市大数据中心需要集成的原始数据存在这样或那样的"脏数据",主要有以下几种情况。

1) 完整性问题:有一项或多项信息字段的值为空值,则该条数据存在完整性问题。这一类数据主要是一些应该有的信息缺失,如人员的名称、公司的名称、区域信息缺失、数据库中主表与明细表不能匹配等。这类数据应该过滤出来,按缺失的内容分别形成数据更正要求向业务单位提交,要求在规定的时间内补全,补全后再进行抽取。

2) 一致性问题:多个可相互校验的信息字段的值不一致,如性别字段与身份证号码字段隐含的性别不一致;或多条数据不一致,如相同身份证和姓名,对应多个性别。

3) 准确性问题:有一项或多项信息字段的值不符合数据规范或行业标准,则该条数据存在准确性问题。这一类错误产生的原因是业务系统不够健全,在接收输入后没有进行数据校验直接写入后台数据库造成的,比如数值数据输成全角数字字符、字符串数据后面有一个回车操作、数据前后有不可见字符、日期格式不正确、日期越界等。

4) 关联性问题:在两类有关联的信息资源中,当其中一类信息资源的一条数据无法与另一类信息资源的数据关联上时,则该条数据存在关联性问题。

5) 重复性问题:重复数据也就是"相似重复记录",指同一个现实实体在数据集合中用多条不完全相同的记录来表示,但由于它们在格式、拼写上的差异,导致数据库管理系统不能正确判重。从狭义的角度看,如果两条记录在某些字段的值相等或足够相似,则认为这两条记录互为相似重复。识别相似重复记录是数据清洗活动的核心。对于这一类数据特别是维表中的这种情况,需要将重复数据记录的所有字段导出来,让业务单位确认并整理（王曰芬等，2007）。

（二）"脏数据"从何而来？

很多领域产生的数据都存在"脏数据"，如数字化文献服务、搜索引擎、金融领域、电子政务等，数据清洗的目的是为信息系统提供准确而有效的数据（王曰芬等，2007）。

数字化文献服务领域，在进行数字化文献资源加工时，由于识别率等原因，OCR 软件有时会造成字符识别错误，或由于标引人员的疏忽而导致标引词的错误等，这些是数据清洗需要完成的任务。

搜索引擎为用户在互联网上查找具体的网页提供了方便，它是通过为某一网页的内容进行索引而实现的。而一个网页上到底哪些部分需要索引，则是数据清洗需要关注的问题。例如，网页中的广告部分，通常是不需要索引的。按照网络数据清洗的粒度不同，可以将网络数据清洗分为两类，即 Web 页面级别的数据清洗和基于页面内部元素级别的数据清洗，前者以 Google 公司提出的 PageRank 算法和 IBM 公司 Clever 系统的 HITS 算法为代表；而后者的思路则集中体现在作为 MSN 搜索引擎核心技术之一的 VIPS 算法上（刘奕群等，2007）。

在金融系统中，也存在很多"脏数据"。主要表现为数据格式错误，数据不一致，数据重复、错误，业务逻辑的不合理，违反业务规则等。例如，未经验证的身份证号码、未经验证的日期字段等，还有账户开户日期晚于用户销户日期、交易处理的操作员号不存在、性别超过取值范围等。此外，也有因为源系统基于性能的考虑，放弃了外键约束，从而导致数据不一致的结果（王曰芬等，2007）。

电子政务系统也存在"脏数据"。为了能够更好地对公民负责并且能够与全国的其他警察局共享数据，英国 Hum- berside 州警察局使用数据清洗软件清洗大范围的嫌疑犯和犯罪分子的数据。这次清洗的范围十分广泛，跨越不同的系统，不仅有该警察局内部系统的数据，还有外部的数据库包括本地的和整个英国范围内的。其中有些数据库能够相连和整合，而有些则不能。例如，"指令部级控制"的犯罪记录数据库是用来记录犯罪事件的，该数据库是和嫌疑犯数据库分开的。而嫌疑犯数据库也许和家庭犯罪或孩童犯罪数据库是分开的（王曰芬等，2007）。

（三）"脏数据"的应对之道——数据清洗

"脏衣服洗后才能穿"，同理，"脏数据"也必须按照一定的规则"洗掉"后，才能发挥数据真正的支撑作用，这就是数据清洗。数据清洗检测数据中存在的错误、重复信息和不一致，剔除或者改正它们，以提高数据的质量。

数据清洗是一个反复的过程，不可能在短时间内完成，只有不断地发现问题，解决问题。对于是否过滤，是否修正一般需要得到数据主管部门确认，对于过滤掉的数据，写入数据文件或数据表，在 ETL（extract-transform-load，数据抽取、转换、加载）开发的初期可以定期向业务单位发送过滤数据的邮件，促使他们尽快地修正错误，同时也可以作为将来验证数据的依据。数据清洗需要注意的是不要将有用的数据过滤掉，对于每个过滤规则认真进行验证，并要数据主管部门确认。

面向智慧城市综合管理与决策的需要，智慧城市大数据中心必须基于各种主题提供大数据分析与挖掘服务，而数据清洗是大数据分析与挖掘服务过程中不可缺少的一个预处理环节，其结果质量直接关系到模型效果和最终结论，其原理是利用有关技术如数理统计、数据挖掘或预定义的清理规则将脏数据转化为满足数据质量要求的数据，如图4-10所示。

1. 实现方式与范围

按数据清洗的实现方式与范围，可分为4种（杨辅祥等，2002）。

1）人工检查，手工修正。这种方式需要投入足够的人力、物力、财力，经过多轮清洗，一般能发现所有错误，但效率低下，在大数据量的情况下，几乎是不可能的。

2）针对某个特定的问题，编制专用的数据清洗程序。这种方法的缺

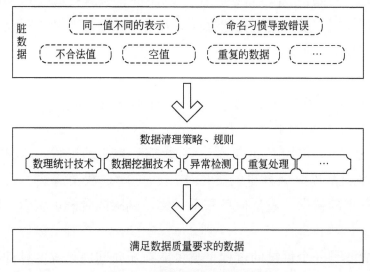

图 4-10 数据清洗的原理示意图

点如下：第一，不够灵活，只能解决单个特定的问题；第二，数据清洗一遍就达到要求的情况很少，清洗过程需要反复进行，导致程序复杂，当清洗过程变化时，工作量大；第三，这种方法没有充分利用目前数据库提供的强大数据处理能力。

3）针对某类特定应用域的问题，采用具有一定普适性的技术或工具来进行清洗。例如，根据概率统计学原理查找数值异常的记录，对姓名、年龄、邮政编码等进行清理，这是目前研究得较多的领域，也是应用最成功的一类。

4）与具体应用领域无关的数据清洗。这一部分的研究主要集中在如何清理重复的记录上，如 data cleanser data blade module ，Integrity 系统等。

这 4 种实现方法，由于后两种具有某种通用性和较大的实用性，引起了越来越多的注意。

2. 数据清洗的阶段

不管哪种数据清洗方法，大致都由三个阶段组成：①数据分析、定义错误类型；②搜索、识别错误记录；③修正错误（杨辅祥等，2002）。

第一阶段，对数据的模式、实例分布等情况进行分析，得出可能发生错误的类型。尽管已有一些数据分析工具，但目前仍以人工分析为主。错误类型一般可以分为两大类——单数据源与多数据源，并将它们又各分为结构级与记录级两类错误。这种分类比较适合于解决数据仓库中的数据清洗问题。

第二阶段，搜索、识别错误记录。有两种基本的思路用于识别错误：一种是利用第一阶段从数据中发现的模式来清洗数据；另一种是根据预定义的清洗规则，查找不匹配的记录。

第三阶段，修正错误。对于某些特定领域，能够根据发现的错误模式，编制程序或借助于外部标准源文件、数据字典等，在一定程度上修正错误；对数值字段，有时能根据数理统计知识自动修正，但经常需编制复杂的程序或借助于人工干预完成。

绝大部分数据清洗方案均提供服务接口用于编制清洗程序。它们一般来说包括很多耗时的排序、比较、匹配过程，且这些过程多次重复，用户必须等待较长时间。在一个交互式的数据清洗方案中，系统将错误检测与清洗紧密结合起来，用户能通过直观的图形化界面一步步指定清洗操作，且能立即看到此时的清洗结果（仅仅在所见的数据上进行清洗，所以速度很快），不满意清洗效果时还能撤销上一步的操作，最后将所有清洗操作编译执行。这种方案对清洗循环错误非常有效。

3. 数据清洗的方法

一般来说，数据清洗是将数据库精简以除去重复记录，并使剩余部分转换成标准可接收格式的过程。数据清洗标准模型是将数据输入数据清理处理器，通过一系列步骤清洗数据，然后以期望的格式输出清洗过的数据。数据清洗从数据的准确性、完整性、一致性、唯一性、适时性、有效性几个方面来处理数据的丢失值、越界值、不一致代码、重复数据等问题（张志宽和罗晓沛，2009）。

数据清洗一般针对具体应用进行，因而难以归纳统一的方法和步骤，但是根据数据不同可以给出相应的数据清理方法。

（1）解决数据不完整（即值缺失）的方法

由于调查、编码和录入时发生人为或系统错误，导致数据中存在一些无效值和缺失值，需要进行适当的处理。常用的处理方法有估算、整例删除、属性删除和成对删除（杨桃，2013）。

估算。最简单的方法是用某个属性的样本均值、中位数或众数代替无效值和缺失值，这种办法没有充分考虑数据中已有的信息，误差可能较大。另一种办法就是根据调查对象对其他问题的答案，通过属性之间的相关分析或逻辑推算进行估计。例如，某一产品的拥有情况可能与家庭收入有关，可以根据调查对象的家庭收入推算拥有这一产品的可能性。

整例删除。整例删除就是简单地剔除含有缺失值的样本。由于很多填报数据都可能存在缺失值，这种做法的结果可能导致有效样本量大大减少，无法充分利用已经收集到的数据。因此，只适合关键属性缺失，或者含有无效值或缺失值的样本比重很小的情况。

属性删除。如果某一属性的无效值和缺失值很多，而且该属性对于所研究的问题不是特别重要，则可以考虑将该属性删除。这种做法减少了供分析用的属性数目，但没有改变样本量。

成对删除。成对删除是用一个特殊码（通常是9、99、999等）代表无效值和缺失值，同时保留数据集中的全部变量和样本。但是，在具体计算时只采用有完整答案的样本，因而不同的分析因涉及的属性不同，其有效样本量也会有所不同。这是一种保守的处理方法，最大限度地保留了数据集中的可用信息。

采用不同的处理方法可能对分析结果产生影响，尤其是当缺失值的出现并非随机且属性之间明显相关时。因此，在调查中应当尽量避免出现无效值和缺失值，保证数据的完整性。

（2）错误值的检测及解决方法

用统计分析的方法识别可能的错误值或异常值，如偏差分析、识别不遵守分布或回归方程的值，也可以用简单规则库（常识性规则、业务特定规则等）检查数据值，或使用不同属性间的约束、外部的数据来检测和清理数据。

(3) 重复记录的检测及消除方法

数据库中属性值相同的记录被认为是重复记录，通过判断记录间的属性值是否相等来检测记录是否相等，相等的记录合并为一条记录（即合并/清除）。合并/清除是消重的基本方法。按一系列规则，对重复情况复杂的数据进行去重。例如不同渠道来的客户数据，可以通过相同的关键信息进行匹配，合并去重。

(4) 不一致性的检测及解决方法

从多数据源集成的数据可能有语义冲突（数据源内部及数据源之间），可定义完整性约束用于检测不一致性，也可通过分析数据发现联系，从而使得数据保持一致。

一致性检查是根据每个属性的合理取值范围和相互关系，检查数据是否合乎要求，发现超出正常范围、逻辑上不合理或者相互矛盾的数据。例如，用 1~7 级量表测量的变量出现了 0 值，年龄出现了负数，都应视为超出正常值域范围。SPSS、SAS 和 Excel 等计算机软件都能够根据定义的取值范围，自动识别每个超出范围的属性值。具有逻辑上不一致性的答案可能以多种形式出现。例如，许多调查对象说自己开车上班，又报告没有汽车；或者调查对象报告自己是某品牌的重度购买者和使用者，但同时又在熟悉程度量表上给了很低的分值。

(5) 数据真伪性辨识

跨平台、跨领域、跨网络获取的数据具有多元、海量、异构、高维特性，数据属性众多，如何正确表达这些多维数据并充分利用数据内在的关联特性是实现科学高效进行大数据分析和管理的关键。同时，来自不同传感器获取的数据具备缺损、不准确等问题，对数据的真伪性进行辨别，并进行填充是大数据分析处理的基础过程。针对多元数据多维属性的特性，可用新兴的张量表示方法和高阶分解技术（高阶奇异值分解或 parafac 分解），对多元数据进行更加合理科学的分析，充分挖掘高维数据的内在张量结构，辨别数据真伪性，对缺损数据进行填充，提高大数据分析的性能。具体包括：①能够显著提高系统识别能力的广义张量展开方法；②用于估计丢失数据的张量填充技术（图4-11）。

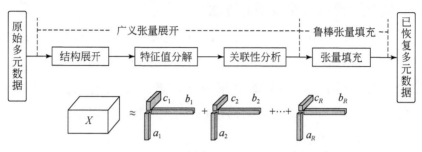

图4-11　多元数据的真伪性辨别技术

1）广义张量展开方法。现有的张量处理方法均是对张量的第 γ 模式展开矩阵作特征值分解，由此得到第 γ 模式的样本特征值。利用多维数据的张量结构，可以显著提高检测方法的识别能力，由此能够对具有较高子空间秩的数据进行低秩恢复。由此可见，采用基于 $(\gamma_1,\ \gamma_2,\ \cdots,\ \gamma_n)$ 模式的张量展开方法，可以显著提高系统识别能力。

2）鲁棒张量填充算法。在数据获取过程中，地域、时间和行业上的数据记录缺失及严重噪声干扰都会导致数据缺失，从而影响数据的完整性。为了恢复重要数据，便于后续的数据处理和特征提取，需要采用矩阵填充技术对缺失数据进行估计，从而解决数据缺失的问题。然而矩阵填充技术仅仅针对矩阵数据进行处理，没有利用海量数据的内在张量结构，因此难以达到估计性能的最优。现有矩阵填充算法只考虑了核范数、Schatten-p（$0 \leqslant p < 1$）范数和 $l2$ 范数，对脉冲类噪声或异常值没有鲁棒特性。而鲁棒张量填充算法基于多元数据的高维结构的张量填充方法，并充分考虑张量迹范数和 lp（$0 \leqslant p < 1$）范数来提高张量填充理论的鲁棒性。此外，为了提高算法的收敛速度和降低计算复杂度，鲁棒张量填充算法还利用松弛手段对优化目标函数进行合理变换，利用迭代重加权技术进行快速求解。

4. 数据清洗的评价指标

清洗后的数据的质量可以通过可信性和可用性两方面评价指标进行评价（王曰芬等，2007）。

（1）数据对用户必须是可信的

可信性包括精确性、完整性、一致性、有效性、唯一性等指标。

1）精确性：描述数据是否与其对应的客观实体的特征相一致。

2）完整性：描述数据是否存在缺失记录或缺失字段。

3）一致性：描述同一实体的同一属性的值在不同的系统是否一致。

4）有效性：描述数据是否满足用户定义的条件或在一定的域值范围内。

5）唯一性：描述数据是否存在重复记录。

（2）数据对用户必须是可用的

包括时间性、稳定性等指标。

1）时间性：描述数据是当前数据还是历史数据。

2）稳定性：描述数据是否是稳定的，是否在其有效期内。

三、数据清洗技术在智慧城市的应用

（一）数据抽取

在智慧城市大数据集成过程中，数据清洗技术可以对前置抽取的业务数据进行模式映射、唯一性检查、合法性检查和完整性检查等清洗处理，将不同来源、格式、特点性质的数据清洗得到干净一致的数据，把数据垃圾变成数据资产，为智慧城市公共数据库及顶层应用提供优质的数据资产，提升智慧城市基础库的数据资产质量。

（二）数据整合

在智慧城市多源数据整合过程中，根据城市发展的需要，可以综合运用数据清洗技术，对现有离散数据进行融合清洗，为智慧应用业务拓展提供全面数据支撑；可以根据智慧城市统一的数据规则，去除重复、垃圾数据，变矛盾数据为统一数据，提升数据应用的可信度。

（三）数据服务

根据智慧应用的需要，可以综合运用数据清洗技术，重构数据模型，变机构数据为智慧数据，为智慧城市整体数据分析与应用提供可用资源。

第三节　分布计算，解决海量性

一、概述

大数据带来的不仅是机遇，同时也是挑战。传统的数据处理手段已经无法满足大数据的海量实时需求，需要采用新一代的计算技术来应对大数据的爆发。因此，面向智慧城市海量大数据处理的数据查询、统计、分析、挖掘分析等需求，促生了智慧城市大数据计算的不同计算模式。整体上可以把智慧城市大数据计算分为离线批处理计算、实时交互计算和流计算三种，来解决数据海量性问题。

二、分布计算的关键技术

（一）离线批处理

利用批量数据挖掘分析合适的模式，得出具体的含义，制定明智的决策，最终做出有效的应对措施实现业务目标是大数据批处理的首要任务。大数据的批量处理系统适用于先存储后计算、实时性要求不高、同时数据的准确性和全面性更为重要的场景。

1. 批量数据的特征

批量数据通常具有三个特征。第一，数据体量巨大。数据从 TB 级别跃升到 PB 级别。数据是以静态的形式存储在硬盘中，很少进行更新，存储时间长，可以重复利用，然而这样大批量的数据不容易对其进行移动和备份。第二，数据精确度高。批量数据往往是从应用中沉淀下来的数据，因此精度相对较高，是企业资产的一部分宝贵财富。第三，数据价值密度低。以视频批量数据为例，在连续不断的监控过程中，可能有用的数据仅仅有一两秒。因此，需要通过合理的算法才能从批量的数据中抽取有用的价值。此外，批量数据处理往往比较耗时，而且不提供用户与系统的交互手段。

2. 应用中的代表性系统

由 Google 公司 2003 年研发的 Google 文件系统 GFS（google file system）和 2004 年研发的 MapReduce 编程模型以其 Web 环境下批量处理大规模海量数据的特有魅力，在学术界和工业界引起了很大反响。2006 年 Nutch 项目子项目之一的 Hadoop 实现了两个强有力的开源产品：HDFS（Hadoop distributed file system）和 MapReduce。Hadoop 成为了典型的大数据批量处理架构，由 HDFS 负责静态数据的存储，并通过 MapReduce 将计算逻辑分配到各数据节点进行数据计算和价值发现。Hadoop 顺应了现代主流 IT 公司的一致需求，之后以 HDFS 和 MapReduce 为基础建立了很多项目，形成了 Hadoop 生态圈。

Hadoop 通过数据分块及自恢复机制，能支持 PB 级的分布式的数据存储，以及基于 MapReduce 分布式处理模式对这些数据进行分析和处理。MapReduce 编程模型可以很容易地将多个通用批数据处理任务和操作在大规模集群上并行化，而且有自动化的故障转移功能。MapReduce 编程模型在 Hadoop 这样的开源软件带动下被广泛采用，应用到 Web 搜索、欺诈检测等各种各样的实际应用中。

以 Hadoop 平台为代表的大数据处理平台技术包括 MapReduce、HDFS、HBase、Hive、Zookeeper、Avro 和 Pig 等，已经形成了一个 Hadoop 生态圈，如图 4-12 所示。

钱学森智库纵论智慧城市

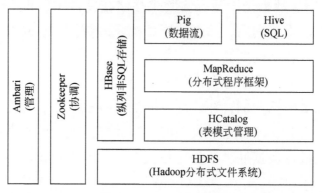

图 4-12　Hadoop 生态圈

MapReduce 编程模型是 Hadoop 的心脏，用于大规模数据集的并行运算。正是这种编程模式，实现了跨越一个 Hadoop 集群中数百或数千台服务器的大规模扩展性。

分布式文件系统 HDFS 提供基于 Hadoop 处理平台的海量数据存储，其中的 NameNode 提供元数据服务，DataNode 用于存储文件系统的文件块。

1）HBase 是建立在 HDFS 之上，用于提供高可靠性、高性能、列存储、可伸缩、实时读写的数据库系统，可以存储非结构化和半结构化的松散数据。

2）Hive 是基于 Hadoop 的大型数据仓库，可以用来进行数据的提取、转化和加载（ETL），存储、查询和分析存储在 Hadoop 中的大规模数据。

3）Pig 是基于 Hadoop 的大规模数据分析平台，可以把类 SQL（structured query language，结构化查询语言）的数据分析请求转换为一系列经过优化处理的 MapReduce 运算，为复杂的海量数据并行计算提供了一个简单的操作和编程接口。

4）Zookeeper 是高效、可靠的协同工作系统，用于协调分布式应用上的各种服务，利用 Zookeeper 可以构建一个有效防止单点失效及处理负载均衡的协调服务。

5）Avro 作为二进制的高性能的通信中间件，提供了 Hadoop 平台间的数据序列化功能和 RPC（remote procedure call protocol，远程过程调用协

· 148 ·

议）服务。

除了 MapReduce 计算模型之外，以 Swift 为代表的工作流计算模式，Pregel 为代表的图计算模式，也都可以处理包含大规模的计算任务的应用流程和图算法。Swift 系统作为科学工作流和并行计算之间的桥梁，是一个面向大规模科学和工程工作流的定义、执行和管理的并行化编程工具。Swift 采用结构化的方法管理工作流的定义、调度和执行，它包含简单的脚本语言 SwiftScript，SwiftScript 可以用来简洁地描述基于数据集类型和迭代的复杂并行计算，同时还可以对不同数据格式的大规模数据进行动态的数据集映射。运行时系统提供一个高效的工作流引擎用来进行调度和负载均衡，它还可以与 PBS 和 Condor 等资源管理系统进行交互，完成任务执行。Pregel 是一种面向图算法的分布式编程框架，可以用于图遍历、最短路径、PageRank 计算等。它采用迭代的计算模型：在每一轮，每个顶点处理上一轮收到的消息，并发出消息给其他顶点，并更新自身状态和拓扑结构（出边、入边）等。

（二）实时交互计算

当今的实时计算一般都需要针对海量数据进行，除了要满足非实时计算的一些需求（如计算结果准确）以外，实时计算最重要的一个需求是能够实时响应计算结果，一般要求为秒级。

1. 交互式数据处理的特征

与非交互式数据处理相比，交互式数据处理灵活、直观、便于控制。系统与操作人员以人机对话的方式一问一答——操作人员提出请求，数据以对话的方式输入，系统便提供相应的数据或提示信息，引导操作人员逐步完成所需的操作，直至获得最后处理结果。采用这种方式，存储在系统中的数据文件能够被及时处理修改，同时处理结果可以立刻被使用。交互式数据处理具备的这些特征能够保证输入的信息得到及时处理，使交互方式继续进行下去。

2. 应用中的代表性系统

交互式数据处理系统的典型代表系统是 Berkeley 的 Spark 系统和 Google 的 Dremel 系统。

（1）Berkeley 的 Spark 系统

Spark 是一个基于内存计算的可扩展的开源集群计算系统。针对 MapReduce 的不足，即大量的网络传输和磁盘 I/O 使得效率低效，Spark 使用内存进行数据计算以便快速处理查询，实时返回分析结果。Spark 提供比 Hadoop 更高层的 API，同样的算法在 Spark 中的运行速度比 Hadoop 快 10~100 倍。Spark 在技术层面兼容 Hadoop 存储层 API，可访问 HDFS、HBASE、SequenceFile 等。Spark–Shell 可以开启交互式 Spark 命令环境，能够提供交互式查询。

Spark 是为集群计算中的特定类型的工作负载而设计，即在并行操作之间重用工作数据集（如机器学习算法）的工作负载。Spark 的计算架构具有 3 个特点。

1）Spark 拥有轻量级的集群计算框架。Spark 将 Scala 应用于其程序架构，而 Scala 这种多范式的编程语言具有并发性、可扩展性以及支持编程范式的特征，与 Spark 紧密结合，能够轻松地操作分布式数据集，并且可以轻易地添加新的语言结构。

2）Spark 包含了大数据领域的数据流计算和交互式计算。Spark 可以与 HDFS 交互取得里面的数据文件，同时 Spark 的迭代、内存计算以及交互式计算为数据挖掘分析和机器学习提供了很好的框架。

3）Spark 有很好的容错机制。Spark 使用了弹性分布数据集（RDD），RDD 被表示为 Scala 对象分布在一组节点中的只读对象集中，这些集合是弹性的，保证了如果有一部数据集丢失时，可以对丢失的数据集进行重建。

Spark 高效处理分布数据集的特征使其有着很好的应用前景，现在四大 Hadoop 发行商 Cloudera、Pivotal、MapR 以及 Hortonworks 都提供了对 Spark 的支持。

（2）Google 的 Dremel 系统

Dremel 是 Google 研发的交互式数据分析系统，专注于只读嵌套数据的分析。Dremel 可以组建成规模上千的服务器集群，处理 PB 级数据。传统的 MapReduce 完成一项处理任务，最短需要分钟级的时间，而 Dremel 可以将处理时间缩短到秒级。Dremel 是 MapReduce 的有力补充，可以通过 MapReduce 将数据导入到 Dreme 中，使用 Dremel 来开发数据分析模型，最后在 MapReduce 中运行数据分析模型。

Dremel 作为大数据的交互式处理系统可以与传统的数据分析或商业智能工具在速度和精度上相媲美。Dremel 系统主要有以下 5 个特点。

1）Dremel 是一个大规模系统。在 PB 级数据集上要将任务缩短到秒级，需要进行大规模的并发处理，而磁盘的顺序读速度在 100MB/S 上下，因此在 1s 内处理 1TB 数据就意味着至少需要有 1 万个磁盘的并发读，但是机器越多，出问题概率越大，如此大的集群规模，需要有足够的容错考虑，才能够保证整个分析的速度不被集群中的个别慢（坏）节点影响。

2）Dremel 是对 MapReduce 交互式查询能力不足的有力补充。Dremel 利用 GFS 文件系统作为存储层，常常用它来处理 MapReduce 的结果集或建立分析原型。

3）Dremel 的数据模型是嵌套的。Dremel 类似于 Json，支持一个嵌套的数据模型。对于处理大规模数据，不可避免的有大量的 Join 操作，而传统的关系模型显得力不从心，Dremel 却可以很好地处理相关的查询操作。

4）Dremel 中的数据是用列式存储的。使用列式存储，在进行数据分析的时候，可以只扫描所需要的那部分数据，从而减少 CPU 和磁盘的访问量。同时，列式存储是压缩友好的，通过压缩可以综合 CPU 和磁盘，从而发挥最大的效能。

5）实时和交互式计算技术中，Dremel 结合了 Web 搜索和并行数据库管理系统（DBMS）的技术。首先，它借鉴了 Web 搜索中查询树的概念，将一个相对巨大复杂的查询，分割成较小、较简单的查询，分配到并发的大量节点上。其次，与并行 DBMS 类似，Dremel 可以提供了一个 SQL-like 的接口。

（三）流式计算

在智慧城市很多实时应用场景中，比如实时交通系统、实时诈骗分析、实时监控、社交网络实时分析等，存在数据量大，实时性要求高，而且数据源是实时不间断的。新到的数据必须马上处理完，不然后续的数据就会堆积起来，永远也处理不完。反应时间经常要求在秒级以下，甚至是毫秒级，这就需要一个高度可扩展的流式计算解决方案。

1. 流式计算的特征

通俗而言，流式数据是一个无穷的数据序列，序列中的每一个元素来源各异，格式复杂，序列往往包含时序特性，或者有其他的有序标签（如 IP 报文中的序号）。从数据库的角度而言，每一个元素可以看成一个元组，而元素的特性则类比于元组的属性。流式数据在不同的场景下往往体现出不同的特征，如流速大小、元素特性数量、数据格式等，但大部分流式数据都含有共同的特征，这些特征便可用来设计通用的流式数据处理系统。下面简要介绍流式数据共有的特征。

首先，流式数据的元组通常带有时间标签或其余含序属性。因此，同一流式数据往往是被按序处理的。然而数据的到达顺序是不可预知的，由于时间和环境的动态变化，无法保证重放数据流与之前数据流中数据元素顺序的一致性。这就导致了数据的物理顺序与逻辑顺序不一致。而且，数据源不受接收系统的控制，数据的产生是实时的、不可预知的。此外，数据的流速往往有较大的波动，因此需要系统具有很好的可伸缩性，能够动态适应不确定流入的数据流，具有很强的系统计算能力和大数据流量动态匹配的能力。其次，数据流中的数据格式可以是结构化的、半结构化的甚至是无结构化的。数据流中往往含有错误元素、垃圾信息等。因此，流式数据的处理系统要有很好的容错性与异构数据分析能力，能够完成数据的动态清洗、格式处理等。最后，流式数据是活动的（用完即弃），随着时间的推移不断增长，这与传统的数据处理模型（存储→查询）不同，要求系统能够根据局部数据进行计算，保存数据流的动态属性。流式处理系统针对该特性，应当提供流式查询接口，即提交动态的 SQL 语句，实时地返回当前结果。

流计算就是针对实时连续的数据类型而准备的。在流数据不断变化的运动过程中实时地进行分析，捕捉到可能对用户有用的信息，并把结果发送出去。整个过程中，数据分析处理系统是主动的，而用户却是处于被动接收的状态，如图 4-13 所示。

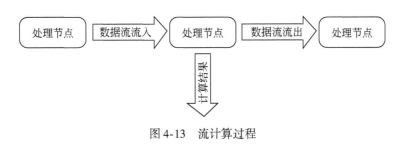

图 4-13　流计算过程

2. 应用中的代表性系统

流式数据处理已经在业界得到广泛的应用，典型的有 Twitter 的 Storm，Facebook 的 Scribe，Linkedin 的 Samza，Clouder 的 Flume，Apache 的 Nutch。

（1）Twitter 的 Storm 系统

Storm 是一套分布式、可靠、可容错的用于处理流式数据的系统。其流式处理作业被分发至不同类型的组件，每个组件负责一项简单的、特定的处理任务。Storm 集群的输入流由名为 Spout 的组件负责。Spout 将数据传递给名为 Bolt 的组件，后者将以指定的方式处理这些数据，如持久化或者处理并转发给另外的 Bolt。Storm 集群可以看成一条由 Bolt 组件组成的链（称为一个 Topology）。每个 Bolt 对 Spout 产生出来的数据做某种方式的处理。

Storm 可用来实时处理新数据和更新数据库，兼具容错性和扩展性。Storm 也可被用于连续计算，对数据流做连续查询，在计算时将结果以流的形式输出给用户。它还可被用于分布式 RPC，以并行的方式运行复杂运算。一个 Storm 集群分为 3 类节点。

1）Nimbus 节点，负责提交任务，分发执行代码，为每个工作结点指派任务和监控失败的任务。

2）Zookeeper 节点，负责 Storm 集群的协同操作。

3）Supervisor 节点，负责启动多个 Worker 进程，执行 Topology 的一部分，这个过程是通过 Zookeeper 节点与 Nimbus 节点通信完成的。

因为 Storm 将所有的集群状态保存在 Zookeeper 或者本地磁盘上，Supervisor 节点是无状态的，因此其失败或者重启不会引起全局的重新计算。

Storm 的主要特点如下。

1）简单的编程模型。Storm 提供类似于 MapReduce 的操作，降低了并行批处理与实时处理的复杂性。一个 Storm 作业只需实现一个 Topology 及其所包含的 Spout 与 Bolt。通过指定它们的连接方式，Topology 可以胜任大多数的流式作业需求。

2）容错性。Storm 利用 Zookeeper 管理工作进程和节点的故障。在工作过程中，如果出现异常，Topology 会失败。但 Storm 将以一致的状态重新启动处理，这样它可以正确地恢复。

3）水平扩展。Storm 拥有良好的水平扩展能力，其流式计算过程是在多个线程、进程和服务器之间并行进行的。Nimbus 节点将大量的协同工作都交由 Zookeeper 节点负责，使得水平扩展不会产生瓶颈。

4）快速可靠的消息处理。Storm 利用 ZeroMQ 作为消息队列，极大提高了消息传递的速度，系统的设计也保证了消息能得到快速处理。Storm 保证每个消息至少能得到一次完整处理。任务失败时，它会负责从消息源重试消息。

（2）Linkedin 的 Samza 系统

Linkedin 早期开发了一款名叫 Kafka 的消息队列，广受业界的好评，许多流式数据处理系统都使用了 Kafka 作为底层的消息处理模块。Kafka 的工作过程简要分为 4 个步骤，即生产者将消息发往中介（broker），消息被抽象为 Key-Value 对，Broker 将消息按 Topic 划分，消费者向 Broker

拉取感兴趣的 Topic。2013 年，Linkedin 基于 Kafka 和 YARN 开发了自己的流式处理框架——Samza。Samza 与 Kafka 的关系可以类比 MapReduce 与 HDFS 的关系。Samza 系统由 3 个层次组成，包括流式数据层（Kafka）、执行层（YARN）和处理层（Samza API）。一个 Samza 任务的输入与输出均是流。Samza 系统对流的模型有很严格的定义，它并不只是一个消息交换的机制。流在 Samza 的系统中是一系列划分了的、可重现的、可多播的、无状态的消息序列，每一个划分都是有序的。流不仅是 Samza 系统的输入与输出，它还充当系统中的缓冲区，能够隔离相互之间的处理过程。Samza 利用 YARN 与 Kafka 提供了分步处理与划分流的框架。Samza 客户端向 YARN 的资源管理器提交流作业，生成多个 Task Runner 进程，这些进程执行用户编写的 StreamTasks 代码。该系统的输入与输出来自于 Kafka 的 Broker 进程。

Samza 的主要特性如下。

1）高容错：如果服务器或者处理器出现故障，Samza 将与 YARN 一起重新启动流处理器。

2）高可靠性：Samza 使用 Kafka 来保证所有消息都会按照写入分区的顺序进行处理，绝对不会丢失任何消息。

3）可扩展性：Samza 在各个等级进行分割和分布；Kafka 提供一个有序、可分割、可重部署、高容错的系统；YARN 提供了一个分布式环境供 Samza 容器运行。

三、在智慧城市中的典型应用

（一）离线批处理技术的应用

智慧城市中的物联网、云计算、智慧医疗、智慧环保等无一不是大数据的重要来源，当前批量数据处理可以解决前述领域的诸多决策问题并发现新的洞察。因此，批量数据处理可以适用于智慧城市中的很多应用场景。

在智慧城市的公共服务领域，批量数据处理的典型应用场景如下。

1）能源：例如，对来自海洋深处地震时产生的数据进行批量的排序和整理，可能发现海底石油的储量；通过对用户能源数据、气象与人口方面的公共及私人数据、历史信息、地理数据等的批量处理，可以提升电力服务，尽量为用户节省在资源方面的投入。

2）医疗保健：通过对患者以往的生活方式与医疗记录进行批量处理分析，提供语义分析服务，对病人的健康咨询提供医生、护士及其他相关人士的回答，并协助医生更好地为患者进行诊断。当然，大数据的批量处理不只应用到这些领域，还有移动数据分析、图像处理以及基础设施管理等领域。随着人们对数据中蕴含价值的认识，会有更多的领域通过对数据的批量处理挖掘分析其中的价值来支持决策和发现新的洞察。

在智慧城市的互联网领域中，批量数据处理的典型应用场景如下。

1）社交网络。新浪微博、微信等以人为核心的社交网络产生了大量的文本、图片、音视频等不同形式的数据。对这些数据的批量处理可以对社交网络进行分析，发现人与人之间隐含的关系或者他们中存在的社区，推荐朋友或者相关的主题，提升用户的体验。

2）电子商务。电子商务中产生大量的购买历史记录、商品评论、商品网页的访问次数和驻留时间等数据，通过批量分析这些数据，每个商铺可以精准地选择其热卖商品，从而提升商品销量；这些数据还能够分析出用户的消费行为，为客户推荐相关商品，以提升优质客户数量。

3）搜索引擎。百度等大型互联网搜索引擎与专门广告分析系统，通过对广告相关数据的批量处理用来改善广告的投放效果以提高用户的点击量。在安全领域中，批量数据主要用于欺诈检测和IT安全。在金融服务机构和情报机构中，欺诈检测一直都是关注的重点。通过对批量数据的处理，可对客户交易和现货异常进行判断，从而对可能存在欺诈行为提前预警。另一方面，企业通过处理机器产生的数据，识别恶意软件和网络攻击模式，从而使其他安全产品判断是否接收来自这些来源的通信。

（二）实时交互计算技术的应用

在智慧城市大数据环境下，数据量的急剧膨胀是交互式数据处理系统面临的首要问题。下面主要选择在智慧城市信息处理系统领域和互联网领域作为典型应用场景进行介绍。

1）在信息处理系统领域中，主要体现了人机间的交互。传统的交互式数据处理系统主要以关系型数据库管理系统为主，面向两类应用，即联机事务处理（OLTP）和联机分析处理（OLAP）。OLTP 基于关系型数据库管理系统，广泛用于政府、医疗以及对操作序列有严格要求的工业控制领域；OLAP 基于数据仓库系统广泛用于智慧城市的数据分析、商业智能（BI）等。最具代表性的处理是数据钻取，如在智慧城市数据分析中，可以对于数据进行切片和多粒度的聚合，从而通过多维分析技术实现数据的钻取。目前，基于开源体系架构下的数据仓库系统发展十分迅速，以Hive、Pig 等为代表的分布式数据仓库能够支持上千台服务器的规模。

2）在互联网领域中，主要体现了人机间的交互。随着互联网技术的发展，传统的简单按需响应的人机互动已不能满足用户的需求，用户之间也需要交互，这种需求诞生了互联网中交互式数据处理的各种平台，如搜索引擎、电子邮件、即时通信工具、社交网络、微博、博客以及电子商务等，用户可以在这些平台上获取或分享各种信息。此外，还有各种交互式问答平台，如百度的知道、新浪的爱问。由此可见，用户与平台之间的交互变得越来越容易，越来越频繁。这些平台中数据类型的多样性，使得传统的关系数据库不能满足交互式数据处理的实时性需求。目前，各大平台主要使用 NoSQL 类型的数据库系统来处理交互式的数据。例如，HBase 采用多维有续表的列式存储方式；MongoDB 采用 JSON 格式的数据嵌套存储方式。大多 NoSQL 数据库不提供 Join 等关系数据库的操作模式，以增加数据操作的实时性。

大数据在智慧城市的应用中，存在数据量巨大且数据实时的特点，因此智慧城市中的实时计算一般可以分为以下两种应用场景。

1）数据量巨大且不能提前计算出结果的，但要求对用户的响应时间是实时的，主要用于特定场合下的数据分析处理。当数据量庞大，同时发现无法穷举所有可能条件的查询组合，或者大量穷举出来的条件组合无用的时候，实时计算就可以发挥作用，将计算过程推迟到查询阶段进行，但需要为用户提供实时响应。这种情形下，也可以将一部分数据提前进行处理，再结合实时计算结果，以提高处理效率。

2）数据源是实时的不间断的，要求对用户的响应时间也是实时的。数据源实时不间断的数据也称为流式数据。所谓流式数据是指将数据看成数据流的形式来处理。数据流是在时间分布和数量上均无限的一系列数据记录的集合体；数据记录是数据流的最小组成单元。例如，在物联网领域传感器产生的数据可能是源源不断的。对于流式处理系统我们将分开在下一节具体介绍。实时的数据计算和分析可以动态实时地对数据进行分析统计，对于系统的状态监控、调度管理具有重要的实际意义。

海量数据的实时计算过程可以被划分为以下 3 个阶段：数据的产生与收集阶段、传输与分析处理阶段、存储和对外提供服务阶段，如图 4-14 所示。

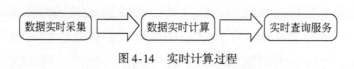

图 4-14　实时计算过程

数据实时采集。在功能上需要保证可以完整地收集到所有数据，为实时应用提供实时数据；响应时间上要保证实时性、低延迟；配置简单、部署容易；系统稳定可靠等。目前，互联网企业的海量数据采集工具，有 Facebook 开源的 Scribe、LinkedIn 开源的 Kafka、Cloudera 开源的 Flume、淘宝开源的 TimeTunnel、Hadoop 的 Chukwa 等，均可以满足每秒数百 MB 的日志数据采集和传输需求。

数据实时计算。传统的数据操作，首先将数据采集并存储在数据库管理系统中，然后通过 query 和 DBMS 进行交互，得到用户想要的答案。整个过程中，用户是主动的，而 DBMS 系统是被动的。但是，对于现在大量存在的实时数据，这类数据实时性强，数据量大，数据格式多种多样，传统的关系型数据库架构并不合适。新型的实时计算架构一般都是采用海量并行处理（MPP）的分布式架构，数据的存储及处理会分配到大规模的节点上进行，以满足实时性要求，在数据的存储上，则采用大规模分布式文件系统，比如 Hadoop 的 HDFS 文件系统，或是新型的 NoSQL 分布式数据库。

实时查询服务的实现可以分为三种方式。

1）全内存：直接提供数据读取服务，定期存储到磁盘或数据库进行持久化。

2）半内存：使用 Redis、Memcache、MongoDB、BerkeleyDB 等数据库提供数据实时查询服务，由这些系统进行持久化操作。

3）全磁盘：使用 HBase 等以分布式文件系统（HDFS）为基础的 NoSQL 数据库，对于 key-value 引擎，关键是设计好 key 的分布。

（三）流式计算技术的应用

流式计算在智慧城市的应用场景较多，典型的有两类。

1）数据采集应用。数据采集应用通过主动获取海量的实时数据，及时地挖掘分析出有价值的信息。当前数据采集应用有日志采集、传感器采集、Web 数据采集等。日志采集系统是针对各类平台不断产生的大量日志信息量身定做的处理系统，通过流式挖掘分析日志信息，达到动态提醒与预警功能。传感器采集系统（物联网）通过采集传感器的信息（通常包含时间、位置、环境和行为等内容），实时分析提供动态的信息展示，目前主要应用于智能交通、环境监控、灾难预警等。Web 数据采集系统是利用网络爬虫程序抓取万维网上的内容，通过清洗、归类、分析并挖掘分析其数据价值。

2）政务决策中的应用。在政务决策领域的日常运营过程中会产生大量数据，这些数据的时效性往往较短，不仅有结构化数据，也会有半结构化和非结构化数据。通过对这些大数据的流式计算，发现隐含于其中的内在特征，可帮助相关部门领导进行实时决策。

总之，流式数据的特点是，数据连续不断、来源众多、格式复杂、物理顺序不一、数据的价值密度低。而对应的处理工具则需具备高性能、实时、可扩展等特性。

第四节　挖掘分析，解决功效性

一、概述

在智慧城市中，数据的产生和收集是基础，数据挖掘分析是关键。数据挖掘分析是智慧城市大数据中最关键也最有价值的工作，可以将原先松散的数据结合起来，挖掘出其真正的价值，从而解决数据功效性问题。

大数据的价值必然是在挖掘分析过程中实现的，传统的数据表达模型和方法通常是简单的浅层模型学习，效果不尽如人意。大数据挖掘分析方法可以对人类难以理解的底层数据特征进行层层抽象，凝练具有物理意义的特征，从而提高数据的学习精度。

二、大数据挖掘分析的关键技术

大数据是现象，核心是要挖掘数据的价值。结合数据挖掘的各种特性，尤其是其应用性，从应用业务的角度对大数据提出如下两点的认识。

首先，大数据是"一把手工程"。在智慧城市里，大数据通常涉及多个方面，业务逻辑复杂。一方面，要对大数据进行收集和整合，需要各部门的配合和沟通以及业务人员的大力参与，这些需要城市决策人员的重视和认可，提供必要的资源调配和支持。另一方面，要对数据挖掘的结果进行验证和运用，更离不开相关人员的决策。数据挖掘的结果大多是相关关系，而不是因果关系，这些结果还可能有不确定性。另外，有时候数据挖掘的结果与企业运作的常识不一致，甚至相悖。所以，如何看待这些可能的不确定性和反常识的分析结论，充分利用好数据挖掘结果，必然离不开决策者的远见卓识。

其次，大数据需要数据导入、整合和预处理。当面对来自不同数据源的大量复杂数据时，具体业务逻辑复杂与数据之间的关系琐碎直接导致企业的业务流程和数据流程很难理解。因此，企业在实施大数据时可能并不清楚要挖掘和发现什么，对数据挖掘到底能帮助企业做什么并没有直观和清楚的认识。所以，很多时候都不可能把数据事先规划好和准备好，这样在具体的数据挖掘中，就需要在数据的导入、整合和预处理上有很大的灵活性，只有通过业务人员和数据挖掘工程师的配合，不断尝试，才能有效地将智慧城市的业务需求与数据挖掘的功能联系起来。

三、数据挖掘分析和深度学习在智慧城市中的应用

（一）数据挖掘分析技术在智慧城市中的应用

数据挖掘分析可以通过数据准备、构建模型、评估模型这三个数据挖掘过程，采用程序定时自动化执行数据挖掘方法，收集分析目标对象相关信息，基于数据挖掘方法，实现准确有效的目标对象细分，为解决智慧城市中目标对象细分问题提供系统的技术解决方法。具体而言，针对目标对象，可以将数据挖掘中的分类、聚类算法应用于真实的目标对象属性数据中，挖掘出隐含的规律，并量化为具体的评价模型。同时根据应用案例对模型做出调整，建立符合实际需求的评价模型。下面以在智慧医疗和智慧农业的应用为例，说明数据挖掘分析技术的应用。

在医疗中，以其从海量的医学信息和临床数据中提取有用的数据辅助疾病的诊断，通过分类、聚类、学习等算法，了解各种疾病之间的相互关系、各种疾病的发展规律，各种药物之间的相互作用，总结各种治疗方案的治疗效果等，为医学研究的开展和管理提供一种非常有利的技术工具。

我国是一个农业大国，农业领域的数据库中含有海量的、不同来源的原始信息，其中包括大量模糊的、不完整的、带有噪声和冗余的信息。利用数据挖掘分析技术对大量积累的农业数据进行挖掘，可有效地从这些浩

瀚的数据中深入寻找各种因素的相互联系。发现一些随诸因素变化而产生的新的指导农业生产的规律，这对于实现作物的高产、优质具有十分重要的意义。同时数据挖掘分析在农业电子商务、农业系统工程、农业物流体系、农业市场信息、农业专家系统等方面都有着很好的应用。

（二）深度学习技术在智慧城市中的应用

大数据分析的一个核心问题是如何对数据进行有效表达、解释和学习，无论是对图像、声音还是文本数据。传统的研究也有很多数据表达的模型和方法，但通常都是较为简单或浅层的模型，模型的能力有限，而且依赖于数据的表达，不能获得很好的学习效果，不能满足智慧城市的需求。

大数据的出现提供了使用更加复杂的模型来更有效地表征数据、解释数据的机会。深度学习应运而生，它可以解决智慧城市中很多深层次的大数据问题。

深度学习经常会被认为是模仿大脑的一系列算法，但更加精确的定义应该是"利用神经层进行学习"的算法，它是通过让计算机在简单概念之上建立起复杂概念的神经层来进行学习的。

深度学习逐渐从黑暗中摸索出了光明的道路，谷歌的研究员为他们的试验性深度学习系统输入了数千万张来自于 YouTube 的随机图像，继而指导系统去识别图像的基本元素，以及如何将这些元素相互整合。这个有着16000 个 CPU 的系统能够识别出有着共同特点的图像（如猫的图像）。谷歌权威性的实验展示了深度学习的无限潜力。深度学习算法可以应用在多种领域，包括计算机视觉、图像识别、模式识别、语音识别以及行为识别等。

深度学习涉及"困难/直觉性"的高维度无规则问题。在此，系统必须在不知道规则的前提下学习去处理未预料的情况。许多现存的系统例如 Siri 的语音识别与 Facebook 的脸部识别就在这些宗旨下运作。

深度学习算法基于大脑的运作进行模拟。它基于神经网络的简化版本——"前馈反向传播网络"，其简化和限制在于改变了神经元之间的相连方式，使它们可以位于不同层。每层中的每个神经元都与下一层的每个神经元相连。信号只能在一个方向上传播。最终，这种简化了的神经元设计，使每个神经元只对其他神经元传来的简单、权重驱动的输入做出反应。这样简化的网络（前馈神经网络模型）更容易构建和使用。

人工神经网络最常见的学习算法叫做反向传播（back propagation，简称 BP），即"误差反向传播"。为了利用神经网络，需要给第一层施加输入值，让信号通过网络传播，读取输出。一个 BP 网络通过例子学习，也就是说，必须提供一套学习模式，由一些输入值和已知的正确输出值组成。这样，将这些输入输出的例子展示给网络，告诉 BP 网络哪些行为是期望得到的。BP 算法通过网络反向传播误差值，调整权重值，并以此让网络适应。这些神经元的每个链接都有着独一无二的权重值。网络的"智能"就隐藏于权重的值中。随着每个误差迭代返回，权重以此得到调整。每个案例中整个过程都在重复。因此，为了检测目标函数，程序员将会通过迅速发送许多包含目标的数字化数据版本（如图片）来训练网络。如果网络没有准确识别一个具体的模式，权重就会被调整。训练的最终目的是去让网络能始终如一地识别我们能够识别的模式（如猫）。

智慧城市是物联网的一个应用领域。从深度学习的角度，智慧城市是指用数字技术来提高人们的生活与福利，减少成本与能源消耗，并更有效更活跃地参与到居民活动中。关键的"智慧"部分包括运输、能源、医疗、水与垃圾处理等领域。更加全面的智慧城市应用领域包括智能运输系统（自动化交通工具）、医疗、环境、废物管理、空气质量、水质量、事故与紧急服务、能源（可再生能源等）。在这些领域内，可添加上面所讲述的直觉型组分。这些直觉型组分包括计算机视觉、图像识别、模式识别、语音识别、行为识别等。通过训练一个神经网络重复向它展示：给定一个输入，就会有一个正确的输出。然后反复这个过程，并进行足够多次，使这个网络拥有有效的训练，就可以给出直觉型的输出。

作为智慧城市的"心脏"，大数据中心可以提供海量数据的分布式处理能力，提供面向智慧城市应用的大数据挖掘分析服务。

第五章　智脉

　　智脉，是指智慧城市中链接诸多智慧元素的网络传输体系及信息安全保障体系。网络传输体系包括人与人、人与物、物与物之间互联互通的泛在网络，这是构成智慧城市的网络体系，就像人体的经脉。打造智脉的关键在于依托天空地一体化网络基础设施，及可靠的信息安全保障措施，使天链城市、光网城市、无线城市、物联城市等有效连接起来。

第一节　天链城市，高可靠的连通

一、概述

　　天链城市充分借助数据融合、物联网等高科技技术，以通信卫星为信息传输手段，以导航定位卫星数据为位置信息保障，结合综合管理平台，通过收集、分析、统计、集成、互联卫星数据，最终实现城市建设系统化、结构化和智能化。

　　在智慧城市的建设过程中，卫星通信和卫星导航定位是实现城市智慧化不可或缺的技术。天链城市依托天网特色优势，融合地网，与云计算、大数据等技术紧密结合，构建了全面覆盖和无缝连接的天地立体空间信息系统，提高了信息传输带宽和海量数据处理能力，进一步支撑了智慧城市的一系列综合信息服务系统建设。

打造天链城市，将卫星技术应用在智慧城市的建设中，可推动智慧产业和智慧应用的发展，为实现智慧服务和智慧生活提供有力的技术支撑。例如，在日常生活、工作和出行中，能够为普通大众提供方便快捷的通信、实时的信息传输，能够高效地利用各类计算与数据资源，广泛共享应用产品和技术，为广大用户提供业务化服务支撑；在政府行使安全保障、社会管理和公共服务等职能的过程中，能够对产生的相关活动与需求进行智慧地感知、分析、集成和应对，为城市的运营和发展提供更好的指导能力和管控能力。卫星技术的创新与应用是发展天链城市的手段和驱动力，最终促进形成基于海量信息和智能处理的城市生活、产业发展、社会管理等新模式。

二、关键问题

卫星技术是天链城市的重要保障，在新的业态下卫星产品进一步向专业化、特色化方向发展，通信卫星、导航卫星两大系统支撑覆盖了天链城市的各个领域。

通信卫星，是卫星通信系统的空间部分，是世界上应用最早、最广的卫星之一。卫星通信，即为地球上（包括地面和低层大气中）的无线电通信站间利用卫星作为中继而进行的通信。

通信卫星在距离地面36 000千米的高空中，卫星的通信覆盖面较大，一颗卫星便可负责约三分之一地球表面内的通信。为了满足其他区域内的通信需求，通信卫星作为无线电通信的中继站，收集来自地面站的无线电信号，并将其功率放大，转发到另一地面站或其他通信卫星，然后再发送到另一个地方的地面站，从而实现了信号超远距离的发送与接收。

按照不同的标准，通信卫星有着不同的分类：按轨道的不同分为地球静止轨道通信卫星、大椭圆轨道通信卫星、中轨道通信卫星和低轨道通信卫星；按服务区域不同分为国际通信卫星、区域通信卫星和国内通信卫星；按用途的不同分为军用通信卫星、民用通信卫星和商业通信卫星；按通信业务种类的不同分为固定通信卫星、移动通信卫星、电视广播卫星、海事通信卫星、跟踪和数据中继卫星；按用途多少的不同分为专用通信卫星和多用途通信卫星。

从移动互联网时代发展到物联网时代，智慧城市建设对于不同类型的通信场景、通信方式有了更高的要求，如灵敏性、保密性等。互联网应用的日新月异的变化是互联网带宽需求增长、卫星通信宽带化发展的主要驱动因素。

宽带卫星通信系统有两种基本形式或两个发展阶段。其一是运行于传统 C、Ku 频段和通用卫星的民商甚小孔径（very small aperture terminal，VSAT）天线卫星网络；其二是主要运行于 Ka 频段和专用卫星的高通量卫星系统（high throughput satellite，HTS）。显然，前者是后者的基础，后者是前者的扩展（沈永言，2013）。

VSAT 系统的应用是以低速、小容量数据传输为主的。多媒体传输业务在 VSAT 系统中也是一个发展方向。大多数媒体传输业务对迟延具有敏感度，如话音、视频一类需独立的局域网支持这些业务。VSAT 系统能把终端的多媒体信息，包括文字、图像、视频、音频等在内的信息组合连接到一个 VSAT 系统，合并成一个单一的网。

HTS 系统，是新一代宽带通信卫星的统称。HTS 主要针对宽带互联网接入等应用设计，通常采用星状结构、弯管透明传输机制。因此，它同样可以应用于电视直播、移动中继、视频分发、新闻采集、企业联网、机载等"动中通"领域。

早期的 HTS 系统的应用开辟了互联网接入服务市场，但随着市场和产业的发展，HTS 系统已经能够涵盖固定卫星业务（fixed satellite service，FSS）和移动业务卫星（mobile satellite service，MSS）的所有业务类型，主要包括宽带互联网接入、VSAT、军用通信服务、干线传输和蜂窝回程、航空宽带接入、海事宽带接入和直播到户视频服务（DTH）共七类业务。

导航卫星，是为地面、海洋、空中和空间用户导航定位的人造卫星。导航卫星上装备有指令接收机、高稳定度时钟、相位调制编码器、多普勒发射机等，与地面接收设备共同组成卫星导航系统。该系统利用导航卫星，采用单向广播方式，按照固定频率向地面用户发送导航信号，地面接收设备通过解调信号并计算导航数据，为用户提供用户自身的地理位置坐标、移动方向等导航定位数据。

导航卫星按是否接收用户信号分为主动式导航卫星和被动式导航卫星；按导航方法分为多普勒测速导航卫星和时差测距导航卫星；按轨道分为低轨道导航卫星、中高轨道导航卫星、地球同步轨道导航卫星。世界四大卫星导航系统是美国的全球定位系统、苏联/俄罗斯的全球导航卫星系统（global navigation satellite system，GLONASS）、欧洲航天局的伽利略卫星定位系统和中国的北斗导航卫星定位系统。

卫星导航主要面向三大应用市场，分别为特殊（安全）应用市场、行业（领域）应用市场、大众应用市场。特殊（安全）应用市场，处于持续稳定增长期，主要应用在军事、公安武警、应急救援上。行业（领域）应用市场，处于规模化应用发展期，主要应用在国土资源、测绘与建筑工程、水陆空交通运输等方面。大众应用市场，处于标配化应用启动期，主要应用在私家车、移动端、个人位置服务等方面（中国卫星导航定位协会，2017）。

三、天链城市与智慧城市

（一）智慧城市对天链城市的需求

目前，电子商务、移动互联网、物联网、大数据等电信应用引发了宽带基础设施对卫星容量的更多需求；在通信、交通应急等领域，对卫星服务品质的要求也越来越高；不论是在工业生产中还是在人们的日常生活中，都需要卫星导航技术来提供目标位置信息，并需要通信技术将位置信息随时进行报告。如何有效利用卫星高新技术来提升智慧城市建设水平，满足快速增长的生活生产、社会管理等需求迫在眉睫。

第一，高速大容量需求。互联网的迅速发展带动了所有通信系统和多媒体网络技术的发展，并且各种网络技术均致力于改进 IP 业务质量。

卫星通信凭借着远距离传输、覆盖范围广等优势，能够全面加强全球通信设施的业务能力。此外，由于未来庞大的潜在需求和宽带多媒体卫星通信技术基础的强化，宽带卫星可提供一种特殊形式的互联网。这种形式能够很好地满足用户需求，而且有很高的接入能力，能够为用户提供高速服务；同时也可以提供宽带数据广播业务，数据文件广播与多媒体流式文件都被包含在内；此外也可将其运用到其他领域，从而产生巨大的经济效益。

第二，应急服务需求。卫星通信具有不受地理条件限制、远距离通信成本低、覆盖范围比一般无线通信方式广的特点，可以解决地震、水灾等自然灾害发生后，地面通信遭到严重破坏情况下的紧急通信保障问题。便携式卫星通信地面站具有移动灵活、架设快速的特点，非常适应应急通信需要。此外，在应急调度过程中需要基于终端或者基于移动APP应用的位置信息服务，调度过程中提供导航、地图定位和地图查询等服务功能。

第三，位置服务需求。国家在基础设施建设方面已经取得初步成果，北斗卫星导航网、地基增强网、室内定位网、互联网、移动通信网等已经基本建设完备，但是因为分散的网络和数据资源缺乏整合而不能实现智慧城市的升级。全面整合位置资源和数据，提出基于位置服务的解决方案，可使得公众在出行、购物、餐饮等方面更加灵活便捷，使得政府在资源调度、现场指挥、公共服务等方面更加快速及时，使得企业在物品的运输、调度等方面更加合理高效。

第四，空间信息需求。空间信息是智慧城市建设的信息基础，它的多源性、动态性，在智慧城市建设中有着广泛的应用，支撑各种各样的城市规划建设管理应用系统，保障深入开展智能化分析与探索。与空间信息的获取、管理、处理、分析相关的信息技术，涉及卫星定位系统，这些集成应用也是智慧城市资源共享与服务系统的重要组成部分。

（二）天链城市在智慧城市中的应用

在智慧城市建设过程中，大容量、远距离的通信服务，以及基于位置的信息服务都发挥着重要的推动作用。不论是日常生活、行政管理，还是社会治理、应急救援，卫星技术的应用优势明显。卫星通信、卫星导航两大系统为市民的出行、娱乐、医疗等提供海量信息；面对突发事件，可快速求助、高效救援；对城市环境、道路、公共设施等实时监控，可方便监督管理。可以设想，在高效利用卫星技术的智慧城市中生活是多么的高效和便捷。

在应急减灾方面，随着全球气候变暖，资源、环境和生态压力加剧，自然灾害防范和应对形势更加严峻复杂。加快卫星通信、导航与定位等现代科技手段在减灾救灾中的应用以及产品成果转化和集成，逐步完善卫星在中大自然灾害监测、预警、评估和应急救助体系中的智能应用，构建能快速为应急救灾提供测绘地理信息保障服务的"天–地–（现）场"一体化智慧系统显得尤为重要。该系统首先可以对灾害进行监测、预警，发布预警信息，进行初步应急处置和决策；然后通过卫星的通信功能，为现场灾情信息的快速上报、灾情损失的调查和快速统计提供现代化的技术保障，智慧实施灾害现场信息获取与传输、灾区现场及应急救灾队伍与各级救灾指挥中心之间指挥联动、救灾物资与救援队伍监控调配、灾害应急搜救等；可极大地提高灾害应急救援的快速反应能力和决策能力，以确保灾害损失最小化。目前我国的应急通信保障体系建设已经粗具规模，市级和县级城市已具备一定的应急通信保障能力。然而在广大的乡村山区，通信基础设施建设还比较薄弱，应急通信保障能力则更加欠缺。

在教育均衡发展方面，目前我国城乡教育水平严重失衡，尤其是西部农村地区，经济和信息基础设施条件均较差，导致了教育人才流失率高、优质教育资源严重匮乏。基于 Ka 频段宽带卫星的远程教育正是解决这一问题的有效途径。利用 Ka 频段宽带卫星的高容量、广覆盖、不受地理环境影响的高速双向传输优势，可快速实现广大偏远农村地区教学点的高速多媒体和视频的教学互动，从而促进我国优质教育资源共享和教育公平化发展，大大提升我国教育信息化进程（陈文胜等，2014）。

第二节 光网城市，高效能的传输

一、概述

光网城市，以光节点取代现有网络的电节点，并用光纤将光节点互联成网，采用光波完成信号的传输交换等功能，克服了现有网络在传输和交换时的瓶颈，可减少信息传输的拥塞延时，提高网络的吞吐量。光网城市建设定位于满足普通上网业务、固话语音、交互式网络电视 IPTV、专线等网络的网络扩展、高带宽、电信端可控制需求，现有业务对于网络质量及网络安全性能的要求较高，将用户由现在的非对称数字用户线路 ADSL或局域网 LAN 组网方式变更为光纤接入，可以提供更高带宽的接入、更安全的体验。

智慧城市是要让城市更聪明，它需要用一张高速畅通且无处不在的信息网络，把城市生活的方方面面联系起来，而这张网络的雏形就是光网城市。它不仅有比现有网络更快的宽带速率、更高的宽带普及率，而且可在当前基础上实现无线化，并通过云计算、传感器将物联网与传统互联网结合，实现信息智能化。

光网城市是以光网的大规模入户形成的，是智慧城市最基本的基础设施。各种城市的基础网络通过光纤网络实现全网贯通，从而使得城市各个有机体紧密地联系起来，最终使新的城市活起来，形成一个有"智慧"的整体。"智慧"就是依据信息技术提供大量汇聚的数据，充分发挥人的主观能动性，分析、决策，得出正确的方法和解决的措施。

光网城市的推进，为智慧城市的落地夯实了基础。光网建设将从速度上改变信息传播能力。基本公共服务均等化、教育资源均等化、就业能力均等化等，都可以通过光网建设逐步实现，同时，光网城市的推进解决了用户的体验需求与带宽能力之间的矛盾，解决了智慧城市的高速通道问题。只有高速通道建立完善后，与高宽带应用相结合才能真正使智慧城市发展起来。

二、关键问题

全光网络，构成了光网城市的主体内容，指的是网络传输和交换过程全部通过光纤实现，由于不必在其中实现电光和光电转换，因此能大大提高网速。数据显示，铜线接入带宽只有512kbps，但全光网宽带的带宽可以达到50M～100Mbps。

全光网络由光节点、光链路、光网络管理系统等构成。光节点是重要的网元，主要有两种类型：光接入节点和光交换节点。光接入节点，具有光信道的选择特性；光交换节点，可作为网状型网的光节点及两个环形网之间的连接节点。光链路一般指光纤链路。光纤链路中可设置光放大器，用以提高链路性能。目前典型的光纤链路有G.652光纤、G.655光纤，以及无线光通信等其他光链路。光网络管理系统是全光网络的头脑和指挥系统，具有性能管理、设备管理、故障管理等功能，还包括网络的安全体系、安全管理，确保网络的存活性、可靠性和安全性，以及计费管理等实用化功能。

光网城市中，主要以光纤到户（fiber to the home，FTTH）由集群和IPTV技术为指导，以IP作为全网技术的依靠，建设目标是实现百兆、千兆光纤直接接入用户群，实现高性能的城市光网全面融合化。

光纤到户是城市光网建设的具体实施方法，让每一根光纤可以直接接入家庭，接入使用者的终端。它的特点是可以提供更高的带宽以及上网速率，增强了网络数据在格式、波长、速率上的透明度，从而方便了光纤的维护和安装，放宽了对环境的要求及使用条件（彭虹，2006）。

该技术可以满足各场合对高宽带的业务需求，方便用户进行灵活的宽带适配。它还能够提高使用过程中的安全性、私密性，对使用要求较高的用户，可通过IP实现用户数据的有效隔离，避免受到不必要的欺骗和攻击，保证数据安全。

三、光网城市与智慧城市

（一）智慧城市对光网城市的需求

对于用户而言，城市光网所带来的便利和好处是显而易见的。网络在当前城市居民的生活当中无处不在，遍及娱乐、购物、办公、教育、医疗等各个方面。城市让生活更美好，光网则让城市更智慧。要实现智慧城市，必须"光网城市"先行。智慧城市对光网有以下两点需求。

第一，宽带需求。宽带作为战略性公共基础设施，已成为国家和地区的核心竞争力。光网城市搭建起信息高速公路，其快捷程度直接关系到经济发展和民生福祉。随着智慧城市的推进、行业应用信息化水平的提高，更要求网络是超宽的，速度是超快的，使用上又是智能的。

第二，宽带应用深度拓展需求。基于光网络及新技术的不断发展，一系列宽带应用也得到了深度拓展，例如 4k 高清数字电视、IPTV 视频点播、智慧家居等。公众可以利用宽带 IP 网实时点播电视剧、新闻等视频服务，可以高速且实时传递或下载网络资源，可以足不出户享受娱乐、学习、生活及商务为一体的信息化服务。

（二）光网城市在智慧城市中的应用

光网城市为智慧城市注入新活力。随着光缆的铺设不断推进，全光网络入区入户，打破了铜缆技术"最后一百米"的带宽瓶颈，构建起"十兆起步、百兆到户、T 级出口"的全新光网络能力，实现了通信基础网络质的飞跃，为全面推动智慧城市信息化工程奠定了坚实基础。

光网城市为智慧城市带来新生活。以光纤接入为载体的"高速、泛在、智能"新一代宽带网络逐步形成，百米市民光纤宽带接入能力正悄然改变着市民的信息娱乐新生活，有利于让重要政务服务窗口、酒店、公共场所等实现有线、无线无缝覆盖，为市民打造了"无处不在的高速宽带、丰富多彩的信息生活"。

光网城市为智慧城市提供优质服务保障。智慧城市始终关注民生和社会公众服务项目建设。在教育方面，需要加快建设"三通两平台"，着力打造学校安防监控系统，全力促进教育信息资源大众化、网络化应用，保障校园安全，提高突发事件处置能力。在卫生医疗方面，需要用信息化手段解决老百姓关心的劳动保障、医疗卫生等民生问题。在公共服务方面，需要全面推动公共事业缴费便捷化、购物方便化、支付简易化。而这些，无不需要凭借光网城市强大的网络，为丰富的业务体系提供超高的带宽、海量的传输，以及稳定通畅的接入服务。

在国际宽带发展实践中，各国政府对以光纤宽带为主的下一代宽带网络的发展越来越重视，通过出台各种扶持政策和成立专门的机构来确保利用下一代宽带网络提高本国综合竞争力，满足国民享有高速宽带接入的需求。最近这几年，我国城市光网的发展速度已经得到了全面的提升，光纤入户的使用者已经超过了400余万，而且在接入能力和接入速度上都得到了迅速的发展。全国开始大规模对光网的核心网和接入网进行升级改造，一方面满足我国社会经济发展的需求，另一方面使我国的终端用户能够感受到高带宽带来的非同一般的上网体验（包博文，2014）。

第三节　无线城市，便捷化的通信

一、概述

无线城市是指利用多种无线接入技术，为整个城市提供随时随地随需的无线网络接入，全面提升城市的数字化、网络化、智能化水平，推动信息技术与城市发展和市民生活全面深入融合。简而言之，强政、兴业、惠民，正是无线城市的意义。

随着信息化的发展和网络的普及，无线城市建设逐步在全球范围开展，成为城市信息化水平、运行效率和整体竞争力的衡量标准之一，并成为水、电、气、交通后的又一项城市公共基础设施。无线城市经历了 3 个发展阶段。

准备阶段（20 世纪 90 年代后期~2004 年）：无线 WIFI 市场渗透随着技术成熟逐渐增强。在飞机场、咖啡厅等公共场所以传统运营商为主开始建设 WIFI 热点，并将 WIFI 与移动互联网接入服务相结合提供给客户。这种无线宽带接入服务的可行方案开始引起人们的极大关注。

概念阶段（2004~2008 年）：2004 年美国费城提出"无线费城计划"后，随着无线局域网技术的成熟以及许多著名国际城市的炒作，无线城市在全球范围内迎来建设高峰期。Mesh（无线网格技术）的引入推动了无线城市的发展，这种技术使建设成本大大降低的同时，无线网络覆盖范围也得以扩大。

发展阶段（2008 年至今）：2008 年后全球多个无线城市建设获得初步成功。随着 WIFI、Mesh、WiMax、3G 等技术的进一步成熟，全球范围掀起了基于混合组网的城域无线网络建设的浪潮，主要由政府主导规划建设。

智慧城市建设的一项基础设施便是无线城市，即建设覆盖好、质量高的无线网络，能够提供随时随地的接入和多种多样的接入。现代城市生活已经离不开网络，在生活及生产上都需要不断应用网络技术，而随着信息消费时代的到来，人们对网络的速度、服务和内容都提出了更高、更新的要求。因此，无线城市也是衡量智慧城市运行效率、信息化程度以及竞争水平的重要标志。

智慧城市是无线城市在新阶段的重要发展方向，互联网应用和服务也融合其中。从技术角度看，无线城市将宽带移动通信和互联网结合在一起，以无线传输手段的变更为基础，让服务和应用在任何地点、任何时间都可以实现。在无线城市的基础上，智慧城市把新一代信息技术充分运用在城市的各行各业之中，是基于知识社会下一代创新的城市信息化高级形态。高速的无线网络为智慧城市打造了完善的"神经系统"，丰富的移动信息化应用是城市的智慧"大脑"。无线网络和城市的结合，提升了智慧城市的信息化水平，为其提供网络支撑，实现了政府与市民、企业与用户的高效、紧密连接，强化了便民惠民服务，加快了智慧城市的发展。

　　无线城市建设的目标之一是要实现"人们可以在任何时间、任何地点，获得任何需要的服务"。无线城市建设的初期主要是采用"2G+3G+WIFI"的技术模式，实现宽带无线传输服务的全覆盖；而在无线城市建设的更高阶段，主要是实现服务由"数字化、信息化到智慧化"的转变。可见建设智慧城市不是放弃建设数字城市和无线城市，而是由数字城市、无线城市向更深入、更广泛、更智能的方向发展（宋俊德，2012）。

　　无线城市可为智慧城市提供以下几个方面的服务（杨晓华，2008）。

　　1）WIFI技术的普及和成熟，为城市的商务、办公、休闲、旅游和市民生活提供便利的无线宽带网络服务，提升智慧城市商务和生活品质。

　　2）提供一个对社会性突发事件做出高效协同处置的平台，使政府部门对重大突发事件的快速反应和处理能力极大提高，能够为市民提供快速、及时的服务。

　　3）为政府有关部门，特别是公安、交通、城市管理、卫生医疗、社区服务等部门，提供无所不在的宽带网络接入，满足视频监控、交通指挥、城管监察、环境保护、社区卫生等各种移动信息化服务的需要。

　　4）帮助企业提升工作效率和企业竞争力。无论何时、何地，高效、安全、丰富的网络接入手段是帮助企业实现价值的重要驱动力之一。通过部署一个无线网络，可以支持企业员工的远程多媒体办公、携带办公环境、共享办公资源、互连分支机构等方便的应用。

二、关键问题

　　无线城市包括无线网络覆盖和无线应用两部分。无线网络覆盖是为公众提供2G/3G/4G/WLAN网络接入；无线应用是指在无线网络的基础上的各种软件应用。通过建设无线城市，公众可以随时随地获取各类信息，政府和企业可以提高管理和生产效率。建立城域范围内可协同的信息化服务平台是无线城市的重要内容。无线城市是一个复杂巨系统，包含数量巨大、种类繁多、关系复杂的行业信息，因此需要协同各行各业，以现有系统为基础，共享数据，规范业务流程，打破信息孤岛，创新协同业务。在建设和完善无线城市的过程中，需要从较高的视角出发，不但关注基础数据信息，而且需要做好规划和设计，提高协同合作效率，避免重复建设和重复投资。

在无线通信技术飞速发展的今天，大范围覆盖、高速率传输以及良好的移动性支持成为新一代无线网络的性能要求。Mesh 网络以其独有的特性，引起业界的广泛关注。Mesh 组网技术，又称为无线网状网技术，最强调网络的可靠性，是在移动 AdHoc 网络的基础上发展而来的一种动态自组织多跳无线网络，具有自管理、自修复以及自平衡等优良特性。Mesh 的核心精神是，每个 Mesh 节点都可同时提供无线接入与无线回传能力，摆脱了对有线资源的依赖，并且支持多有线网关，很好地避免了单故障点存在带来的风险。随着网络多媒体、VOIP、视频会议等对实时性要求较高的业务的普及，人们对接入网络的带宽以及实时性的要求日渐提高。Mesh 网络中的路由作为其关键技术，在未来无线宽带领域起着至关重要的作用。

Mesh 网络因其灵动性、健全性、安装便捷性等特点而有着广阔的应用前景。

Mesh 网络可以为家庭应用建立起家庭无线网络，为各类家庭电器设备提供网络接入服务。充分利用 Mesh 网络在安装快速便捷方面的优势，可在节约成本的同时为公众的生活提供便捷的服务。并且，无线 Mesh 网络具有高带宽高覆盖率的特点，足以支撑家庭对宽带集中设置的应用需求。

Mesh 网络可以为企业提供成本较低、配置灵活、安装便利的移动无线通信应用。无线 Mesh 网络的用户能够共享带宽，不被单跳网络传输所局限，并且可以有效平衡网络负载。

Mesh 网络可以为校园提供更为高速、大范围覆盖的网络服务。学校用户数量多，地域较广，要求网络能够覆盖教室、操场、食堂、图书馆等公共场所，并且当出现集中使用网络的情况时，必须要有很好的均衡性。而 Mesh 网络不但能够克服安装困难的问题，还能够更便于实现网络结构升级和调整，避免网络拥堵，做到网络运用随心所欲（刘雅婷，2014）。

三、无线城市与智慧城市

（一）智慧城市对无线城市的需求

现今网络技术复杂多样，如何合理有效地利用现有无线网络技术建设高效的智慧城市，是目前最主要的问题。在智能终端市场接受度提升、移动互联网迅猛发展的情况下，开发丰富且适用的应用程序，满足不同的需求，才能真正建设高效的智慧城市。

第一，无线带宽接入业务需求。据权威机构 Gartner 统计，目前有超过 90% 的便携式电脑都内置了 WIFI 模块，这是无线城市中无线宽带接入业务的一个庞大的用户群体。随着智慧城市的建设，传统的室内热点覆盖已经不能满足日益增加的移动性和实时性需求。无线城市适应上述需求，将原有室内热点扩展为室外局部热区，继而将所有热区连接组成"无线的"城市覆盖，即真正将 WIFI 应用从"点与线"发展到"面"。无线宽带网路在现有技术标准限定下，最大限度地优化，提升可利用的带宽资源，可满足一般用户的上网需求（李应东等，2009）。

第二，无线视频服务需求。不断提高智慧城市信息化综合服务和应用水平，要求无线网络在传统上网业务之外提供"视频"数据在内的多种数据传输能力，从而推动智慧城市的发展。例如，手机上看电视直播/转播、开视频会议，哪怕在车上也可以；用手机和亲朋好友聊天，既听其声，又见其人；通过"家校通"可看到孩子在家里、学校是否安全等。

第三，便民服务需求。无线城市助力打造智慧城市生活服务平台，致力于提供"一站式本地生活服务"。公众在无线信号覆盖范围内，可以便捷地利用无线终端浏览信息、网上冲浪、收发电子邮件，不用为没有网线和接口而犯愁。政府行政单位可以利用无线设备开展交通管理、安全监控、数据采集等公共服务项目，实时向各部门传回数据信息，高效处理事务，使公共信息更加透明化。由此可见，无线城市不但能够便利市民，而且对于提升智慧城市的管理水平和管理效率，提升智慧城市的现代化水平，有着重要的意义。

（二）无线城市在智慧城市中的应用

无线城市的应用十分广泛，包括之前提到的公共安全、公共服务部门现场服务、公共交通、企业通信和大众生活。目前较为主要的应用如下：警察、消防与急救服务机构管理和信息的传输，如 IP 视频监视、社区警务、通信互操作性、远程医疗等；现场访问政府数据库，远程多媒体办公，共享办公资源，互连分支机构；公共场所的高速无线数据业务，如连续的语音业务，随时随地的视频，24 小时 online 的游戏，公共信息的查询、定位、导航系统等。

在城市日常管理中，路灯控制、绿化浇灌等市政日常工作实现了无线远程控制。在交通管理中，出警自动通知、手机路面监控、违章取证等日常作业也可实现无线远程控制。在港区，利用无线远程控制，危险品申报、快速理货、仓储管理、货物跟踪、码头监控等工作将变得更加快捷高效。在生活中，市民不仅可以随时随地高速上网，还可使用可视电话电视、网络游戏（杨晓华，2008）。

第四节　物联城市，泛在化的互联

一、概述

物联城市，是通过物联网技术支撑整个城市信息化建设的一种形态。物联网，是一种通过 RFID、红外感应器、GPS、激光扫描器等信息传感设备，按约定的协议，把任何物品与互联网连接起来，进行信息交换和通信，以实现智能化识别、定位、跟踪、监控和管理的一种网络。简而言之，物联网即为"物物相连的互联网"。

物联网的发展不仅能促进新兴信息技术产业的发展，而且还能带动诸如能源、运输、医疗等诸多传统行业的发展。将物联网技术引入家庭生活，还能带来智能家居。由于物联网能够全面改善居民生活水平，提高整个经济社会的运转效率，因此物联网的发展被称为是继计算机、互联网之后，世界信息产业发展的第三次浪潮。

1995 年，比尔·盖茨在《未来之路》一书中提出了物联网的概念，但是由于当时科技通信技术的发展并不成熟，物联网并未受到广泛的重视。2005 年，国际电信联盟（International Telecommunication Union，ITU）发布了《ITU 互联网报告 2005：物联网》，对物联网概念做出了进一步扩展。报告指出，无所不在的"物联网"通信时代即将来临，世界上所有的物体从轮胎到牙刷、从房屋到纸巾都可以通过互联网主动进行交换。2009 年，IBM 首席执行官彭明盛提出"智慧地球"构想，物联网正是该构想中不可或缺的一部分。奥巴马在就职演讲后，也积极回应"智慧地球"的构想，并将其提升到国家级发展战略高度。"智慧地球"战略被不少美国人认为与当年的"信息高速公路"有许多相似之处，同样被他们认为是振兴经济、确立竞争优势的关键战略。

建立智慧城市，其终极目标在于建立一个智能化的、以人为本的生活圈，即以大数据为基础实现各类项目的最优化决策，及时调动合作、回馈，有效节约生活、生产成本，责任归因明确，机构运行透明。这些回归到科技实现方式来看，即为需要实现数据可视化、高效灵敏的传感体系，让城市居民可以对数据进行操作，有开放的云技术和数据库。

物联网的出现，恰恰使得城市连接从人与人的连接拓展到人与物的连接以及物与物的连接，感知的新数据与传统业务数据融合进行分析洞察为城市创造了新的价值。

物联网是城市进行数据获取、传输、处理的通道，是城市进行信息感知、信息发布和操作执行的通路。通过对城市物联网获得的感知数据进行融合分析，可为万物互联、人机交互、天地一体的城市网络空间注入新的智慧。

物联网是实现智慧城市的关键因素与基石，通过数据搜集、网络传输以及数据运算分析，未来汽车、家电等各种物品都将连上网络，机器可以主动为人类提供更便利的服务。

物联网是打造智慧城市的手段，是智慧城市构架中的基本要素和模块单元，已成为实现智慧城市"自动感知、快速反应、科学决策"的关键基础设施和重要支撑。《中华人民共和国国民经济和社会发展第十三个五年规划纲要》也明确提出要"加强现代信息基础设施建设，推进大数据和物联网发展，建设智慧城市"。

综上所述，可以看出物联网是智慧城市建设的技术支撑，智慧城市则是物联网技术的具体应用，二者结合，将物体联合为一个智能网络，可提高城市的智能化、自动化水平，实现产业优化升级，使得城市服务更加灵活高效，真正达到智慧城市建设要求。

二、关键问题

物联网的架构由 3 个主要部分组成，包括装置与感知层、网络层以及应用层，使得智慧城市能够万物感知、万物互联、万物智能。

装置与感知层，由传感器、影像监视设备、RFID、条形码等所组成，共同构成物联网架构的基础。感知技术是物联网信息的源头，是物联网最底层的核心技术，可全面采集感知物体的各种信息，具有节点数量多、成本低、计算能力弱等特点。

网络层，是物联网应用层和装置与感知层之间的联系媒介，其将装置与感知层识别和采集的数据信息高速率、低损耗、安全可靠地传送到平台。通过全面的通信网和互联网的融合与统一，可汇集感知数据，实时、准确地传递出去，以便及时处理。处理技术则是利用云计算、模糊识别、智能处理技术等，来完成各种智能计算、海量数据处理。

应用层，是物联网的解决方案及应用，提供给使用者或企业各式服务，包含不同的应用服务中介软件及数据分析与传送平台。物联网信息共享和交互技术、物联网信息存储技术以及各行业末端网络应用技术等支撑物联网应用系统运行，实现物联网与行业技术的深度融合和无处不在的智能化功能（杜天旭等，2011）。

在物联网时代，任何事物都可以连接至一个 IP 网络，任何互联的事物都能彼此通信。在城市中植入的智能传感器利用互联网进行连接，共同形成全面感知物理城市的物联网，结合云计算等一系列高新技术，可对感知信息进行处理和分析，并作出智能化响应，满足政务、民生、服务等多种需求，真正推动数字化城市向智慧城市转变。

三、物联城市与智慧城市

（一）智慧城市对物联城市的需求

据统计，目前城市出现的主要问题有破坏公共/私人财产、乱丢垃圾、非法停车、路面凹陷、排水系统故障、交通指示灯错乱、犯罪、火灾、洪涝等。打造智慧城市，不仅仅要实现智能化应用，而且要充分整合现有系统，创新网络传输方式，实现人、机器、系统三者的无缝连通，从而解决上述各种城市问题。在建设智慧城市的过程中，对物联城市的需求有以下几点。

第一，自动感知需求。智慧城市由多种多样且数量巨大的城市部件组成，如环境、道路、市政建筑、管网等，需要全方位收集它们的运行状况和信息指标，从而便于城市管理者及时发现问题，制定有效决策，快速响应处理。因此，需要植入各种智能感知设备，通过智能网络将其连通集成为统一的物联网，实现对城市信息的全方位自动感知。

第二，精细管理需求。目前城市化带来了各种"城市病"，诸如交通、环境、教育、卫生、治安等方面的压力远远超过城市的承载能力，亟待通过智慧城市建设，治理"城市病"，减轻城镇化加速带来的管理压力。在智慧城市中，存在着多种城市管理系统，并在各个领域中发挥着至关重要的作用，如智慧交通、智慧医疗、智慧市政等。但是，多数的智慧系统都相互独立，分散建设，各自保留相应领域的城市信息，缺少融合。随着各类信息技术的发展演进，以物联网全方位感知城市信息为基础，以大数据、云计算技术深度分析城市信息为支撑，可以建立智慧城市公共管理平台，进行统一管理维护，支撑城市管理新服务深度，形成新的城市智慧。

由此可以看出，智慧城市可以充分借助物联网，发挥信息通信产业发达、传感技术领先、电信业务及信息化基础设施优良等优势，构建城市发展的智慧环境，形成基于海量信息和智能过滤处理的新的生活、产业发展、社会管理等模式，面向未来构建全新的城市形态。

（二）物联城市在智慧城市中的应用

全球物联网相关技术、标准、应用、服务的研究处于起步阶段，物联网核心技术正持续发展，标准体系正加快构建，产业体系处于建立和完善过程中。

西方发达国家纷纷出台政策进行战略布局，抢抓新一轮信息产业的发展先机。美国以物联网应用为核心的智慧地球计划、欧盟的十四点行动计划、日本的 u-Japan 战略、韩国的 IT839 战略和 u-Korea 战略、新加坡的智慧国家 2025 计划、中国台湾的 U-Taiwan 计划等都将物联网作为当前发展的重要战略目标。

我国就物联网发展也制定了多项国家政策及规划，以推进物联网产业体系不断完善。《物联网"十二五"发展规划》《国务院关于推进物联网有序健康发展的指导意见》《物联网发展专项行动计划》，以及近期颁布的《中国制造 2025》等不断出台。《国务院关于推进物联网有序健康发展的指导意见》指出，应"掌握物联网关键核心技术，基本形成安全可控、具有国际竞争力的物联网产业体系，成为推动经济社会智能化和可持续发展的重要力量"。

物联网的应用范围相当广泛，包括环保、交通、能源、物流、医疗以及建筑等，几乎涵盖智慧城市所有的领域。这种基于物联网技术形成的新形态的生活方式，不仅丰富了人类生活，更创造了一个超乎想象的世界。物联网在以下多个领域的应用，实现了各领域的智慧化，并且有利于促进智慧城市的建设。

在市政领域的应用。可实现城市市政建设的智慧化，即建立在线监测系统，对市政设施，包括桥梁、高架立交桥、隧道等基础设施的安全状态信息通过信息采集终端进行自动采集和实施监测，大大促进了城市市政管理的效率。

在物流领域的应用。物联网应用 RFID、GPS、GIS 等技术，可以实现物品快速标识、准确定位和实时跟踪。利用物流管理系统处理和控制物流信息，可实现企业物流运输合理化、仓储自动化、包装标准化、装卸机械化加工配送一体化、信息管理网络化，大大提高物流、供应链管理水平，降低物流成本，实现智慧物流的建设（徐长安，2014）。

在制造领域的应用。主要是在生产过程中应用 RFID、传感器和嵌入式智能技术进行各种参数的采集、传输、分析和控制，实现生产制造的高度自动化和智能化。这些技术已经在汽车制造、船舶制造、数控机床等领域大量应用，大大提高了生产设备的信息处理能力和效率，降低了生产成本。对机器装备故障、产品次品率、工件损耗等参数进行监控，大大提高了产品可靠性。物联网技术在制造领域的应用促使自动化制造向更高级的智慧化制造转型（徐长安，2014）。

在交通领域的应用。例如，利用车载物联网设备实时监测车流量、车速、车型等交通信息，对道路交通信息进行实时发布，可为公众提供出行参考，改善交通拥堵和阻塞，最大限度地提高路网的通行能力，实现城市交通的智慧化管理。

在医疗卫生领域的应用。例如，在家庭医药领域，建立家庭远程医疗保健服务的新模式，通过物联网功能的便携式医疗设备的应用，可使人们足不出户即可享受实时的健康监测、服药提醒、保健咨询和紧急呼救等服务。另外在医院建设方面，RFID 技术在病患管理、用药安全、血液制品管理以及医疗废弃物处理等方面的应用，实现了医院日常管理的高度信息化和智能化，降低了医院在医疗安全、用药安全、医疗废弃物处理领域的安全事故发生率（徐长安，2014）。

第五节　金盾城市，掌控数据主权

一、概述

智慧城市建设以物联网、云计算等大数据技术体系为支撑，数据信息巨大，并涉及基础设施、政务、民生、商业、生活等方方面面，一旦出现信息泄露、数据丢失等安全问题，后果将不堪设想。因此，智慧城市的信息安全问题不容忽视。物联网、云计算等新兴技术高速发展，但相应的信息安全保障技术还没有达到十分成熟的程度，智慧城市的建设中还存在着许多相对比较薄弱的环节。例如，对智慧城市而言，云端数据资源的高度共享性，使得云平台在恶意软件作用下，会产生数据丢失、IP 和身份窃取、金融欺诈与盗窃等隐患。又比如，分布式拒绝服务攻击（DDoS）也具有快速摧毁整个云基础架构的潜力，并且当云平台受到攻击时，所有相关账户也将牵涉其中，导致该平台服务的用户受到不可估量的损失。比较典型的案例就是 2010 年的蠕虫病毒震网（stuxnet），其感染了全球超过45 000个网络，给各国的电力部门带来了巨大的威胁和破坏。网络空间的特殊性，决定了信息安全将是自始至终伴随信息化建设而生的重要工作。

2013 年 8 月，国务院出台了《关于促进信息消费扩大内需的若干意见》（国发〔2013〕32 号），明确提出加快智慧城市建设。2014 年 3 月，《国家新型城镇化规划（2014—2020 年）》正式发布，明确提出推进智慧城市建设。2014 年 8 月，国家发展和改革委员会、工业和信息化部、科学技术部、公安部、财政部、国土资源部、住房和城乡建设部、交通运输部八部委印发了《关于促进智慧城市健康发展的指导意见》（发改高技〔2014〕1770 号），其中对信息安全要求"可管可控，确保安全"，要求落实国家信息安全等级保护制度，强化网络和信息安全管理，落实责任机制，健全网络和信息安全标准体系，加大依法管理网络和保护个人信息的力度，加强要害信息系统和信息基础设施安全保障，确保安全可控；要求建立城市网络安全保障体系和管理制度，实现基础网络和要害信息系统安全可控，重要信息资源安全得到切实保障，居民、企业和政府的信息得到有效保护。

目前，国际标准化组织（ISO）、国际电工委员会（IEC）、国际电信联盟（ITU）、英国标准研究院（BSI）、美国国家标准技术研究院（ANSI）等组织已从不同层次启动了智慧城市标准化工作。但是，在智慧城市网络安全方面，尚处于研究阶段。我国信息安全标准由全国信息安全标准化技术委员会组织研究和制定，与智慧城市信息安全相关联的标准，如物联网安全标准、传感网标准、云安全标准、大数据安全标准数量有限且大部分处于在研阶段。

为保障智慧城市的信息安全和数据主权，我国要强化安全意识，推进安全战略、网络立法和标准规范建设，加强技术防护措施和安全管理，让智慧城市建立在安全、可信的基础上，支撑信息社会稳定运行、健康发展。

二、关键问题

智慧城市通过深度信息化来满足城市发展转型和管理方式转变的需求，以推进实体基础设施和信息基础设施相融合、构建城市智能基础设施为基础，以物联网、云计算、大数据、移动互联网等新一代信息通信技术在城市经济社会发展各领域的充分运用为主线，以最大限度地开发、整合和利用各类城市信息资源为核心，以为居民、企业和社会提供及时、互动、高效的信息服务为手段，以全面提升城市规划发展能力、提高城市公共设施水平、增强城市公共服务能力、激发城市新业态活力为宗旨，通过智慧的应用和解决方案，实现智慧的感知、建模、分析、集成和处理，以更加精细和动态的方式提升城市运行管理水平、政府行政效能、公共服务能力和市民生活质量，推进城市科学发展、跨域发展、率先发展、和谐发展，从而使城市达到前所未有的高度"智慧"

状态。

从技术角度来看，智慧城市一般可分为感知层、网络层、数据层以及应用层。感知层负责数据的收集，是实现智慧城市的基本条件；网络层是数据传输的通道，是智慧城市的基础设施；数据层负责数据的存储、管理和融合，是提供智慧服务的基本保障；应用层是对数据的深入挖掘和应用，提供多种类型的智慧服务，是智慧城市的最终体现。

在智慧城市感知层，大量的智能感知设备接入智慧网络，由此产生的复杂接入环境、多样化的接入方式，带来了更为复杂的安全问题，同时智能感知设备安全防护能力普遍较弱，防盗、认证、加密、鉴别、审计等防护技术也不成熟。在感知层采集城市数据时，其信息传输方式基本是无线网络传输，如果对这种暴露在公共场所中的信号缺乏有效保护措施，很容易被非法监听、窃取、干扰。传感器节点通常被部署在无人监管的环境中，节点的计算资源十分有限，难以采用复杂的安全机制，处理能力偏弱，所承载的逻辑通常相对简单。因此，传感器节点面临下列安全问题：网络连接可能时断时续，传感器节点可能被占有和盗窃，数据可能被伪造，传统安全机制可能难以实施等。特别需要指出的是，在工业控制系统中，由于工业控制系统体系架构、安全策略、通信协议以及管理运维方面存在诸多脆弱性，工业控制系统的安全亟须加强。

在智慧城市网络层，传统互联网、移动通信网、广播电视网、各种专网、传感网以及新一代网络通信技术的综合运用，实现了任何时候、任何地点以及任何设备的接入能力，然而多样化的接入方式，带来的是多种多样的网络攻击。智慧城市的网络基础设施需要安全可靠地保障通信，它包括蜂窝、互联网、卫星网络、市政和企业内网等多种网络形式，这些网络的漏洞将被引入智慧城市的网络基础设施中；智慧城市网络海量设备短时间内并发的大量网络访问，可能造成网络拥塞的问题；大量设备访问网络时，身份认证和密钥生成机制也成为一项挑战；数据的安全传输以及异构网络之间发生信息交换时可能出现漏洞，中间人攻击和其他类型的攻击难以避免。

在智慧城市数据层，云计算的应用带来了诸多不安全因素，海量数据的云端集中存储，使数据破坏、数据丢失、数据泄露等传统安全威胁在云计算中造成的后果更为严重；网络中断、云计算服务商的安全防护策略存在疏漏等造成的服务中断，将严重影响城市的管理和居民的生活出行。云环境审计的困难，使得用户难以对云服务供应商的安全控制措施和访问记录进行审计，对云服务缺乏必要的后期监管，造成用户的数据资源被滥用，甚至隐私信息遭窃取和泄露。

在智慧城市应用层，各行业和领域数据与服务的融合使得数据的分级分类管理和机密性保护更加重要，面临互联接口安全、用户隐私泄露、敏感数据窃取、服务可用性、跨域访问和认证等诸多安全风险。多个系统的互联互通协议应保证数据在传输和交换过程中的机密性与完整性，各个软件平台的漏洞不会被对等互联的系统所攻击和利用；在智慧城市系统中存在大量用户信息，一旦这些信息被公开且允许未授权访问，将对市民造成严重的安全威胁。智慧城市数据类型多样，涉及面广，尤其是针对融合后的数据进行的大数据挖掘，可能产生新的有价值的数据，这些数据有助于为政府决策提供支撑。这些数据的泄露可能威胁国家安全和企业的经济效益，导致重大的政治和经济损失（王惠莅，2016）。

三、智慧城市的信息安全保障体系

我国智慧城市信息安全保障体系（图5-1）的建设目标是，加大对党政军、金融、能源、交通、电信、公共安全、公用事业等重要信息系统的安全防护，确保安全可控。应从以下几个方面着手建设：完善网络安全设施，重点提高网络管理、应急处理能力；统筹建设容灾备份体系，推行联合灾备和异地灾备；构建覆盖智慧城市各个层面的信息安全技术体系；建立重要信息使用管理和安全评价机制；严格落实国家有关法律法规及标准，加强行业和企业自律，切实加强个人信息保护。

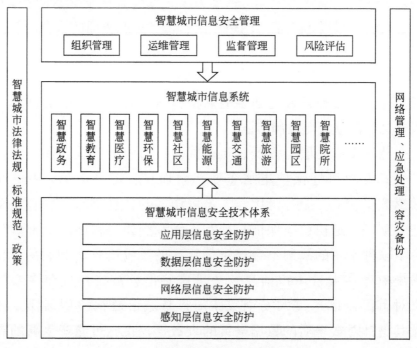

图 5-1　智慧城市信息安全保障体系

（一）智慧城市信息安全技术体系

（1）感知层信息安全防护

把应用终端、物联网感应器和智能设备作为感知层安全防御的主体，采用如下技术手段进行防御。

1）病毒过滤、报警与隔离。应在具备智能操作系统的终端，如计算机终端、移动应用终端、智能家电等设备上设计病毒及恶意代码过滤、报警和隔离机制，使用安装防病毒软件或恶意代码检测系统、使用封闭操作系统、合格控制应用软件权限等手段建立病毒与恶意代码防范机制。

2）终端准入。应用终端采用基于有线、无线网络与移动互联网的用户设备身份校验机制，以（认证 authentication、账号 account、授权 authorization、审计 audit）身份认证体系为框架，提高终端准入的安全性与准确性。

3）终端安全管理。对终端应具有安全管理机制，可考虑在终端准入认证客户端捆绑终端安全管理客户端，针对终端用户可能的违规、违法操作行为进行及时发现、阻断与审计，为用户行为审计提供数据来源。

（2）网络层信息安全防护

网络层包括了无线基站（包括无线热点与移动通信基站）、通信链路与配套网络设备和广域网接入设备等，需通过严格的访问控制、入侵检测方式，并尽量利用加密传输技术保障链路通信安全。

1）安全域划分。在智慧城市网络环境下，网络层次结构复杂，因此需要将整个网络分成若干个安全域。由于智慧城市网络环境的复杂性，各个安全域之间需要动态地进行数据或服务的交换。为了在智慧城市这种大规模多自治域的环境中实现灵活的跨区域访问，应合理划分安全域，并在网络域之间采用明确的边界隔离措施，对跨域访问进行访问控制和安全审计。

2）网络设备安全。作为网络通信节点，网络设备（包括防火墙等网关类安全设备）安全是网络层安全的基础。应保障网络设备的物理安全，特别要注意临近攻击风险，防止临近设备进行直连操作的攻击方式；还应注意网络设备远程管理协议及用户面临的威胁，加强网络设备自身访问控制机制；做好网络设备加固，及时发现设备软件、固件漏洞并进行修补。

3）网络访问控制。应科学定义网络区域边界，在网络层充分利用网络设备 ACL 访问控制机制与网络安全设备，对基于网络地址与端口的连接进行控制，严格控制网络数据流向与访问权限，在重点防范区域应首先考虑使用访问控制白名单。

4）网络入侵检测。应在网络链路各层各域主要汇聚节点部署分布式、可集中管理的网络入侵检测系统，及时发现网络链路中传输的有害数据。

5）链路加密。针对网络欺骗与网络嗅探风险，对敏感业务应用数据传输应使用加密通信协议进行封装和连接（范渊，2014）。

（3）数据层信息安全防护

确保智慧城市数据安全是指采用数据采集安全技术、数据存储安全技术、数据挖掘安全技术、数据发布与应用安全技术、隐私数据保护安全技术,确保智慧城市各种智慧应用中的重要信息资源在海量数据处理的全生命周期中得到切实安全保障。

(4)应用层信息安全防护

应用层上搭载的是基于智慧城市技术体系架构开发的业务应用系统。在业务应用中心级别安全体系层面,应采用访问控制、数字身份认证、动作与行为审计等安全防御措施。在本层内的业务应用系统,需关注的重点是其在系统设计、应用开发、业务流程方面存在的安全缺陷,建议在本层内部署基于应用层的漏洞扫描系统,如 Web 应用漏洞扫描系统与数据库漏洞扫描系统,在自身开发安全的基础上,增加第三方安全检测机制。

(二)智慧城市信息安全管理

智慧城市的安全实际上是国家安全、公共安全、公民隐私安全的共同体。国家应当对这种特定类别的网络承担起相应的管理、监督职责。参考传统网络,智慧城市的安全管理体系包括组织管理、运维管理、监督管理、风险评估,以提升城市基础设施设备安全,保障公民数据安全。

(1)组织管理

应建立合理、有效的安全组织架构,配备和设立安全决策、管理、执行及监管的主要责任人员岗位和机构,明确各级机构的角色与责任。严格全流程网络安全管理。城市人民政府在推进智慧城市建设中要同步加强网络安全保障工作。在重要信息系统设计阶段,合理确定安全保护等级,同步设计安全防护方案;在实施阶段,加强对技术、设备和服务提供商的安全审查,同步建设安全防护手段;在运行阶段,加强管理,定期开展检查、等级评测和风险评估,认真排查安全风险隐患,增强日常监测和应急响应处置恢复能力。

(2)运维管理

运维管理是 IT 管理的核心和重点部分,也是内容最多、最繁杂的部分,包括对 IT 复杂运行环境(如软硬件环境、网络环境等)、IT 业务系统和 IT 运维人员的综合管理，其参与对象从组织管理层到业务部门再到 IT 运维管理人员，同时需制订相关的方法、制度、流程等文档，规范运维管理工作。

（3）监督管理

为建立智慧城市信息安全认证机制，保证相关认证机构、检测机构、培训机构有序、有效运行，需要建设相关的监管、支撑、运行和评价组织体系。应强化安全责任和安全意识，建立网络安全责任制，明确城市人民政府及有关部门负责人、要害信息系统运营单位负责人的网络信息安全责任，建立责任追究机制。加大宣传监督力度，提高城市规划、建设、管理、维护等各环节工作人员的网络信息安全风险意识、责任意识、工作技能和管理水平。鼓励发展专业化、社会化的信息安全认证服务，为保障城市网络信息安全提供支持。

（4）风险评估

应落实国家信息安全等级保护制度，运用科学的方法和手段，系统地分析信息系统所面临的威胁及其存在的脆弱性、安全事件一旦发生可能造成的危害程度，提出有针对性的防护对策和整改措施，充分防范和化解智慧城市顶层设计的信息安全风险，将风险控制在可接受的范围内。

第六章　智　政

　　智慧政务是智慧城市的核心，是指充分利用物联网、云计算、移动互联网、人工智能、数据挖掘、知识管理等技术，提高政府在办公、监管、服务、决策方面的智能化水平，形成高效、敏捷、便民的新型政府。它以现代信息技术（云技术）为基础，通过全面感知、信息交换、流程整合、数据智能处置方式，将社会治理优化，是实现公共治理高效精准、公共服务便捷惠民、社会效益显著的一种全新政务运营模式。智慧政务由服务（service）、管理（management）、应用平台（application platform）、资源（resource）及技术（technology）5个要素构成，首字母组成了英文"SMART"作为其代名词。其中技术和资源是智慧政务建设的必要投入，是实现智慧政务的重要基础；应用平台是智慧政务建设的必然产出，是智慧政务的支撑手段；管理与服务体现智慧政务的建设效果，管理是服务水平提高的重要保障，政府服务是智慧政务的根本目标（李超民，2014）。

第一节　总体设计，"一沙盘"决策

　　在大数据不断发展的大环境下，城市更加智慧化，而城市的智慧化发展推动政府的改革，政府是城市顶层设计的中坚力量，承担着高效运转、阳光透明、智能服务的重要责任，政府决策的科学化、民主化日益成为政府改革的趋势。因此，智慧政务应站在顶层设计的高度，进行总体设计和信息化资源规划，运用大数据思维，丰富政务数据存量，提升决策信息质量；同时，深化资源整合，优化资源配置，统一规划和标准规范，推动经济社会发展规划、城乡规划、土地利用规划、生态环境保护规划高度衔接统一，实现多规合一。

一、科学精准的领导决策

（一）融合资源，管理数据

应利用分布式存储等技术，集成融合智慧城市各地区、部门、业务领域的数据，将相关海量数据收集于面向决策的决策信息资源库，逐步满足各地区各部门跨数据库、跨网段数据横向、纵向交换共享的需要。通过建立信息资源指标体系和数据更新机制，确保数据全面、准确、及时、完整，实现信息资源形象、直观、友好展示，将各种数据的发展变化和内在联系展现出来，为数据分析奠定基础。

（二）天地一体，数据推进

天地一体化信息网络是《"十三五"国家科技创新规划》中的九项重大工程之一，智慧政务中的天地一体化应站在顶层设计的高度，从使用者和实际应用的角度考虑，对地面段应用系统、空间段卫星和使用者终端进行统筹规划与总体设计，使系统的建设费用、运营成本和应用能力达到最优。实现天地一体化，应充分利用天地一体卫星技术，构建综合信息共享平台，平台通过北斗导航定位和卫星通信等技术获取高分辨率遥感数据，促进政府部门间的信息共享，为城市管理的专业机构提供通用基础服务，为城市管理综合决策部门提供应用。

城市综合信息共享平台通过卫星、无人机等技术手段获取多时相、不同分辨率的遥感影像，然后与城市基础矢量数据相融合，为政府各部门提供数据接口。对于地理信息运用能力比较强的部门，比如国土、测绘、规划等部门，工作中经常进行数据的获取处理；对于地理信息运用能力相对薄弱的部门，比如社保、计生等部门，遥感数据作为工作底图在项目中发挥的作用日益凸显。更重要的是，通过接入信息共享平台，政府各部门数据互联互通，改变了传统获取数据的方式，提高了工作效率。

政府应从天地一体产业化发展的角度出发，以城市综合信息共享平台为辐射点，辐射到规划管理、应急服务和民生服务等应用领域，城市各部门通过接入平台统一标准接口，为数据资源整合、技术结合及业务应用搭起桥梁，及时获取应用卫星影像、平面矢量等数据，进而实现遥感影像等空间信息资源的融合和共享，满足现代城市管理的智能化、移动化、可视化、协同化、集约化需求，实现城市地理信息的一站式服务（罗瑾等，2015）。

（三）智能检索，提高效率

应在决策信息资源库的基础上，通过大数据技术进行智能检索，对政府内网中的网页、文件、数据等信息资源进行智能发现、索引、缓存、分析，统一组织并建立全局的索引库，按照管理者指定的关键词、时间、空间、主题、文号等查询条件进行高效的跨库、跨平台、跨系统、跨网站检索，并将检索结果准确、全面、直观地展现给管理者，解决在传统独立检索环境下管理者需进行重复检索、检索效率较低等问题，使管理者更加便捷地获取所需信息（刘纪平，2016）。

（四）综合集成，辅助决策

应通过对海量数据进行分析、挖掘，并综合运用战略规划、经济分析、趋势预测、监测预警、绩效评估等决策分析模型，在做好与专家经验、学科资料等知识资源深度对接的基础上，开展经济运行分析、重大项目全生命周期管理监控、政府绩效评估、工业产业链分析预测决策、生态环境监管与治理、人口流动预测和分析、重大疾病预测、安全生产风险预警等一系列决策分析和预测预警，实现以数据辅助决策，在公共服务、社会治理、经济调节、政策制定、资源分配等公共服务过程中为政府部门提供精准的科学决策依据,提高政府科学决策水平。例如,政府财政部门,根据实际需求利用云计算、大数据技术等信息化技术整合各个部门的数据,并对数据进行分析,依据分析结果做出的决策可以更准确、更高效,更重要的是,财政部门可以依据数据推动财政创新,使财政工作更有效率、更加开放、更加透明;智慧政府门户的核心是感知与响应,对海量网民访问数据进行深度挖掘和多维分析,可使政府网上公共服务供给更加准确、便捷,更加贴近公众需求,同时,基于实时数据分析,可改变以往的事后响应方式,实时感知群众需求,做到事前准确预测和事中及时响应。

（五）数据可视化,全局视角

应通过数据可视化提供个性化、全角度的信息视图,为领导决策提供全面、及时、有效的信息支撑,满足领导日常办公与应急决策的需要。数据可视化系统将不同平台系统数据、不同业务部门数据、不同类型数据融会贯通,综合汇集于系统之上,以全方位掌控城市综合态势。通过对数据进行统计分析,将数据按主题、成体系地加以呈现,展示在不同维度下呈现的数据背后的规律,可帮助管理者从不同角度观察、分析数据,聚焦趋势规律。通过丰富的交互查询手段,按照时间、空间、属性等不同维度对城市运行态势进行全方位呈现,可为管理者提供丰富的呈现形式和交互功能。例如,全面描绘城市经济发展现状,以仪表盘方式全面、多维、形象、直观展示政府在宏观经济、产业发展、投资贸易领域取得的成效,反映经济调控和政策措施的效果,对经济发展走势进行预测预警,可为领导者提供一个全局的视角,辅助领导者做决策。

二、统筹全局的规划管理

多规合一是指推动经济社会发展规划、城乡规划、土地利用规划、生态环境保护规划高度衔接统一,落实到一个共同的空间规划平台上,实现一个市县一本规划、一张蓝图，解决现有各类规划自成体系、内容冲突、缺乏衔接等问题。按照"一张蓝图、一套标准、一个系统、一套制度"的目标，通过空间规划信息管理平台，实现各级各类空间性规划在统一数据标准、统一技术规范、统一坐标体系基础下，检测规划差异，辅助消除规划矛盾，最终形成动态更新的"一张图"。通过运用各类信息化资源，利用大数据、云计算等技术，挖掘数据价值，为规划编制提供辅助支持，为规划实施提供监测评估，为政府决策提供科学依据（中地数码集团，2017）。

（一）整合数据，互联互通

以往各级政府多个部门的规划存储于各自的私有服务器中，很难进行数据共享和互联互通，现在以大数据中心的解决方式，建立海量、多源、异构、动态的综合数据库，使用多规数据管理平台将各类规划数据进行统一科学管理，将数据服务全方位应用于规划管理的各环节，可实现规划数据的便捷、规范、科学管理，并以数据与图表共同呈现的方式进行统计分析、综合利用，可提升规划资料综合利用能力。

（二）智能编制，解决冲突

多规智能编制可以辅助规划编制，通过设置一系列、多样化、可自定义的冲突检测规则和协调策略，来解决各类规划冲突；同时，通过大数据、云计算等技术辅助规划的编制和决策，可为冲突检测、协调推演提供强大支撑，减少编制过程中的冲突差异，提高规划决策效率，最终实现规划编制的科学性、合理性、规范性，达到规划决策的智能化。

多规智能编制系统可为领导提供可视化界面管理，能够直观展示图斑冲突情况、协调前后规划情况；领导可通过智能化工具进行数据编辑，直接在系统中完成各类规划图的基础编制；同时，系统根据各类规划编制工作的具体需要，为新编规划提供数据底板，可确保新编规划能够与已有规划相衔接，加快规划编制前期资料收集和调研的速度，减少编制过程中产生的差异。

（三）项目管理，全流程管控

规划编制项目管理改变传统的纸质化文档、文件式管理模式，录入规划编制项目各环节信息的资料，形成智能化管理的档案库，可实现项目信息的高效采集、及时传递和实时共享。规划编制项目管理从规划编制任务的拟定开始进行项目的追踪，实时跟踪各项目的进度计划、资金使用、人员投入等情况，可实现规划编制项目全流程管控，进一步提高规划编制实施的规范性和科学性。

（四）合规审查，辅助实施

面向多规涉及的各委办局项目审查人员进行基于各类规划的合规性审查，确定该项目涉的各类规划情况，对其是否符合各类规划要求按串列式场景操作进行逐条检查，生成"项目体检报告"；当建设项目不符合"三区三线"的管控条件，突破国土开发强度，甚至触及保护红线时，进行自动预警，使管理者及时发现管控违规的情况，辅助规划实施决策，保障项目落地前的科学性、合规性。

（五）市县管理，全方位服务

市县规划管理系统通过与多规数据管理平台无缝集成，可全方位服务于规划编制、审批实施和批后监管各项环节，提供建设项目全生命周期的管理。市县规划管理提供贯穿规划业务全过程的应用支持，可在计算机网络支持下实现便捷的规划项目管理工作的动态高效流转，为市县城乡规划管理工作的高效化、规范化办理提供有力支持，切实提高整体工作效率。

（六）综合服务，决策智囊

多规综合服务平台通过与多规数据管理平台、规划编制项目管理系统和市县规划管理系统的无缝集成，为各级规划部门的管理和决策者，提供空间信息共享服务和空间辅助分析功能。通过"一张图""一本账"方式的多元展现，对数据中心内各类规划数据进行自定查询、分屏调阅、综合分析，使用户能够快速便捷地查阅、统计和分析各类规划。实现"一张蓝图"贯穿全程，构建高效协同的规划体系。除传统 PC 端应用外，还能在移动端和大屏幕上展现与使用。

"一张图"管控全域全局全要素，提供集成相关规划数据的"一张图"，对规划全域内的全部空间要素进行管理、查询、分析，每一个地块、每一个项目都触手可及，从全局把握城市建设情况；"一本账"分析各类各项各专题，提供展现各类专题信息的"一本账"，以多方式、多维度的图表展现规划编制情况、冲突分析成果、建设项目实施情况等统计分析结果，直观表达，为决策者出谋划策。

第二节 公共平台，"一站式"服务

李克强总理在《2016 年政府工作报告》中提出，要"大力推行'互联网+政务服务'，实现部门间数据共享，让居民和企业少跑腿、好办事、不添堵"。随着简政放权、放管结合、优化服务的力度持续加大和信息技术的不断发展，便民服务逐步从线下转到线上，实现智慧政务，极大方便了群众办事。智慧政务不只是简单地把办公平台搬到网上，而是通过添加互联网思维及共享理念，有机整合政府各职能部门的各种资源，实现数据资源的集中共享、互联互通，不断完善服务内容，进一步优化政务服务，让群众"少跑腿"，网上办事"少搜索""少点击"，为群众提供一站式、全天候、零距离的网上政务服务。

一、资源和数据的统筹共享

（一）资源融合，集约共享

传统电子政务缺少统一规划和标准，并且技术实现方法差别较大，政务活动只在部门内部进行，跨部门业务协同能力差、共享信息难度大，导致出现"信息孤岛""可扩展性差"等现象，不能满足电子政务发展的需求。另外，传统电子政务模式的目标是实现各业务系统的功能，由于分散购置、建设和管理，存在重复建设、资源浪费的问题，从而使资源整体使用效率很低。而智慧政务云改变了传统的电子政务模式，从传统的粗放式、离散化的建设模式转变为集约化、整体化的可持续发展模式。智慧政务云以云计算为基础技术框架，融合网络基础设施资源，形成一个IT资源共享池，按需部署新的计算和存储能力，可实现信息化基础设施的统一规划和建设。同时，云计算还可以通过部署个人私有云，使公民建立自己的个人信息云数据（身份、工作、家庭等生活信息），然后通过数据集成使个人私有云与政府各公共部门信息资源云进行融合，不仅实现政府各部门之间的信息共享，而且可增强政府与个人、企业以及社会的双向互动。

传统政务应用模式如图6-1所示。

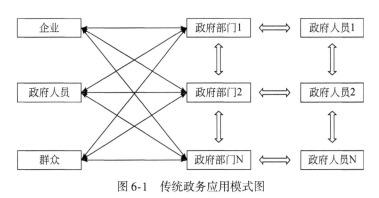

图6-1　传统政务应用模式图

智慧政务云服务应用模式如图6-2所示。

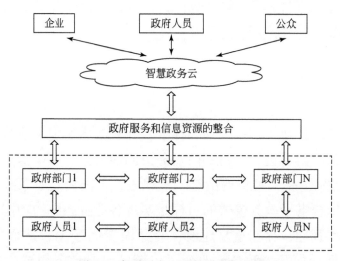

图 6-2 智慧政务云服务应用模式图

　　智慧政务云有很多优势，主要有 4 个方面：一是资源共享，智慧政务云使政府各部门共享信息化基础设施资源，解决了传统电子政务建设方案中信息化基础设施资源使用率低、系统重复建设等问题；二是创新模式，智慧政务云模式使政府机构把有限的信息资源应用到重要业务和关键流程中，改变了政府重资产管理轻服务管理的信息化工作模式，可打造服务型政府；三是降低成本，智慧政务云以云计算为基础架构，对云基础设施进行统一规划和管理，不仅可快速便捷地实施新项目，而且可降低项目部署成本，大大提高政府工作效率，更及时地响应群众需求；四是随需服务，在完善服务内容的过程中，智慧政务的需求不断变化，但智慧政务云使各信息系统拥有可扩展、可兼容和可伸缩特性，从而使信息系统能够满足和高效适应智慧政务的建设要求。

（二）数据交换，互联互通

　　政务数据种类繁多，包括基础数据库、行政审批库、政策法规库、政务信息公开库等，其中基础数据库包含人口、法人、自然资源、宏观经济等数据，而各级政府建立的数据库技术标准和规范不统一，导致出现"死库""局部数据"等现象。数据的存储和管理一体化是实现数据共享的基础，是政府综合效能发挥的关键所在。应建设政务服务数据共享交换平台，对政务海量的信息资源目录进行统一梳理、管理和应用，使人口、法人、自然资源、电子证照、社会信用等基础信息库和行政审批、政务公开等业务信息库实现融合，同时，按照统一、集约和高效的数据开发利用方法，建立多级交换管理体系，逐步推进省、市、县等各级数据共享交换平台的对接，实现政务信息资源跨部门、跨层级、跨区域互联互通和协同共享，以应用为抓手，满足政府部门多方位、多层次的政务应用数据需求，推动政务数据的开放共享和应用，不断提升智慧政府的现代化治理和社会运行效率。

二、"一窗一号一网"的便捷服务流程

（一）并联审批，"一窗办理"

在面向群众服务方面，群众办事"多头跑、重复跑、跨地跑"等现象普遍存在，给群众带来诸多不便。例如，企业想注册登记联合办证，要跑多个部门办理营业执照、组织机构代码、税务登记等手续，审批环节多，时间长。为节省群众或企业的精力和时间，让群众"少跑腿"，应积极推行集中高效审批改革，实行部门网上并联审批，优化项目审批服务流程，促进政府各部门审批业务协同共享，提高审批质量和效率。并联审批从全局角度把握窗口审批，改变了之前各审批部门或单位按顺序逐个审批的行政模式，对需要两个以上部门协同审批的事项，推行相关部门同步办理的审批模式，即由一个综合部门牵头组织协调相关责任部门同步审批办理，可做到"一窗受理、并联审批、统一收费、限时办结"。综合部门应设置一个综合性窗口，积极组织综合性窗口工作人员熟悉和掌握各部门审批流程，学习相关业务的各项法律、法规、规范性文件及有关规章制度，一次性收取住建、规划、消防、人防、气象等多个部门的审批材料，经电子化后扫描入网，根据要求对办件进行初审，提出基本的核准和备案意见，然后启动多部门并联审批，并在部门间建立批文资料信息共享数据

库，从而减少部门收取材料的次数和群众跑腿次数，缩短审批时间，实现"一窗办理"（张鸣，2017）。

（二）电子证照，"一号申请"

为优化群众办事流程，应全面梳理涉及群众办事的政务服务事项，依托统一的数据共享交换平台，通过制订电子证照技术标准规范，建设电子证照信息共享库，实现电子证照目录、数据采集及电子证照应用共享。电子证照信息共享库以公民身份号码或者法人统一社会信用代码作为唯一标识，使企业、个人及社会组织拥有属于自己的电子信用档案，其以政府部门、行政区域、证照类型、用户等基本信息作为分类依据，建设统一标志、方便检索的证照录入和查询系统，可实现相关政务服务事项的电子证件数据、有关证明信息等跨行业、跨部门、跨区域的互联互通，实现电子证件信息共享，为政府部门提供证照目录登记、审核、发布、实时检索和推送服务。电子证照信息共享库可与网上办事大厅中的审批流程相结合，通过公民身份证号码或者法人统一社会信用代码，直接查询所需的电子证照和相关信息，将民众办事的每个节点流程中提交的纸质材料替换成电子证照资料，解决社会公众办事过程中相关纸质证照材料重复提交问题，实现以"一号"为标识，为群众或企业"记录一生、管理一生、服务一生"的目标（陈涛和董艳哲，2016）。

（三）网上办事，"一网通办"

随着"互联网+政务服务"的深入开展，应将越来越多的政府管理和公共服务事项搬到网上，实现在线办理，推动不同层级、不同区域相同的政务服务事项共同办理，解除公众办理事项的空间和时间的制约，实现政务服务事项就近能办、同城通办、异地可办，让群众在任何地点、任何时间都能通过政府服务网络办理自己的事项，让企业和群众办事更方便、更快捷，进一步增强社会公众获得感。

　　为实现群众网上办事一次认证、多点互联、一网通办，应连通各个网上办事渠道，形成网上办事大厅、移动终端、自助查询终端等多平台相结合的便民服务"一张网"，实现网上办事多种渠道、一次认证、无缝切换，提高公共服务的质量和效率，实现"一网通办"。政务服务事项要做到全程网办，必须解决实名验证问题，保障个人和企业的信息安全，避免个人隐私数据泄露的安全风险。应通过构建统一身份认证系统，以公民身份证号码或法人及其他组织的统一社会信用代码作为唯一识别代码，推进政府部门各业务系统与互联网服务平台的协同共享，做到"单点注册登录、全网通行通办"。为让群众享受"一站式"服务，应以群众需求为中心，全面梳理公共教育、劳动就业、社会保障、公共医疗、住房保障、文化体育、扶贫脱贫等与群众日常生产生活密切相关的公共服务事项，不断完善公共服务内容，打造"一网式"主题服务。"一网式"主题服务以各个主题为引导，有机整合联办事项的申请资料，可实现前台一门受理，后台协同办理，为投资项目审批、公共资源交易、行政审批、社会服务等主题事项提供一门式服务入口；同时，应积极推动网上办事大厅延伸到基层，推进基层公共服务平台建设，将一网式政务服务延伸到村（居），实现线下办事业务与线上办事分厅的无缝衔接。随着移动技术的发展，应将网上办事大厅辐射到移动终端，使面向企业的工商、税务、质监等服务事项，以及面向公众的文化教育、公共医疗、婚姻登记、社会保障等服务事项实现移动办理；同时，群众可以通过微信、移动终端等随时随地查询审批状态、反馈意见，甚至直接获得最终审批结果，达到"足不出户、快捷办理"的高效状态（吕德铭和蔡天健，2017）。

第三节　综合治理，"一盘棋"联动

一、智慧监管，各部门协调指挥

　　对社会的监督管理不仅是国家治理体系的重要组成部分，同时也是互联网治理体系的重要载体和智慧城市建设的重要基础。在城市中，这与居民的生活息息相关，关系到居民的切身利益。而在广大的乡镇、农村地区，由于发展水平较低下，配套设施（如垃圾处理设施、污水处理设施、排水防涝设施等）不甚完善，其管理难度更大。怎样建立一套社会监督管理有效机制，提高城市和农村建设和管理水平，一直是钱学森智库在研究、探索的重要课题。

在传统的社会监管中，一个非常明显的缺陷是信息滞后，信息获取成本高、效率低，各部门沟通信息不通畅，造成监管工作被动，不能及时有效地解决发生的问题。随着社会的发展，监管分工也越来越细，各部门之间职责不清、职能交叉，部门之间协调合作的成本越来越高，造成工作混乱无序，"有的事无人管，有的事多头管"，各部门推诿扯皮时常发生。在监管方式上，过多依赖突击式检查和运动式整改，缺乏长效监管机制，缺乏先进的技术手段，缺乏有效的监督评估机制，使社会监管始终处于缺乏综合协调的尴尬境地。

为此，钱学森智库提出了"创新、协调、绿色、开放、共享"发展理念，随着国家治理体系和治理能力现代化的不断推进，随着网络强国战略、国家大数据战略、"互联网+"行动计划的实施和"数字中国"建设的不断发展，钱学森智库赋予了社会监管新的内涵和新的要求，推动了传统意义上的智慧城市向新型智慧城市演进。通过运用钱学森智库，可有效改善公共服务水平，提升管理能力，促进城市经济发展。通过体系规划、信息主导、改革创新，可推进新一代信息技术与城市现代化深度融合、迭代演进，实现社会协调发展的新生态。

在数字化城市监管指挥中心，使用现代计算机技术和通信技术搭建信息通道，用现代计算机技术和数据库技术结合开发信息系统，将信息集中化、可视化，协调各部门的人员、资源，服务于社会监督管理，实现了社会监管的信息化。整个信息系统集中处理社会各种事件，成为指挥中心，对各部门统一指挥。

各种数据是社会监管的基础，在钱学森智库打造的智慧城市中，数据来源于基础数据资源管理系统，在空间维度上，实现了对资源数据的管理、维护和扩展功能，并统一配置了资源的显示、查询、编辑和统计。智慧城市就是指以信息化手段和移动通信技术手段来处理、分析和管理整个城市的所有资源和事件信息，促进城市人流、物流、资金流、信息流、交通流的通畅与协调，促进各部门的信息共享。大至停车场、道路、避难场所，小至路灯、井盖、果皮箱、邮筒、电话亭等城市元素，都被纳入智慧城市基础数据资源管理的范畴。每项资源、每件公物都有自己唯一的 ID 标识，如果道路上的井盖损坏，路口的路灯不亮，在 GIS 帮助下，经过 GPS 的追踪，相关部门会在第一时间定位，随之解决问题。与此配套的是在线更新功能，其依照资源编码规范，提供管理工具用于资源发生变化时的快速更新和维护。数据源自无线采集功能，其通过无线数据采集设备采集、报送问题信息，接收数据中心分配的核实、核查任务。工作人员通过全方位手段进行专项普查，借助无线采集器、数据采集软件工具等实现资源数据的快速采集。每一个资源都包含着地理编码信息，可实现地址描述、查询、匹配等功能。

各部门之间的数据交换，是通过数据交换系统实现的。智慧城市的各部门数据交换应建立统一的标准，建设统一规范的市县两级交换标准规范，使得市级的数据平台不仅包含自身数据，还可以实时获得县级平台的数据。数据包括城市的问题信息、多媒体信息、业务办理信息等全面的管理信息。例如，城市视频资源，结合位置信息，可在市级平台实现城市管理全天候、全时段的动态追踪；结合视频监控设备，可对各建筑工地现场进行动态监测，建筑工地的信息也可同步至市级平台，从而实现数字化管理；通过 GPS 技术，可实现城管车辆、环卫车辆、运渣车辆的信息统一汇总。通过数据交换，综合各种城市资源的分布情况，可实现高效的指挥调度。

社会监管的业务起点是受理中心，各种事件汇聚到受理中心的接线员处开始处理。城市管理工作人员在统一规定的各自单元网格内巡视，发现管理问题后，通过无线智能终端采集问题信息，包括位置、图片、表单、录音等，并通过无线网络上报信息；同时，社会公众也可举报管理问题，或者通知该区域的城市管理工作人员。受理中心接收城市管理工作人员或社会公众上报的问题后，通过信息传递服务将报送的问题信息传递到接线员的工作平台。处置中心对接线员汇总的各类问题消息立案、审核和反馈，将问题信息及时准确地受理并传递到指挥中心。

协同办公系统，提供给处置中心、指挥中心、各级领导及各个专业部门使用。系统基于工作流，提供面向GIS的协同管理、指挥协调、工作处理、督察督办、总结反馈等方面的应用，以图、文、表的形式，实现了对城市的一体化管理。指挥中心接收处置中心批转的案卷，派遣至相关专业部门处理。通过指挥中心的大屏幕，各级指挥员、领导能够直观地一览相关地图信息、案卷处置信息和详细信息等全局情况，还可查询显示每个社区、管理工作人员、城市资源等个体的实时情况，从全局上对城市管理进行总体把握。当领导不在指挥中心时，领导可以通过专为领导研发的移动办公工具，随时随地查阅城市管理的宏观实时状态，处理城市管理中的紧急案卷。

相关专业部门按照指挥中心的指令处理事件。其使用专为专业部门研发的城市管理移动执法系统。该系统实现了图文一体化，可以通过无线通信网进行联网办公。指挥中心使用与协同办公系统紧密结合的业务短信系统，通过业务短信功能，提醒、催办专业部门尽快处理事件案卷。相关专业部门将完成的处理结果信息反馈到指挥中心，指挥中心再将反馈结果汇总审核，批转到处置中心。处置中心通知相应区域的城市管理工作人员到现场核查问题的处理情况，城市管理工作人员再通过无线终端上报核查结果。当上报的处理核查信息与指挥中心批转的问题处理信息一致时，处置中心进行结案处理。

在事件处理结束后的总结阶段，可通过数据挖掘系统，挖掘运行产生的数据，从城市管理的不同角度，提供包含图表的统计数据分析、事件类型信息、趋势信息，为决策提供全面直观的信息依据。通过一整套科学完善的考评体系，可对城市管理的各方面进行考核评价，督办城市管理中发生的具体问题，提高监督管理水平和执法质量。

公众信息系统，是城市管理者和公众之间的信息桥梁。该系统实时向公众发布城市管理相关信息、主要问题的处理状态及结果反馈信息。通过

12345市民服务热线、政府网站、微信公众号、政府微博等，可集中受理群众诉求。公众可在系统中在线投票打分，统计和分析投票打分信息所得的结果数据，在综合评价中也占有一定的权重。

　　智慧城市的整个大系统，应采用统一的应用维护、配置和管理，采用工具化思想，灵活配置组织机构、工作流、输入输出表格、GIS、资源信息、业务规则、查询统计等城市管理相关信息。

　　钱学森智库，站在技术的前沿，站在技术的核心，在上面的场景中，处处体现出核心前沿技术。基于 MIS、GIS、OA 一体化技术建立政府职能部门间的协同工作环境，数据信息各方共享，是"智慧城市云"，可给各级领导、城市处置中心、指挥中心、专业部门提供协同工作。全面的海量基础数据，汇聚在城市的数据中心。同时，基于 GIS 应用，整合包括地形图、正射影像图在内的地理信息数据，又具有空间数据综合分析评价功能。提供强大的结构化数据与非结构化数据的查询统计和数据分析功能，可为决策提供可靠依据。利用 GIS 和地理编码技术，可实现基于网格地图的精细化城市管理，实现城市管理对象在管理区域中的精确定位。利用无线通信技术、定位技术和嵌入式地理信息系统技术，可完成先进的信息实时传递，实现数字化城市的移动业务管理和数据管理。

二、智慧统筹，协调社会资源

　　随着城市功能日益复杂，其面临的风险也在日益增加，各类突发事件对社会造成了极大的损失，而损失程度通常与城市的应急策略是否合理紧密相关。传统的城市应急管理，由于社会发展水平的限制，存在着信息阻塞，部门、人员组织协调不到位等诸多问题，导致救援不及时、不合理，使人民生命财产蒙受不必要的损失。钱学森智库打造的智慧城市，以充分收集整合的城市基础数据为基础，借助 GIS 技术、多媒体流、移动通信技术等，提供检索、定位、追踪等基础功能，辅助科学决策和统筹指挥事故应急工作，使城市各个部门系统互联互通，及时有效地进行应急救援，从而保证城市经济快速发展，提升政府形象，保障和谐社会建设。

在灾难事故发生后，提高突发事件的应对速度是一个关键的环节。总接警管理采用固定总台号码，记录下事件信息，并快速提交到应急响应中心。总接警管理提供接受上报事件功能，便于接受城市其他管理部门上报的重大事故预警信息。在应急指挥尚未形成时，应急响应中心起到临时指挥作用，使灾难事故发生后可在第一时间得到处理，赢得救援时间。应急响应中心从预案库中调出参考预案，并且参考历史案例，据此确定应急预案和人员组织、物资资源需求等，迅速启动应急过程，启动应急指挥中心的工作流程。

指挥中心在大屏幕快速定位事故地点，可以迅速查询到事故周边范围的人员分布，救援队伍的组织情况，并显示救援队伍负责人的姓名、地址、联系方式，便于指挥中心及时联系，尽快完成救援人员部署工作。应急资源展示功能可在大屏幕上直观展现区域内各项应急物资、应急车辆数量、分布和调度情况，辅助指挥中心做出救援决策。按照应急预案的响应程序，可根据优先模块判断出应急队伍与设施的调动顺序，再自动形成专业处置预案，将事件分派给不同部门处理，指挥协调救援行动、调度应急物资，避免事故恶化。同时救援路径分析模块，根据记录的交通信息分析找出一条或者若干条到达事故地点的最佳路径，并显示在大屏幕和手持移动端上。实时记录调度过程和信息供领导实施指挥调度时查阅参考。同时，可联系交通协管部门提前做好道路疏通工作，以保证救援人员第一时间赶到现场。

智慧城市拟建成的覆盖全市范围的视频监控系统，可对城市主干道路口、事故多发地段、大型企业厂区等进行实时监控并存储图像资料，供统一调度、播放。在指挥中心，各监控器将信息和图像传递到大屏幕投影机，通过投影拼接在大屏幕显示出来，各部门可以查阅视频，追踪事故处理进展情况。系统可基于相应模型对特定的事故（如特大火灾、爆炸、危险化学品泄漏等）模拟计算事态发展和后果，估算出事件影响的范围、方式、持续时间和危害程度等，判断出其影响趋势和范围，以便及时疏散群众，保障公众生命财产安全。大屏幕为指挥中心的应急指挥提供直观、全面的信息，展示现场信息。应急调度人员参考专家建议，综合决策得出最终的解决方案。

现场抢险救灾过程中，救援人员以及车辆上配备智能终端设备，可进行 GPS 导航和全程追踪，与指挥中心保持密切联系，及时向指挥中心报告事故处理情况和现场信息。智能终端设备预先装有城市交通图和应急信息，为救援人员提供导航，也可提供地图浏览、定位、查询事故发生地周围设施信息等服务。同时还便于救援人员传送事故现场图片、语音视频信息。

可协调将临近地市的综合应急指挥平台纳入统一的管理中，形成更大范围的集成平台，以便在应对特大事故灾难时，从临近城市调运救援物资和救援人员，提高各城市的重大事故应对能力。

预报预警功能可实现突发公共事件的早期预警，面对突发事件，把事件信息、现场监测信息、专家意见等汇总，预测可能发生的次生、衍生事件，发生衍生事件时，及时向总接警管理上报。

钱学森智库打造的智慧城市综合应急平台实现了应急人员、资源的统一调度管理，与传统的应急方法相比，显著提高了各政府职能部门的统一协调能力，保证了救援工作按照科学的应急预案有条不紊地快速进行，可为灾难事故的救助工作赢得宝贵时间，最大限度地减少人员财产损失。

三、智慧安全，共同提高社会公共安全

公共安全是公众的基本需求，包括社会公共安全、公共卫生安全、食品安全、生产安全、消防安全等几个方面。钱学森智库打造的智慧城市建设以公众需求为导向，在推进智慧城市与智慧社区建设的过程中，从城市与社区公共安全角度出发，充分利用互联网、大数据、云计算等创新技术，全面、精确、实时地掌握各类风险动态，提前预防、控制可能发生的公共安全事件；在公共安全事件发生后，能够做到各政府部门信息共享与协调联动，实现人与技术的充分融合，使城市管理更智慧、更高效、更安全。

与公共安全有着直接联系的是报警系统。

定点自动报警系统，主要是指在重点监控单位（金融、政府机关等）、厂矿企业、办公写字楼以及家庭等安装的自动报警系统。

移动目标报警系统，主要是指对营运机动车辆的 GPS 定位，金融机构运钞车等为反劫持、防盗抢等，在车辆上安装的自动或人工报警监控系统。

警用紧急报警指挥调度系统，指以 110 匪警报警系统、119 火警报警系统、122 交通事故报警系统为报警指挥调度的核心，以 GIS 为统一空间地理信息显示平台，完整的、成体系的城市公共安全报警指挥调度系统。

以上 3 个报警系统基本上覆盖了城市与广大市民生活息息相关的各类安全问题。这 3 个系统是有机统一的整体，以警用紧急报警指挥调度系统为最终统一的接警、调警平台，所有报警系统接收到的报警信息，经证实后都会发送到警用紧急报警指挥调度系统的接警模块，由警用紧急报警指挥调度系统进行统一的调警、处警工作。

各接警系统以 GIS 为公共的空间位置显示平台，GIS 信息需要显示在大屏幕上；在接警指挥处理过程中，需要调用实时视频，各种视频信号（计算机 RGB 信号、网络 RGB 信号、模拟视频信号等）也需要显示在大屏幕上。大屏幕系统，将各类信息以高亮度、高清晰度、大屏幕的方式显示出来，重点突出，主次分明，可同时为多人提供信息，便于实时掌握信息。一般采取多屏拼接方式，系统由信号源、切换矩阵、信号处理器、控制系统、视频墙等组成，将各路监控计算机的信息显示在大屏幕上，也可调用历史视频。

警用指挥调度系统要求接警准确、处警迅速、科学调度。以程控交换技术、数字语音技术、网络技术为基础，提供了广泛的接口，可实现与定点图像报警监控、远程智能报警、GPS/GSM 反劫防盗系统、GIS、大屏幕等的无缝集成。各级警用指挥调度系统是警用平台的一个节点，各系统的局域网可通过各种接入方式（如 VPN、公安专网等）与下属各公安分局、派出所的警用指挥调度系统联网，组成了一个统一的指挥调度系统，不仅适合大中城市公安局使用，也可在省一级平台进行集成。

　　公共安全的另一块重要内容是食品安全。食品安全直接关系到广大人民群众的身体健康和生命安全，关系到经济发展和社会稳定，对国计民生有着重要影响。近年来，食品安全问题，如苏丹红、地沟油、假牛肉事件，尤其是三聚氰胺事件，对我国的食品安全造成了极为恶劣的影响，使广大消费者至今仍心有余悸，对我国的食品经济造成了无可挽回的损失。

　　因此，必须严厉打击破坏食品安全、危害人民健康的行为。除了加强食品安全宣传教育，提高全民食品安全知识水平和自我保护能力，营造全社会共同关注、共同参与食品安全的良好氛围之外，钱学森智库打造的智慧城市，高度重视人民群众的切身安全，运用系统工程思想，对保障食品安全提出了合理有效的措施。保障食品安全是一项复杂的系统工程，从生产、运输到消费，从农田或养殖场到餐桌，一种食物要经历多重环节，任何一个环节出现问题，食品安全就无法保障，每个环节都不能忽视；从政府到企业，再到消费者，人人都要参与。

　　在当今高科技时代，保障食品安全的一个重要措施就是食品安全溯源体系。食品安全溯源体系一般由政府推动主导建立，对农牧业、水产业等第一产业生产的消费品实现全程的质量监控。食品安全溯源体系能够为食品安全监管部门提供统一的全环节产品质量监督管理，对食品安全问题，可以及时发现、追查、控制，解决了食品销售范围分散的难点。可以在很大程度上减少产品质量问题和食品安全问题的产生。

　　食品安全溯源体系的建立，依赖于物联网信息技术的发展。可通过开发出专用于食品溯源的各类硬件设备产品，将市场的各方，包括农产品生产基地、食品加工企业、食品流通企业、食品零售企业和食品消费者，进行联网并且互动。全环节的海量信息，存储、转换到云服务器上，大量的异构信息被融合、转换，使信息的内容和形式一致，数据标准化。可建立追溯平台，通过记录标识的方法，记录供应链下游至上游每一批产品，甚至每一个产品实体的来源、用途和位置；建立跟踪平台，记录产品从生产到零售的流通全过程，跟随每一批产品的运行路径。一旦消费者发现食品质量问题，或者中间任何一个环节发现问题，可以通过食品标签上的溯源码进行联网查询。该食品的生产企业、产地等全部生产流通信息一目了然，监管部门据此追查事故原因，明确事故方的相应法律责任。食品安全溯源体系将整个社会联系起来，实现食品的全生命周期监控和管理，保障食品从生产直到餐桌上都是安全的，让人民群众吃得安心、吃得放心，使社会和谐发展。

第四节　应急处置，"一张图"指挥

应急处置是指政府使用应急系统，协调指挥各相关部门，对城市突发应急事件进行处置以及向社会大众提供紧急救助服务。应急处置的工作原则是统一领导、统一指挥、整体作战、各司其职、协调共享、保障安全。应急指挥系统，就是遵循应急处置的原则，为城市的建设发展、公民的幸福安康构建一张"安全网"，完善各级政府在面对如自然灾害、事故灾害、公共卫生事件等突发公共紧急灾害时的应急处理机制。通过对现有应急处理机制的综合，以及整合现有的报警、指挥系统，可建立统一的综合应急处置平台，形成一个跨省市、跨地区、跨部门的统一指挥系统，及时反应、统一指挥、快速调度、综合应急、联合行动，真正实现各部门联动、各区域支援，有效应对突发灾害、突发事件，切实保障人民群众的生命安全与财富利益。

一、应急处置的基础储备

（一）应急预案，为应急方案提供参考

应急预案为应急指挥提供一套可供参考的应急处置方案。当突发事件发生时，应急指挥人员通过参考应急预案，结合实际发生的事件特点，对应急预案加以修改完善，快速形成突发事件的处置方案。应急预案是指挥人员通过长时间的经验累积，形成的一个整体方案，包括针对各种可能发生的事故类型的应急方案、针对不同情况下突发事故的现场处置方案、针

对不同危险源的预防方案，并明确事故前期、中期、后期各个阶段指挥人员及相关部门人员的职责。应急预案在重大事故灾害中，保证了应急救援行动的有效快速开展，尽可能减少了由于决策延迟或失误导致的人员伤亡、环境破坏和财产损失等。应急预案和现场处置方案的不断累积、完善，是智慧城市应急处置系统完善的强有力的支撑，通过不断地完善，可以更积极地预防城市突发公共事件，快速有效地处理突发事件

（二）应急知识，为应急处理提供支持

在应急事件发生时，应急处理人员是否懂得必要的应急处理知识，将会极大程度地影响突发事件的发展趋势以及直接关系到能否最大限度地减少或避免事件的影响及其所造成的人员伤亡、财产损失。因此，专家意见、文献资料、法律法规，应急设备的存放位置、使用方法、基本原理，化学危险品的理化性质、处置方法，各种事故灾害的发生机理、发展趋势、防护常识、处理方法等应备好，提高人员的应急处置能力，使应急处理人员能够在需要的时候得到相应的相关知识，帮助其合理、快速地做出决定。

二、应急处置的数据支撑

（一）智能感知，为应急监管提供依据

运用视觉采集和识别、各类传感器、无线定位系统、RFID、条码识别、市局标签等顶尖技术对城市要素进行智能感知、自动数据采集，涵盖城市人口、车辆、设施、资源、能源、环境、经济、民生等方方面面；将采集的数据可视化和规范化，让管理者从视觉上能清晰明了，并能用统一规整的语言进行统计、交流和存储。通过建立不同灾情的智能检测预警系统，对监控区域内的异常情况进行实时监控，并能准确识别不同灾情的发生，准确而精准地定位，形成一个以技术防御为主、人力防御与技术防御

相结合的全方位防控体系（梁伶俐，2012）。

（二）资源整合，为应急服务提供支持

建立跨不同部门、不同平台的异构集成，实现互联互通。由于应急处置系统涉及各级政府，以及各级政府管辖的不同部门的数据和应用，很多部门已建立自己的业务体系或应急系统，因此不同部门的数据与应用互相独立、标准不一。为了给应急处置系统提供支持，需将这些数据和应用整合成一个统一的服务体系，以改善各部门之间互联互通的工作效率。

（三）协调共享，为应急调配提供保障

应急处置系统以公安指挥系统为主导，以110报警系统、122报警系统、119报警系统为核心，全面带动城市医疗卫生、产业生产、道路交通、绿化防灾等其他部门的应急处置系统，在日常工作中相互衔接，在应急处置过程中协同配合。

指挥系统资源平台覆盖基本的地理环境数据、医院医疗机构分布数据、消防公安分布数据、企事业单位分布数据、大型化学生产等危险源数据、交通部门数据，集成跨省级综合应急指挥平台的处置功能，能够对重大事故灾难、自然灾害以及突发社会安全、公共卫生等不同类型的应急事件进行应急响应和处理，有效地协调调配各种应急资源，应对各种情况的突发事件。

三、应急处置的全局指挥

（一）决策指挥，为应急执行提供保障

应急处置指挥系统，支持不同类型的业务服务部门相互协调配合，帮

助应急指挥人员根据突发事件的类型、规模等相关要素协调不同的部门对突发事件进行处理，同时实现调配命令以及事件指挥命令迅速畅通、传递及时、准确无误，并且能够实时观察各部门的工作状态，以及现场信息反馈等。

（二）现场指挥，为应急掌控提供支持

现场移动指挥中心，是非常实际且实用的功能，也是指挥体系的关键一环，通过对现场的声像实况进行采集与传输，保障指挥中心对事发现场的监控指挥，能有效地延伸城市应急指挥系统的通信能力、监控能力、反应能力，支持领导者实现高效、快速指挥决策，保障领导者随时获取第一手现场信息（图像、数据、语音），实时全程指挥，及时下达命令，协调调度各应急救援单位进行救援任务（刘碧波，2010）。

第七章　智业

智慧产业是智慧城市的重要应用内涵之一。智慧产业是指数字化、网络化、信息化、智能化程度较高的产业，是智力密集型产业、技术密集型产业。与传统产业相比，智慧产业更强调智能化，包括研发设计的智能化、生产制造的智能化、经营管理的智能化、市场营销的智能化（范渊，2016）。

智慧城市应统筹规划、集中资源、营造环境、加强服务，打造一种涵盖"技术攻关、工程实施、市场竞争和产业发展"全链条的智能产业生态链，通过技术聚集铸智慧创新链、工程聚焦铸智慧生产链、管理聚能铸智慧运营链、产业聚集铸智慧价值链，实现智慧产业创新发展，支撑推动转型升级，为经济发展提供创新动力。

第一节　技术聚集，铸智慧创新链

技术的集聚和深度应用对重塑产业生态链的影响力显著提升。当前国家经济发展新常态和改革创新形势下，要实现产业快速增长，必须以军民融合为途径，加快推动产业结构调整和经济发展方式转变。推动军民技术双向转移转化，带动军民产业良性互动和融合聚集，引发企业战略调整和转型，实现产业向规模化、市场化和智慧化创新发展。

一、集中的技术资源

（一）技术资源数据中心，集聚军民顶尖技术

军民两用技术资源流向不明，查找困难，技术共享不方便，无法重用，安全保密性差，难以实现军民两用技术资源的有效运转。应建立一套军民两用技术资源数据中心，围绕产品研发、制造、生产服务、装备研制、两化融合等领域，吸纳集聚航天、国防及各类高新技术、专利成果，形成技术资源数据库，提供数据查询、浏览、下载等服务，实现军民两用高新技术资源的共享和互通。

（二）技术动态发布中心，追踪行业最新前沿

应建立技术动态发布中心，定期发布航天（国防）科技成果数据库技术成果、国防（航天）知识产权专利库中的专业技术成果和行业动态，多渠道采集信息，面向企业和科研单位提供关键技术领域的最新进展，提供面向行业和技术点的快速检索与更新维护服务，追踪最新发展态势和前沿技术应用方向。

（三）关键核心技术牵引，促进产业融合创新

国防高端技术的民用化可以有效培育高端的技术链条，民参军可以有效提升中小企业的整体技术水平，充分发挥核心技术资源的牵引作用，带动军民两领域技术向生产力的转化，促进科研生产、设备设施建设、核心产品国产化与自主可控等领域的技术交流与应用，提高研制水平，降低研制生产成本，促进产业融合创新。

二、开放的转移转化

（一）双向转移转化系统，带动军民科技协调发展

我国一直存在科技成果向现实生产力转化不力、不顺、不畅的痼疾，应建立和完善军民技术成果双向转移转化机制，构建技术双向转移转化系统，汇聚军民双方的技术需求数据和技术成果数据，吸引众多的技术专家、科技人员、民间高手进行线上技术转移对接，促进军民两用技术领域产学研用紧密融合。通过线上注册，企业可以提交产业发展中遇到的各类技术问题，也可发布技术成果信息，寻求企业的技术合作；技术提供单位或者技术专家可以方便地检索技术需求信息，建立合作意向。在提供企业信息、技术需求和技术成果发布与检索服务的同时，还应提供在线服务功能，便于有合作意向的双方在线建立合作关系。

（二）军民融合促进中心，激发区域产业创新活力

应通过政府主导、实体机构运作的方式，建立军民融合促进中心，搭建军民融合技术转移转化系统，对接区域产业特色和企业需求，鼓励军工集团与地方开展跨学科、跨领域的开放性合作，实现军民技术双向转移转化。借助军民融合促进中心，带动国防技术与地方经济深度融合，培育形成军民融合项目的产业化基地，支撑政府开展军民融合管理的公共服务，形成军民互补、开放融合的发展格局，激发区域产业创新活力。

三、精准的对接孵化

（一）孵化服务平台，精准对接产业应用

产业化孵化服务平台应选择军民两用、通用性好、成熟度高、商业转

化价值高的技术成果，针对军工企业在卫星应用、特种装备、节能环保、先进材料及应用等领域的优势项目和民营高新企业的科技创新成果，开展二次开发、转化应用等前期孵化和产业化培育。结合不同企业发展特色和技术需求针对性地进行二次孵化和落地，实现精准的对接孵化。孵化平台为孵化项目提供相应场地、资源和资金支持，通过市场化运作促进孵化项目的商业推广和产业应用。

（二）专家咨询服务，提供特色解决方案

建立军民融合、技术转移转化、产业化孵化对接方面的专家顾问团队，对在线企业的关键核心技术问题和孵化项目技术需求提供高层次专业化咨询。根据企业现状、发展特色和需求类型，提供符合实际情况的特色解决方案，提高咨询的准确性和针对性。

第二节　智能制造，铸智慧生产链

经济竞争格局正在发生深刻变化，智慧产业急需提高智能化，包括研发设计的智能化、生产制造的智能化。智能制造是引领制造业智能化发展的一个重要的突破和方向，其将新一代信息技术与工业发展相融合，推动制造业的智能化，铸造高端、集成的智慧生产价值链。智慧企业是智能制造工程实施的重要抓手和突破口，其处于价值链的关键节点，以信息为基础、以知识为载体、以创新为特征，能充分、敏捷、高效地整合和运用内外部资源，通过大力推进研发设计数字化、生产制造智能化和经营管理智慧化，实现有效风险管理和可持续发展。

为铸造智慧生产链，应围绕企业关键产品研制过程对提升设计、生产与管理智能化的需求，从综合研发智能化、生产制造智能化、综合管控智能化、制造服务智能化等方面入手，以现有支撑条件为基础，建设智慧企业，形成数字化、网络化、智能化的生产制造能力，促进企业创新发展，

全面提升产品个性化研制、快速敏捷供应、精益制造与高质量生产的能力。

一、精益化的创新研发

（一）智能设计系统，优化设计模式

通过基于模型的系统工程（MBSE）和知识驱动的设计系统解决方案，为产品研制提供一个模型驱动的系统工作环境，从需求阶段开始，通过模型不断演化、迭代实现产品全流程智能设计，建立模型和知识驱动的总体设计模式，构建智能设计系统，实现多学科协同研发。将设计过程基础知识、设计规范、标准、动态知识整合成统一的设计模板，嵌入设计过程，实现基于知识的集成优化设计，形成"知识关联流程，流程驱动研制，业务产生知识"的良好知识生态环境，全面支撑产品创新研制。

（二）知识服务平台，实现知识共享

采集和整合国内外相关知识资源，建立全面的、体系化的产品知识工程，应用语义分析技术和知识管理构建其知识体系和共享机制，通过大数据分析和深度智能分析搜索技术，面向产品研制的全生命周期，主动向各级人员提供实时的知识服务，让工作人员能够更高效地在各业务系统、工具软件中方便快捷地应用知识，提高知识重用程度，提高工作人员的业务水平，从而提高产品研制质量、缩短研制周期。

（三）综合验证平台，优化设计结果

建立形成完善准确的产品结构、流场、动力学等多领域专业仿真模型体系，打通产品各个专业仿真之间的数据耦合关系，形成统一产品多学科耦合仿真验证平台，实现产品系统级的仿真及直观的仿真结果后处理。同时，依据已有的产品设计知识和经验以及相关试验数据对仿真模型进行验证与修正，优化和提升仿真模型精度。

（四）性能分析平台，提升设计效益

目前，产品的使用安全性、可靠性、贮存性、环境适应性等问题，只能借助试验进行试后评估，缺乏评估规范体系，评估结果难以用于指导设计。应建立大数据自动采集和应用系统，对产品生产、试验和使用过程中的各项测试数据进行自动化收集、智能化分析比对、智能化应用。建立性能分析模型，采集和获得各类参数，借助仿真手段，建立产品的技术指标、安全性、可靠性、环境适应性等评估系统，在全研制生产周期中及时评估产品各项性能，减少试验时间和成本。

（五）大规模定制设计，满足个性化需求

把产品的定制生产问题全部或者部分转化为批量生产，以大规模生产的成本和速度，为单个客户或小批量多品种市场定制任意数量的产品，形成准确获取顾客需求的能力、敏捷的产品开发设计能力。在保持定制产品满足客户个性需求的同时，扩大规模，同时通过模块化、标准化，提高产品质量，缩短产品交货周期。

二、虚实结合的智能工厂

（一）物联感知通信系统，更广泛的互联互通

物联网的发展打破了各个组织之间的分歧，实现了资源从源头到终端的统一协调和发展。借助工业物联网、传感网络和通信网络，可形成互通互联的环境，使人与人、人与设备、设备与设备能够通信和交互，实现车间现场数据的感知识别、通信传输、数据采集和管理应用，使数据流动起

来，保证机器设备高效率运作和生产管理的协同。企业内外信息的互联互通，使用户的需求得到精准和及时的满足，资源得到充分利用，工作效率实现最大化，各种浪费被控制在最低程度，节能减排取得巨大成功。

（二）全集成自动化系统，生产智能化成为可能

工业机器人、机械手、数控机床、加工装备、检测装备、智能生产线与加工中心等组成智能工厂的集成自动化系统，智能单元、智能生产线可以自由动态地组合，以满足不断变化的制造需求，逐步实现全过程的自动化和智能化。功能复合化和集中化的智能装备，能进行多种工序复合加工，可大大提高生产效率和加工精度；具有故障自诊断与自修复、加工过程自适应控制等功能的智能装备，把人从繁重的体力劳动、恶劣的工作环境中解放出来，并大大减少人为的错误制造。

（三）虚拟仿真生产系统，赛博空间的工厂再现

在赛博空间实现对企业的生产计划、制造过程、工程决策等全部运行流程的建模与仿真，构建虚实结合的数字化"双胞胎"，实现制造过程的优化、制造资源和制造能力的快速柔性配置，虚拟仿真生产系统实现物理工厂在赛博空间的再现。面向整个生产过程各个环节的虚拟仿真与分析，包括布局规划与仿真、装配过程平衡仿真、复杂的物流操作仿真、机器人及复杂运动仿真、人机工效仿真等，可使分布在不同地点、不同部门的不同专业人员在同一个产品模型上同时工作、相互交流、信息共享，使产品开发快捷、优质、低耗地响应市场变化。

三、敏捷灵活的智能生产

（一）数据采集处理系统，准确感知生产状态

借助从简单的"扫一扫"条形码、二维码到 RFID 等的各种传感器，

快速准确感知企业、车间、设备、系统的运行状态，加工对象的质量和数据，以及制造相关的各种信息。产品入库"扫一扫"，来龙去脉、生产过程、所有责任方全知道。生产过程中，通过数据采集处理，可以确定某个产品是哪台设备加工的；如果产生不良品，可以知道它是什么时间点加工的，从而实时掌握每道工序上产品的来料追溯、加工状态、加工数目以及产品批次等信息。智能化程度越高，数据量越大。

（二）智能加工制造系统，提升加工自适应能力

围绕高端数控加工、精密材料加工、3D 打印等高质量加工制造工艺、设备和加工过程，开发智能加工工艺模型，通过在制造设备中嵌入各类智能传感器，实时采集加工过程中机床的温度、振动、噪声、应力等制造数据，并采用大数据分析技术来实时控制设备的运行参数，使设备在加工过程中始终处于最优的效能状态，实现设备的自适应加工。

（三）智能生产中心，优化生产调度管控

通过制造运行控制系统，将整个生产过程中动态的生产数据进行网络化管理，实现智能编程、高级计划排程、智能监控和智能管控，形成"泛在感知、实时分析、智能决策和精准执行"的信息物理生产系统。智能生产中心综合分析车间内设备、工装等制造资源，实时分派生产任务到不同的生产线或制造单元，自动生成并优化相应的加工指令、检测指令、物料传送指令等，并根据具体需求将其推送至加工设备、检测装备、物流系统等，为企业人员提供实时、有效、准确的生产现场信息。

（四）智能物流系统，提高现场配送效率

构建智能化立体仓库、AGV 运输软硬件系统、基于 RFID 设备及无线传感网络的物料和资源跟踪定位系统等，实现生产现场物料、工件、设备

标识和定位，及时采集产品物料信息和流转过程信息，实现生产对象的智能管理与自动化配送，提升生产现场智能控制与生产决策能力。

四、智慧化的决策管控

（一）数据-信息-知识的转化，提升智能决策能力

企业需要以数据、信息和知识作为核心竞争力，数据必须转化为有用的信息，指导人们做出正确的决策，才能够创造价值。数据（包括大数据）告诉人们发生了什么，什么时间、什么地点、哪些设备或流程、哪个人发生的。信息是数据经过处理和提炼的结果，告诉人们事件是怎么发生的，对信息的归纳总结推理才能形成知识（彭瑜等，2016）。智能决策需要大量的数据支持，通过面向产品全生命周期的海量异构信息的挖掘提炼、计算分析、推理预测，形成优化制造过程的决策指令，企业才能做出智慧的决策（张曙，2016）。

（二）质量数据管理系统，提高质量保证能力

通过大数据背景下过程质量监控、质量诊断、质量预测、质量改进决策等智能化技术方法，建立质量数据管理系统，逐步达到动态质量信息和数据实时采集、在线故障诊断和及时预警，实现生产质量信息采集与管控、基于大数据的在线监控和质量风险预测，形成面向产品全生命周期的质量数据包，达到产品质量管理智能化和质量问题可追溯。

（三）多项目综合管理，提升协同管理能力

围绕人力、计划、进度、资源、成本等项目管理要素，打通人、财、物、项目管理、设计协同等系统间的数据通道，对不同类型、不同生命周期的项目进行有效的组织管理，以规范化、高质量的工作分解结构为核

心，围绕项目交付计划来安排和协同，充分利用各种资源，提高项目管理的质量、效率和快速反应能力。

（四）人力资源管控系统，科学调配和考核员工

通过员工能力标签、工作饱和度等指标定义，实现对企业员工能力状况与工作状态的可视化展现，为各级领导按照人员能力指标、人员工作负荷状况对员工进行科学的调配和绩效考核提供决策支持，为践行智慧企业"以人为本"的理念提供条件支撑。

五、预见性的制造服务

（一）云制造服务平台，共享云端协同

整合研发、制造和服务等技术资源、高性能计算资源和专业能力资源，建设云制造服务平台，实现各类资源动态调度、优化配置和共享服务。分布于异地的企业可以基于权限进行数据信息共享及企业产业链全业务环节的业务协作，平台汇集对接外部优势资源，解决研发设计协同、生产协同、管理协同、变批量快速响应、制造服务等问题。

（二）预见性维护服务，及时"健康"保障

预见性维护服务以工业云、大数据和"互联网+"为支撑，建立信息采集与自动诊断系统、故障预测模型和故障索引知识库、产品生命周期分析平台，时刻掌握设备实际"健康"状态，不是在故障发生后去抢修，或过早地将可用的部件进行不必要更换，而是通过预测设备什么时候可能失效，合理安排维修计划，实现"准时"维修，最大限度地提高设备的可用性和延长其正常运行时间，意外停机时间损失大幅降低（张曙，2016）。

第三节　智慧园区，铸智慧产业链

智慧园区是指利用数字化、信息化、物联网、云计算、人工智能、大数据处理、移动互联网等先进技术手段，优化整合园区各类管理和服务资源，促进要素聚集、产业聚合、融合创新、管理模式转变，完善创新创业生态系统，使园区的创新创业、生产生活、管理服务更方便、更及时、更高效和更精准，全面提升园区创新、服务和管理的能力与效率（杜胜海，2014）。

一般认为园区发展战略是设计园区的价值观、价值链及价值网。园区价值观就是园区的相关人员落实理念、思想、目标、愿景过程中的行为规范，这是园区发展的文化空间；园区的价值链就是产业链，也是由产业链形成的生态空间；园区的价值网就是连接园区主体的信息网络，也就是信息空间。园区的建设发展如同人的成长一样，需要有自己的价值观，需要形成自己独特的思想，具有明确的发展理念、愿景和目标。根据智慧园区的内涵，其具有感知、认知、学习、成长、创新、决策、调控能力和行为意识等特征，犹如生命体一样，所以，智慧园区的建设、发展更需要形成自己的智慧园区愿景，需要具有自己独特的发展理念。智慧园区愿景指的是智慧园区未来的发展目标、未来的蓝图，是智慧园区发展战略的核心组成部分。智慧园区愿景是对未来智慧园区发展蓝图的总体描绘，是对未来智慧园区美好愿望的提前呈现，具有战略引领、达成共识、激发热情等作用。当然，智慧园区的建设发展也是智慧园区共性目标与各个园区自身个性特征相结合的产物，各个园区也具有不同的发展愿景（卢杰民，2014）。我们的愿景就是以钱学森智库为核心，打造园区可持续提升智慧生命体。

"智慧"是赋予物以智能、赋予人以智慧，强调"智"和"慧"协同发展，一方面要充分运用新一代信息技术，促进城市或园区的管理和服务更便捷、更及时、更高效和更精准；另一方面，要注重服务主体（居民和企业）的积极参与和体验感受，全面提升产业智慧化程度，提高政府管理服务效率，构筑高度发达的信息基础环境，实现城市或园区的科学和可持续发展。"智慧"是信息化建设的更高阶段，不仅仅以信息化程度为唯一考量，更多的是与机制体制的紧密结合，同时不断自检，形成可持续提升的智慧生命体。智慧园区具有像生命体一样的特征，如感知与认知能力，自我学习、自我成长、自我创新能力，以及决策能力等，智慧园区的建设要突出人的参与性与创造性，不仅要加强硬环境的规划建设，更要加强软环境的建设。

智慧园区建设需要对园区的发展理念和战略定位进行深度剖析，以完善创新创业生态系统、优化创新创业环境、全面提升园区综合服务能力、满足创新创业主体的多样性服务需求为目标，以钱学森智库为支撑，以企业服务体系、公共服务体系、公共管理体系、基础平台、保障体系（杜胜海，2014）等方面工作为主要建设内容，促使园区成为数字化、智能化、智慧化的可持续成长综合体。

一、园区公共管理体系，综合提升园区管理水平

园区管理向城市化管理转变，高水平的产业需要高水平的人才聚集。随着园区的不断发展，园区内的人员日益增多，社会功能需求日益复杂，需要有与之相配套的生产生活环境，单纯以工厂为主导的园区很难成就高水平的产业集群。之前我国园区以发展经济为主，社会服务职能相对缺失，随着经济社会的发展，园区必须摒弃单纯工业化的发展思路，转以城市开发的角度去看待园区（赛迪顾问，2012）。各类园区在吸引外资、引进高新技术、增加出口等方面发挥了重要的作用，成为带动周边区域经济快速发展的新引擎。应抓住信息技术引领的园区管理变革机遇，以信息技术为手段，抓好专家体系、模型体系、数据体系、决策体系的综合集成，高标准规划、高起点建设，大力加强园区的综合管理与协调，实现园区系统的智慧开放，全面发挥园区的集聚力和辐射力，实现园区管理规划、运营、发展的科学化，最终成为智慧开放的智慧园区（赢城咨询，2015）。

　　智慧园区公共管理体系建设是为园区管理部门提供的一套用于园区管理的平台，以达到园区管理优质高效、规划合理、决策科学等目的，实现园区政务公开、综合管理优化高效、园区节能环保、企业监管实时长效。建设内容通常包括园区运行管理与决策支持平台、园区办公与管理平台、绿色环保管理平台、循环经济管理与服务平台、环保综合管理系统、安全生产和应急指挥系统、能源管理系统、园区三维地理信息系统、地下管网管理系统、园区"一卡通"等。

（一）办公管理，全周期，全自动，一体化

　　园区办公与管理平台集成各业务系统，整合园区办公和管理的各类资源，是园区管理人员办公和园区智能化管理的统一平台。

　　办公管理自动化。通过实现协同办公、公文管理、电子表单、目标管理、财务管理、即时通信平台、综合查询等办公自动化建设，规范办事流程，提高园区办公效率。

　　"多规融合"实现流程一体化。充分利用发展和改革委员会、规划管理、国土资源、环境保护等部门现有的资源成果及协同编制形成的"多规融合"信息共享综合数据库，搭建"多规融合"信息管理系统，开展人口、产业、生态、基础设施等专题研究，划定生态、基本农田、建设用地规模、建设用地增长边界、产业区块和基础设施空间廊道"六条控制线"，形成规划"一张图"，推进园区规划由扩张性规划向限定城市边界、优化空间结构的规划转变，形成"多规融合"成果共享与应用体系。

　　投资项目全生命周期管理。从项目计划、项目进度、资金使用、项目验收、工程电子文档等方面对政府投资项目进行全生命周期的管理，并建立系统全面的项目管理机制，形成科学高效的部门协同能力，实现项目管理工作的精细化和流程化管理。

　　企业数据上报与分析实现经济运行现状动态掌控。通过收集园区企业经济发展数据以及固定资产投资、节能工程、能源消耗等生产经营数据，实现对园区产业发展情况的动态掌握，并提供经济运行、固定资产投资、

节能工程、能源消耗等方面的统计分析功能。同时，对商品交易所、期货交易所的数据进行跟踪和统计，提高园区经济发展的科学规划与决策能力。

(二) 绿色环保实时监测，科学预警

绿色环保管理。通过在园区公共界区及生产装置内部安装的智能监控设备，以及在园区内的各监测点安置的水质污染监测仪、气体污染监测仪、噪声污染监测仪和传输终端设备等智能设备，建立污染源监控、环境质量监控、视频监控一体的园区环境应急防控体系，减少环境污染事故发生，提高环境事故现场应急监测效率；利用模型进行分析，准确掌握污染物浓度的演变趋势及影响范围。通常包括环境监控、业务协同管理、综合决策支持、移动执法、环境风险管控、公共服务等应用。

(三) 安全生产预测预警，综合研判

建设园区安全生产监管平台，支撑和联动市、区两级应急指挥调度平台，实现风险隐患监测、综合预测预警、信息接报与发布、综合研判、辅助决策、指挥调度、应急保障、灾后重建评估等功能（袁宏永等，2013）。园区安全生产监管平台通常包括安全生产综合监管系统、应急管理与指挥救援系统、安全管理移动应用系统、安全生产综合决策支持系统、安全生产综合办公系统、安全生产信息网站等。

(四) 园区公共设施管理，准确直观

园区公共设施管理平台通过地理信息系统的建设，使规划、管理更加便利、直观、科学。

智慧园区三维地理信息系统实现地理信息三维可视化，为园区规划、信息导航、安防监控等提供数据支撑，提升管理便利性和直观性，提升园区规划的科学性。

园区三维管线管理系统全面实现园区地下管线数据信息的二三维一体化管理，以及动态更新与专业属性数据的整体同步。采用虚拟仿真技术实现实时动态监测，为有效解决地下管线管理中所发生的问题提供依据，实现园区地下管网管理的智能化，提高管线工程规划设计、施工与管理的准确性和科学性。

二、园区公共服务体系，提升高效精准服务能力

围绕"以人为本"的服务宗旨构建园区公共服务体系，在智慧园区的配套服务、为园区企业和园区从业人员提供的公共服务以及提高集聚产业竞争力和园区创新能力的专项服务等方面，充分发挥主观能动性与创造性（赢城咨询，2015）。

园区公共服务体系建设以为园区企业和居民提供便捷、高效、精准的服务为目的。服务内容创新要求以园区客户需求为中心，搭建中小企业创新成长服务平台。园区提供的服务，可以划分为基础服务、配套服务和增值服务三类。基础服务是指以为入驻企业提供舒适的办公环境为目的的物业服务。配套服务是指为入驻企业的业务便利及员工生活需要所提供的商业服务。增值服务是指为入驻企业的创业发展提供的高附加值服务。园区创新服务体系的重点是增值服务，根据初创企业、成长型企业和品牌企业的不同阶段的需求，有针对性地提供投融资、科创孵化、产业合作、国际交流方面的特色服务（赢城咨询，2015）。园区公共服务体系可由园区门户网站、网上企业一站式服务大厅、虚拟展厅等组成。

（一）园区门户与信息服务，统一入口

园区门户与信息服务平台，提供园区网上入口，实现园区电子门户虚拟展示，整合虚拟园区板块，采用虚拟现实技术，如电子地图、电子名片、虚拟漫游等，以 Web 浏览器方式介绍园区及区内企业；策划和实施网络品牌推广及营销。园区门户与信息服务平台通常包括园区公告、园区

动态、政务信息、政策法规、企业动态、招商引资、重点企业、办事指南、业务导航、虚拟园区、园区论坛等。

(二) 网上企业一站式服务，安全高效

网上企业一站式服务平台，提供面向政府的对外公共服务和对内跨部门协作的行政审批事务处理，实现对行政审批业务的有效执行、监督和管理的电子政务应用。在网上建立以客户为中心的、为园区内企业提供行政审批业务综合服务的电子政务一站式服务门户；实现政府部门间的信息共享、互联审批、协同办公，实现业务办理的进度、结果等情况的动态监督监察；实现政务管理的量化管理，综合监控和分析政府公共服务体系的运行状况，优化政务流程，提高政府运作效率；通过可靠的角色权限管理和信息安全保障系统，保证审批业务在应用系统中安全、高效、可靠地运行（郑平，2006）。

(三) 园区虚拟展厅，高度互动

园区虚拟展厅是指基于园区信息平台，运用 4D 虚拟现实、动画视频、全息投影、物联网传感、声光控制、多点触控等技术，通过电子沙盘、电子地图、电子名片、浏览器、电子签名、电子翻书、灯箱等方式，在线下（园区实体展厅）和线上（园区门户）为受众提供一个高度互动的虚拟园区环境。

三、园区企业服务体系，助企业构建智慧创新体

园区企业向高新型转变。在激烈的园区竞争背景下，园区的产业同质化竞争也日趋严重。从世界范围来看，产业链的附加值主要向产业链的两端延伸，在研发、设计、创新等上游领域和现代物流、展销服务等下游领域存在着较为丰厚的利润空间，而我国多数园区的产业体系都处于产业链

的中间环节。在竞争的压力下，为了抢占产业链的高附加值端，园区内的企业日益增加研发投入，转变以往单纯生产制造的发展方式，向高新型企业演进，通过不断的技术创新保持竞争领先优势。显然，在园区"二次创业"的过程中，推动园区企业向高新型转变，扶持具有发展潜力的创新型中小企业，尽快占据科技制高点，促使园区从"制造"向"创造"转变，是我国园区企业发展的趋势（赛迪顾问，2012）。

园区企业服务体系建设是为解决园区内企业内部面临的技术创新投入大、融资困难、资金周转慢、科技成果转化渠道不通畅、物资信息不共享、企业管理费用高等共性问题，为企业提供的信息化服务。通常包括以下几类：科技创新服务平台，用于开展科技创新服务，促进园区企业转型升级、向高端提升，促使园区科技企业、优势产业和新兴产业加速发展；企业信息服务平台，提供技术、人才、法务等信息；信用与金融服务平台，为入园企业投融资提供政策支持和资金扶持；科技成果产业化平台，用于推动园区企业研发科技成果的产业化；大宗商品交易平台和备品备件交易平台，为生产商和销售商大宗商品以及备品备件买卖提供网上交易、行情分析平台；企业管理服务平台，为企业提供财务管理、人力资源管理、生产管理、采购和销售等核心业务统一平台；供应链协作平台，通过生产、销售的有效链接和物流、信息流、资金流的合理高效流动，降低双方的交易成本，并使其资源配置最优化。

（一）企业应用云服务，提升信用管理水平

企业应用云服务平台为企业提供在线云服务，通过连接产业上下游，连接管理、交易、金融，连接设备和应用系统，在云平台上汇集个人、企业、行业数据，提供大数据分析、挖掘等服务，有效提升企业信用管理水平。

（二）企业金融与科技创新服务，建立有效链接

企业金融与科技创新服务平台，包括科技创新服务平台和信用与金融

服务平台，促进园区企业转型升级、向高端提升，促使园区科技企业、优势产业和新兴产业加速发展。科技创新服务平台提供咨询和培训服务，辅助入园企业技术升级，增强入园企业自主创新能力，主要包括成果中介、科技成果培育、人才培训服务三个功能项。信用与金融服务平台整合各类金融资源和金融市场要素，汇聚形成金融机构信息和金融产品数据库，建设网上金融超市，集中介绍金融机构服务内容、服务条款、业务流程、贷款发放条件、信贷政策与信贷投向调整变化有关情况，重点为企业提供切实可行、操作性强的融资新产品；依靠企业基本情况数据库和项目数据库，建立与商业银行的网上链接，改善银行和企业间信息不对称的问题，努力构建三方互惠互利、合作共赢的新型政银企关系。

（三）企业信息服务，实现信息精准推送

企业信息服务平台，为企业提供公共信息服务，通常包括技术信息服务、人才培训服务和法务信息服务等。

技术信息服务主要分为技术名录、技术交易、技术转移、技术发布和技术查询，提供技术发布、转移、交易、查询等服务。

人才培训服务提供人才服务、劳务派遣、职业中介、培训信息、创业指导、课程推荐、讲师推荐、培训服务机构推荐、资源下载、培训报名等服务，同时收集中小企业的服务需求，联系服务机构对企业进行在线培训。

法务信息服务整合律师事务所、法律服务中心等法律服务机构线上发布的法律解读、律师面谈会等信息资源，为企业提供法律维权的服务，并提供律师事务所机构介绍、代理事务介绍、维权咨询、机构推荐、资料下载等信息，解答园区企业民商经济纠纷、合同争议、知识产权保护等问题，为园区企业提供维权和诉讼服务。

（四）企业资源共享服务，实现资源流通增值

企业资源共享平台解决园区内资源共享、流通等问题。在工业园区的

典型应用系统包括大宗商品交易、备品备件交易、物流管理与服务以及企业设备维修资源等共享服务。

大宗商品交易平台为生产商和销售商大宗商品买卖提供网上交易、行情分析平台，通过平台实现大宗商品的订单、竞买、竞卖、招标、撮合、挂牌等多种交易处理，该平台是集网上交易、网上支付、物流管理、行情分析等功能于一体的综合性电子商务平台。

备品备件交易平台实现园区内各企业备品备件的信息共享，实现产品线上交易。在园区的工业生产类企业中，设备备品备件的一个重要特点是单位时间缺货成本较高，然而，许多设备备品备件的消耗量得不到准确预测。如果储备过多，生产容易得到保障，但会占用企业大量的流动资金；如果储备过少，生产无法保证，导致设备停产，失去市场机会，甚至造成重大经济损失。备品备件交易既要满足生产维修的需要，又要能使设备备品备件库存处于合理水平，从而给企业带来经济效益。备品备件交易平台主要涉及销售、仓储管理、物流配送、财务结算、供应商对账、售后服务等功能（国占玲，2012）。

物流管理与服务平台通过提高物流信息的处理和传递速度，使物流活动的效率和快速反应能力得到提升，提供更人性化的服务，完善实时物流跟踪，减少物流成本。平台在汇集物流企业和车辆基本资料的同时，实时监测危化品运输车辆的具体位置，通过系统发布相关道路信息、通知通报、货源车源信息，建立规范化、一体化的物流管理模式。其主要功能包括仓储和库存管理、入库管理和出库管理、货物出入园区管理、物流车辆人员管理、智能补货调度等。

企业设备维修资源共享服务平台为园区内企业提供企业间维修资源共享服务，消除企业间信息屏障，实现地区技术人才、技术资源共享，降低企业运营与管理成本。平台提供维修技术、维修人员（技术专家、技术工人）、维修设备、维修场地、相关服务机构等信息服务，企业可通过平台实现供需对接，充分实现企业间的资源共享。平台还提供维修专业知识库和社区论坛，实现技术交流和技术积累，提升园区维修技术的整体水平。

四、以智慧云平台为枢纽，构建园区协同共享有机体

以智慧园区云平台为枢纽，形成一个紧密联系的整体，获得高效、协同、互动、整体的效益。云平台是面向园区用户的体验窗口，面向园区企业和个人用户提供内容丰富、体验优质的服务。基于"云-管-端"架构，提供一站式云数据中心、园区网络、视频监控、云联络中心、融合会议、桌面云解决方案，通过智能化手段实现企业、办公、地块、资产之间的信息互通和共享，实现统一管理，打造面向未来的智慧园区云平台。全面收集来自园区各类系统中的各种业务信息、感知数据等海量信息资源，形成内容全面、业务广泛、数据规范、组织合理的智慧园区公共数据库。根据园区的管理和业务发展需求，构建建筑能耗数据库、交通信息数据库、会展数据库、环境信息数据库、公众服务数据库、规划管理数据库、基础地理信息数据库、商务数据库、政务管理数据库等各类数据库。

为实现园区的不同行业、不同部门的数据资源共享和业务协同奠定基础，打造涵盖数据汇集、数据管理与应用、数据服务的"一体化"园区工业大数据融合应用机制，为园区政务、综合服务、环境综合管理、综合应急管理等业务提供强有力的数据支撑。

围绕园区科学化管理的需求，利用大数据分析技术，对园区企业发展、产业规模、地块经济贡献、产业园经济贡献、产业结构等指标进行分析，为政府决策提供数据支撑，提高园区科学决策与公共管理水平，引导园区企业可持续发展，提高园区经济智慧化水平和生活品质。

五、夯实园区信息网络设施建设，打造园区智慧脉络

按照统一规划、适度超前、集约建设、资源共享、规范管理的原则，以信息应用传输的宽带化、移动化和即时化为支撑，大力加强新一代信息化网络、传感网络、云计算等建设，推进基础设施整合，实现信息基础设施的集约利用和资源共享，增强信息网络综合承载能力和信息通信集聚辐

射能力，提升信息基础设施能级和服务能力。

新一代信息化网络建设重点推进 4G 移动通信系统、光纤宽带、物联网、下一代互联网和广电网建设，进一步普及光纤入户工程，扩大无线覆盖区域，构建无所不在、高速互联、业务融合的新型信息服务网络，实现光纤全覆盖，实现园区公共场所、商务楼宇的 WIFI 全覆盖。

传感网络建设大力推进传感器网络的建设，实现园区水、电、公路、基础设施等所有部件的联网，满足随时、随地、任何物、任何人都可以上网以及所有人或物的联通的要求。

第四节　精准管控，铸智慧能源链

2015 年政府工作报告中首次提出将制定"互联网+"行动计划，而新一轮电改方案的发布，更是激起了业界对于"互联网+能源"的期待。随后八大部委相继为"互联网+"出台优惠政策，国家能源局召开能源互联网工作会议，计划制订国家能源互联网行动计划。这是官方层面首提能源互联网的顶层设计，也是"互联网+"概念提出后，主管部门首次正式组织探讨能源互联网，既是响应国家战略号召，又是从技术上推进电力市场化和新能源发展（吕凛杰等，2016）。

2016 年 2 月，国家发展和改革委员会、国家能源局以及工业和信息化部联合下发《关于推进"互联网+"智慧能源发展的指导意见》，提出发挥互联网在变革能源产业中的基础作用，推动能源基础设施合理开放，促进能源生产与消费融合，提升大众参与程度，加快形成以开放、共享为主要特征的能源产业发展新形态。

智慧能源是一种互联网与能源生产、传输、存储、消费以及能源市场深度融合的能源产业发展新业态，具有设备智能、多能协同、信息对称、供需分散、系统扁平、交易开放等主要特征。其将现代信息和通信技术、智能控制和优化技术与现代能源供应开发、储运、消费技术深度融合，广泛应用于能源工业各个领域，可使能源供应开发智能化、储运最优化、管理交易信息化、消费使用智能化；在能源工业各个领域最大限度地实现节能减排的同时，通过价格机制及能量管理政策等手段，实现各种能源在现代经济社会中的协同开发、储运和利用。智慧能源是构筑安全、稳定、经济、清洁的现代能源产业体系的重要手段。

一、清洁用能，城市运行低碳健康

（一）促进城市"绿色"用能

我国的清洁能源分布大多远离城市，智慧能源网络可以将远离城市的清洁能源源源不断地输送到城市。智慧能源网络通过引入可普及推广的大容量储能系统（如抽水蓄能电站、大规模压缩空气储能等）、清洁能源发电功率预测系统、智能调度等技术，能够适应包括分布式电源在内的各类型电源与用户的快捷接入、退出，提高清洁能源在终端能源消费中的比例，减少城市温室气体排放，促进城市使用更多的绿色能源（冯庆东，2015）。

（二）实现城市"无忧"用能

智慧能源网络，可以实现对城市能源网络的全面监控、灵活控制；可以及时发现并隔离故障，将用户切换到其他备用能源网络上，有效避免能源供应的中断，提升城市能源网络的自愈能力。同时，智能配电网可快速诊断能源供应质量问题，并准确提出解决方案，以保证优质能源供应，从而实现城市的"无忧"用能。

（三）保障城市高效运转

强大的城市智慧能源网络可以为城市通信提供可靠、优质的服务，加速城市的信息化、现代化进程，支持城市相关机构进行大数据分析和处理，可支撑智慧城市的智能经济系统、智能社会网络和智能生态系统在内的几乎所有子系统，形成复杂交互式网络与系统，促进城市交通、通信、供电、供排水等基础设施的一体化建设和网络化发展，带动城市资源优化配置综合平台建设，充分发挥城市对人流、物流和信息流的集聚功能，实现城市资源高效配置、经济健康发展和社会全面进步。

（四）带动城市能效管理

通过有线网络、移动无线网络等远程传输手段，智慧能源网络能够对重点耗能用户、主要用电设备的用能数据实施监测，并将采集的数据与设定的阈值或同时期、同类型用户或设备的数据进行对比，分析用户的耗能情况，通过能效智能诊断，自动编制能效诊断报告，为用户节能改造提供参考和建议，为评价能效项目实施效果提供依据。基于此可实现能效市场潜力分析、用户能效项目在线预评估及能效信息发布和交流等，带动城市能效管理健康有序发展，充分发掘城市能效管理潜力。

二、节约用能，居民生活经济品质

（一）让生活更易控

智慧能源系统可以从各方面为居民生活提供便捷服务。当居民在超市购物、在办公室加班、在公园闲逛、在游乐场放松时，可通过智慧能源系统实时了解空调、热水器、电冰箱等各种家用电器的实时状态和控制信息，同时可以远程控制家用电器的工作，如在回家前可提前打开空调、让热水器开始加热，到家就可以洗个热水澡，然后吹着空调看电视。

（二）让生活更便捷

很多人都遇到过回家发现电表没电，而太晚物业又不上班的情况，只能默默忍受没电的漫漫长夜。有了智慧能源系统这种情况就不会发生了。智慧能源系统能够自动进行智能电表、智能水表、智能燃气表、宽带等的查询，实现自动抄表，在发现用户接近欠费后自动转账缴费或者对户主进行提醒。

（三）让生活更安全

智慧能源系统能够自动实现电热水器、空调、电冰箱等家庭灵敏负荷的用电信息采集和控制，能够建立集紧急求助、燃气泄漏探测、烟感探测、红外探测于一体的家庭安防系统。一旦发现家用电器工作异常将及时通知户主，发现紧急求助、燃气泄漏、火灾等情况将及时报警并启用预警预案。

（四）让生活更低碳

通过小区内安装的光伏发电、地热发电、电动汽车、储能装置等分布式电源，部署控制装置和监控软件，可实现分布式电源的双向计量，实现用户侧分布式电源运行状态监测与并网控制。综合小区能源需求、电价、燃料消费、电能质量要求等，结合分布式储能装置，可实现小区分布式能源消纳和优化调节控制，实现分布式电源参与电网错峰避峰，从而提高清洁能源的消费比例，减少城市污染。

（五）让生活更经济

智慧能源系统能够为居民提供一个家庭用能综合服务平台，提供家庭用能消费、能源费率、安全提示灯实时信息，帮助居民选择合适的用能方式，有效降低居民的用能费用支出和安全风险，实现能源管理的自动化和家庭用能的科学化与经济化。

三、合理用能，企业生产安全高效

（一）把控企业生产状况

接入智慧能源系统后，企业可通过智慧能源系统实时了解企业用电的各方面情况。企业生产都是按一定的秩序进行的，企业管理人员对于企业每一天的用能总量及其各时间段的分布情况比较了解，如果某一天某时段用能量异常，可及时查找异常原因并解决。

（二）监督企业员工作业

通过生产设备的运转情况，可以了解员工的作业情况。设备是否按照规定时间开机能反映出员工上班是否及时，设备运行负荷可以反映出员工在工作时间内生产时间的利用情况，设备关机时间反映出员工是否提前离岗。

（三）提醒企业安全隐患

每台设备都有其各项指标合理使用的区间，如果长期超出该区间会带来巨大的安全隐患。例如，用电设备的功率长期超过其额定功率使用，可能会导致高温自燃，发生火灾，给企业带来不可估量的损失。通过智慧能源系统，能及时发现企业设备的使用隐患，做到及时发现、及时排除，保障企业安全生产。

（四）提升企业生产效率

传统企业生产由工人负责设备生产的协调工作，哪个时间由哪台设备生产什么完全由人工说了算，设备使用率会比较低，导致部分设备在一定的时间内被闲置浪费。智慧能源系统能分析出设备使用的盲区，合理安排设备的使用时间，使整个生产过程合理有序，使所有设备均得到有效利用，使生产过程更加高效。

（五）提供企业节能服务

企业生产过程中用能量会比较大，用能费用是企业运营成本中不可忽视的一部分。但事实上往往用能量较大的企业都存在着用能黑洞、存在着可以节能的空间。企业在接入智慧能源系统后，智慧能源系统能够准确找到企业可节能空间，提供节能服务，可大大降低企业的运营成本，提升企业的利润空间。

四、体系用能，政府调控平稳有序

（一）用能情况一手把控

智慧能源网络建立后可解决政府对企业的用能监控困难、企业对政府的相关政策阳奉阴违的难题。企业的用能情况，政府通过智慧能源网络可以实时掌控，系统可详细记录企业的用能情况，并根据政府对企业的用能指标要求列出企业违反政策的详细数据，提供政府要求企业整改的力证，并能实时监督企业的整改情况。

（二）缓解政府用能压力

每当夏天用电高峰期，电力供应无法满足全社会的需求，政府就被迫背负巨大压力实行拉闸限电。启用智慧能源系统后，社会上将有大量的诸如太阳能电池板等的清洁能源采集设备和规模庞大的分布式储能装置，当能源吃紧时，这些分布式储能系统能够为用户提供能源保障，并有余力为整个能源网络提供能源支持，能够大大缓解全社会的用能压力。

（三）有助政府建立用能体系

智慧能源网络有助于政府建立科学的现代化智能互联网用能标准体系，包括建立全面、先进、涵盖相关产业的产品检测与质量认证平台；建立政府主导的能源互联网的通用标准、与智慧城市和《中国制造 2025》等相协调的跨行业公用标准和重要技术标准；建立国家能源互联网质量认证平台检测数据共享机制；建立国家能源互联网产品检测与质量认证平台及网络；通过鼓励建设智慧能源互联网企业与产品数据库，定期发布测试数据，建立健全检测方法和评价体系，引导产业健康发展。

（四）培育能源信息化产业

智慧能源网络的发展有利于政府培育能源信息化产业，为经济发展找到新的增长点。数据是互联网的大脑，随着"互联网+智慧能源"的边界不断扩大，电、煤、油、气等能源领域及气象、经济、交通等相关领域的数据未来将全部包含在能源大数据的应用范围内，涉及的数据采集、储存、计算及分析工作属于蓝海领域，面向能源生产、流通、消费等环节的能源大数据应用与增值服务将是未来的主要增长点之一，与能源相关的监测与控制设备制造业在未来将得到长足发展。

第八章　智惠

国家新型智慧城市发展理念主张坚持以"信息惠民"作为智慧城市发展的核心，通过释放数字红利，实现无处不在的惠民服务。通过智慧医疗建设，提供便捷化的就医体验，让就医无距离；通过智慧社区建设，提供多元化的社区服务，让生活无障碍；通过智慧交通建设，提供智能化的交通运输环境，让出行无延时；通过精准扶贫建设，提供社会资源的合理化配置，让资源无浪费。"悉民所需，为民所用"，智慧城市的建设只有切实做到"以人为本"才能实现真正的"智惠"。

第一节　智慧医疗，让就医无距离

信息技术在医疗领域的深入运用，一方面推动了医疗服务模式的变革，另一方面促进了医疗卫生事业的发展。"互联网+"概念提出以来，以移动技术为代表的普适计算、泛在网络不断向生产生活、经济社会发展各方面渗透，"互联网+医疗"成为医疗服务发展的新契机。新医改后，医疗信息化建设进入全面快速发展期，各地纷纷开始探索并建立以电子健康档案为核心的区域医疗信息平台，实现区域内医疗卫生机构互联互通、信息共享、业务协同，大力推进以电子病历为核心的医院信息化建设，我国步入智慧医疗时代的启动期（项高悦等，2016）。

　　智慧医疗是信息技术与生命科学的交叉应用，是面向医疗、康复、护理以及养老的大健康体系，涉及医疗服务、公共卫生、医疗保障、药品供应保障、健康管理等多个方面，主要应用于医疗服务、卫生管理以及居民服务中。一方面，物联网、互联网、云计算、大数据等技术的不断发展，为医疗信息化提供了技术支撑；另一方面，国家的政策文件已深入医疗信息化改革，各地正积极探索建立区域医疗信息平台，这些都为智慧医疗的进一步发展奠定了基础。

　　2016年，国家卫生和计划生育委员会（简称卫计委）刊发了《关于印发〈进一步改善医疗服务行动计划〉实施方案（2015—2017年）的通知》，要求各医疗机构继续深入落实改善医疗服务行动计划，将在全面实施预约诊疗、持续改善医疗质量、多种形式信息推送、费用结算方便快捷、药事服务保障安全等方面利用信息化手段提高办事效率、服务质量和安全保障。

　　医疗信息化"十三五"规划指出：在建成人口健康信息化项目工程体系，探索行业关键技术应用，核心信息系统的开发和重大信息基础设施的建设等方面进行重点突破，建设全员人口信息数据库、电子病历数据库和电子健康档案数据库三个健康数据库，并以三个数据库为支撑，构建一个信息平台、实现六大业务应用：公共卫生、计划生育、医疗服务、医疗保障、药品供应保障和综合管理，逐步形成国家、省、地市和县的四级区域人口健康信息平台，同时强化信息标准体系和信息安全体系。

　　在国家重大战略、政策的指导下，国内部分城市提出了智慧医疗的建设理念和方案。其中，上海市制定了覆盖医疗保障、公共卫生、医疗服务、药品保障的智慧医疗蓝图；北京市以智慧医疗建设为契机，建立了覆盖急救指挥中心、急救车辆、医护人员以及接诊医院的全方位、立体化急救医疗信息协同平台系统；武汉市计划未来5～10年，建成智慧医疗卫生信息系统；苏州推出了"智慧医疗手机挂号系统"，市民既可通过手机登录指定网站在市区部分大型医院付费挂号，又可实时监控医院的挂号情况；云南省携手IBM共同打造基于面向服务架构的"医疗信息化资源整合平台"，缔造具有自身特色的智慧医疗（宫芳芳等，2013）。

我国医疗信息化建设处于从临床信息化向区域医疗信息化转变的阶段，智慧医疗的建设得以快速发展，各地医疗信息化平台得以顺利开展，重点应用系统功能不断深化，不同地区之间实现医疗信息资源的共享，医疗应用整体的智能化水平不断提高，但是依然存在医疗卫生信息系统内的数据缺乏一致性和完整性，安全保障有待进一步加强，智慧医疗建设仍需加强人、财、物的保障，卫生信息资源尚未充分共享，服务评价体系尚不完善等一系列问题，尚需进一步加强政策引导、资金支持、技术应用和人才保障，推进智慧医疗的快速发展，真正实现惠民利民的目的。

大数据、云计算、物联网、移动互联网技术及穿戴感知设备的应用推动了智慧医疗的快速发展。围绕以人为本为核心，以数据仓库为资源支撑，以大数据挖掘分析为手段，智慧医疗在临床业务、管理决策、患者服务及资源管理等方面将显现更加智能化的发展趋势。

一、便捷化的医疗服务体系

（一）预约挂号系统，缓解挂号难题

整合各医疗机构的号源，使公众可以通过网络、电话等多种渠道对任一医院的任一科室或医生进行预约挂号，同时实名制的预约机制也可极大减少热门号源的"黄牛炒号"的现象，缓解"一号难求"的医疗现状。公众可以按照预约的时间段到医院就医，从以往被动的到医院排队挂号、等待叫号，到可以提前知道哪家医院可以挂号、自由选择去哪家医院、什么时候去，这不仅免去了在医院排队等候所耗费的时间，对道路拥堵等问题的缓解也做出一定贡献（方媛，2014）。

（二）就医服务系统，简化就医环节

健康卡作为个人身份信息的载体，提供患者的唯一索引，可以通过医院内的自助设备进行自助挂号、自助缴费、自助打印检验检查结果等自助操作；而一些创新服务模式如诊间付费的开通更能极大优化就医流程，患者在医生开处方的同时就可以完成缴费，然后直接去检查科室做检查或拿药，从而大大简化了就医环节。

（三）分级诊疗服务，实现公平就医

医疗资源配置不合理、缺乏医疗服务分级引导是导致"看病难"的一大主要原因。智慧医疗可以通过建立双向转诊系统、区域影像中心、区域检验中心、区域心电中心、远程教育系统等实现各级医院间及医院与社区间的优质医疗资源和设备资源共享与合理分配，构建分级医疗服务体系，引导患者就医，实现"小病在社区，大病进医院"的就医格局，享受可及、公平、优质、跨地区、跨机构的医疗服务（方媛，2014）。

二、人性化的健康管理体系

（一）居民健康档案，全面掌控健康

居民健康档案实现以人为核心，以生命周期为主线，涵盖个人全面健康信息的档案记录，从出生信息、计划免疫，到历次体检结果、门急诊病历、住院病历等，形成一个完整的、动态的个人健康档案。通过建立健康档案门户，使公众可以掌握和获取自己完整的健康资料，让居民随时了解自己的健康、医疗服务等情况，参与全程健康管理，切实感受健康信息"记录一生、管理一生、服务一生"的好处。

（二）智能体检设备，精准监测病症

通过健康小屋、家庭健康监测设备及可穿戴式健康监测设备，随时随地监测个人的生命体征和健康数据，并且这些设备中的传感器可以通过无线网络将监测到的数据传送到居民健康档案中予以存储，以便医生随时了

解被监护人的身体情况，在发现异常时可以及时处理，提供有针对性的健康指导，实现疾病干预并延伸至疾病管理、临床治疗、康复保健等方面，通过积极主动的健康管理与及时有效的疾病干预，将大幅度降低医疗费用，减少慢性疾病的患病率，有效控制现有疾病的发展、促进患者的康复。

三、专业化的业务应用体系

（一）系统资源整合，提高服务质量

通过整合医院信息系统、医学影像存储与传输系统、实验室信息管理系统、会诊系统等，实现医院各科室间医疗信息的集成和共享，医护人员能快速调阅患者的检验、检查等医学影像和报告，也可在线对患者病情进行会诊和研讨，优化就医流程，提高诊疗效率，提升医疗服务质量。

（二）移动设备应用，提供便捷应用

移动式智能数据终端为医务人员提供随身的数据应用服务，医务人员在查房时，可使用智能手机、Pad 等移动式智能数据终端，通过无线网络与医院信息系统进行数据交互，随时随地在数据终端上获取包括历史诊疗信息、临床检验检查结果、用药情况在内的患者全面医疗数据，掌握患者病情的变化情况，及时制定或调整治疗方案（方媛，2014）。

（三）大数据挖掘分析，支撑科学决策

通过建立智慧大数据分析系统，海量的医疗数据进行深入快速的挖掘与分析，为医疗资源规划与配置、医疗费用的变化分布情况、疾病发生与流行趋势等提供量化的决策支持分析，完善卫生行政管理部门决策的科学化水平以及对医疗资源规划、建设和管理的科学性，在提高医疗资源利用

率、缓解医患矛盾等方面产生巨大的社会效益。

（四）物联网技术应用，实现智能资源管理

物联网技术以其终端可移动性、接入灵活方便、状态信息采集自动化等特点，在医疗机构的应用中彻底打破了固定组网方式和各科室信息管理系统比较独立的局限性，能够更加有效地帮助医院实现对人、物、设备的智能化管理工作，支持医院内部医疗信息、设备信息、药品信息、人员信息、管理信息的数字化采集、处理、传输、存储、共享等，实现人、设备、物资管理可视化、数字化和自动化，提高临床工作和管理效率（方媛，2014）。

四、科学化的监督管理体系

（一）合理用药监管，提高诊疗质量

在药品的审查、采购、使用等环节规范、监督诊疗服务行为，促进临床合理用药，保障临床用药的安全性、经济性、有效性，避免大处方、抗生素乱用等情况，减少药物不良反应及细菌耐药性的产生，全面提高医疗质量，降低医疗过程中的药品费用。

（二）临床路径确定，规范医疗行为

对疾病建立一套标准化治疗模式与治疗程序，对疾病的治疗、检验检查的项目、顺序和时限等进行规范，简单来说就是同一种诊断相关分类病人均按同样的标准付费，这不仅能够给患者提供最新的治疗手段与最优化的治疗方案，又能保证治疗的精细化、标准化、程序化，减少治疗过程的随意化，规范医疗行为，避免过度医疗，降低医疗费用。

（三）智慧应急响应，应对突发事件

以应急指挥中心为核心，覆盖各级卫生行政部门、疾病预防控制中心及各级各类医疗卫生机构，整合多方信息，扩大信息的容纳与集成能力，实现信息高效、快速、畅通的交换与共享，构建协同工作机制，面对突发的公共卫生事件，及时做出应急响应，联合调度分布式的多种信息资源，指挥各部门人员相互协作，共同应对突发事件，做出及时正确的处理，实现及时有效的监管和干预，提升对突发公共卫生事件的应对能力（方媛，2014）。

第二节 智慧社区，让生活无障碍

为了解决百姓服务手段匮乏、政府信息收集存在盲区、社区事务杂乱烦琐、国际化与现代化建设缺乏有力虚拟化手段支撑的问题，开展智慧社区建设，探索新形势下社区公共服务的一种新模式（井晓鹏和张菲菲，2015）。以"智慧、人文、服务"为理念，以"治理精细化、服务人文化、手段信息化、运营智慧化"为建设思路，以统筹各类服务资源为切入点，以满足政府、居民、商家的需求为落脚点，以信息化技术手段为支撑，打造"一站受理、一网协同、信息共享、规范作业、条块结合、扁平高效"的社区管理服务模式，构建一个多渠道、多层次直接面向各类社区服务对象提供便捷、高效的社区事务和生活服务智慧社区的现代新型社区，有效提升社区管理和公共服务水平。

一、便民服务，"网罗天下"

以社区为基础单位，服务于社区中的企业及居民，构建社区网上（在线）的便民服务超市，整合已有的社会资源，由云端平台支撑，使用先进的信息技术，为社区居民家庭提供与日常生活密切相关（衣、食、住、行、用）的便捷、实惠的"一站式"服务，包括桶装水、米、油、啤酒、饮料等消费品，提供紧急水电维修、家政服务，提供钟点工、保姆、家教等相关信息，社区居民可以通过 TV、PC、手机或者 Pad 访问社区门户，也可以在"超市"里了解或订购政务、医疗、教育、就业等各类社区便民服务，同时使商品的宣传更加简便，吸引更广泛的消费群体，提高服务质量，降低经营成本，扩大利润空间，带动社区企业的发展（蒋录全，2005）。

（一）一号对外，各方联动

在网络中心信息资源的基础上建立市呼叫中心，24 小时接听居民服务请求。通过提供呼叫求助热线，向广大居民提供衣食住行等的呼叫服务，中心服务人员接收到呼叫后，可以按居民的情况为居民选择相应的服务机构，并通知其为居民提供相应的服务，也可以提供相应的服务机构信息由居民自主选择。

（二）多种方式，互联互动

利用现有资源和成熟的通信设备及通讯方式，给居民提供更多的选择。例如，与短信业务的通信商合作，通过短信接收居民的服务请求，以及通过短信给居民提供服务。随着有线电视的发展，有线电视也可以接入网络中心，为有线电视用户提供相应的服务。

（三）采购配送，悠闲购物

在传统居民服务的基础上，拓宽服务范围，开展销售和配送服务，在各居民小区选择 2~3 家商品全、信誉好的商店加盟。通过门户网站开展网上购物，热线接受居民购物请求，以及短信和有线电视购物等多种方式，使居民坐在家中实现悠闲购物。

（四）网络互联，资源共享

利用全市社区虚拟专网，有效地组织整合社区内的信息资源，实现信息资源及经营业务的共享。在社区网络平台上开展社区信息查询、多媒体娱乐、多媒体教育、电子商务、家政服务、医疗卫生保健、社区福利、监督投诉等服务。

二、自助式体检，管理自身健康

健康小屋作为网络医院在院外的重要组成部分，主要位于社区、社康中心及大型团检企业内。由大型医院选点建设，合作企业提供标准化建设、配套服务，与医院健康管理平台互联互通。基于先进的信息科学技术，以社区健康服务平台建设为中心，通过全面的健康自测体系，为社区居民及社区医生提供系统、专业的服务，提高社区卫生服务质量和服务效率，为社区预防疾病防治事业提供有力的支持和保障。

（一）人机互动，自助检测

健康小屋内配置有各种类型的健康采集器，居民可随时进行健康监测，数据实时传输给对应的医疗、健康管理机构，由专业医生给予指导（李畅，2011）。健康小屋能够完成对高血压、糖尿病、动脉硬化、骨质疏松、心血管疾病、肺功能疾病等项目的筛查，居民在家门口就可以免费测量血压、血糖甚至评测精神压力等健康指标，这些数据通过互联网传到大医院的信息平台后，可永久储存，居民也可获得大医院医生提供的在线健康评测和健康指导等。

（二）健康评估，智能诊断

在健康小屋或任何可上网的地方，用户可登录网络保健中心网站的个人健康空间，利用各种健康评估工具，在收集健康信息的基础上，对健康信息进行系统、全面的科学分析，形成一份具有指导意义、详细的健康测评报告。其包含体质评估、心理分析评估、营养状况评估，以及对健康不利的因素分析、个体危险性分析、已有疾病的治疗和随访、应警惕的身体信号、定期检查计划、健康促进措施等（廖湘庆等，2013）。并且就个人情况进行微观局部的健康生理指数分析，形成宏观整体的健康系列分析报告，便于及时针对身体隐患，采取合理措施。

（三）健康干预，个性化体检

健康干预是指针对健康人群、亚健康人群、疾病人群的健康危险因素进行全面监测、分析、评估、预测、干预和维护的全过程（李利荣，2014）。实施健康干预是变被动的疾病治疗为主动的健康管理，达到节约医疗费用支出、维护健康和促进健康的目的。根据用户的健康评估，系统会生成健康干预方案，包括慢性病管理方案、个性化运动方案、生活方式干预、肥胖/减重管理、个性化饮食方案、压力管理等。

（四）健康档案，动态更新

通过建立个人、家庭和社区健康档案，能够了解和掌握社区居民的健康状况和疾病构成，了解社区居民主要健康问题和卫生问题的流行病学特征，为筛选高危人群、开展疾病管理、采取针对性预防措施奠定基础（苏晓红，2012）。社区卫生服务中心需要建立完善的社区居民健康档案，并严格管理和有效利用，有针对性地开展系统的社区卫生服务。

三、养老服务在身边，不出社区享晚年

从老年人实际需求出发，利用传感器、大数据分析等技术手段，提供紧急救助、智能居家、健康管理、生活服务、定位防走失等服务，为老年人提供方便、快捷、高质量、人性化的服务，实现网上虚拟敬老院（凌敏，2015）。

（一）一键呼叫，助老服务

通过为老年人提供统一的服务热线和可选择的有一键通功能的老人手机等智能通讯终端，全天候为老年人提供紧急支援、医疗保健、生活照料、家政服务、精神慰藉、法律维权等项目的综合服务。

（二）物联监控，实时报警

利用物联网监控技术，通过在室内布置传感器，实现居家养老危险监控报警。主要包括：人体感知自动报警、煤气泄漏自动报警、停电自动报警、失火自动报警、组件低电量自动报警、居家紧急报警、漏水紧急报警、电话故障报警、健康异常报警等。

（三）卫星定位，防止走失

利用卫星定位技术，通过移动终端定位，防止老人走失。自定义设置老人活动范围，即虚拟围墙。当老人走出定义范围的时候，系统自动报警，并以电话的形式通知亲属。提供老人行动的轨迹查询，方便了解老人踪迹，获取老人即时位置信息。

（四）亲情提醒，主动关怀

综合运用电话、短信等通信手段，平台可以根据发送的内容，将天气状况、健康护理、疾病预防、政府养老政策等主动地发送给老人，让老人感受到来自亲人、政府和社会的关爱。可按一定条件（地理区属、年龄、性别、健康档案等）选择对应的老人，通过短信、语音向老年人的手机、固话发送文字、语音消息。

四、小事调解不出网格，大事化解不出社区

为方便居民群众，把涉及居民日常生活的社区服务集中在一个办事大厅，对应设立民政、劳动、医保、计生等服务窗口，这一改革措施极大地方便了社区群众。但随着时间的推移，"一门式服务"的不足开始显现出来，由于条线关系没有理顺，群众办事仍需在多个窗口奔波，效率不高，而且对网络、电话等现代信息技术应用不够。为最大限度地方便社区居民，从"一门式服务"向"一口受理，后台协办"转变（裴峰，2013）。

（一）前台一口受理

前台一口受理包括：①统一受理渠道。把原来分散的社区服务项目进行归并，设置功能统一的前台受理窗口，让居民在一个服务窗口就可以解决所有问题，受理结果实行"一口回复"。同时，把对外业务受理电话、社区内各种服务机构的联系方式等相关信息输入"社区服务一号通"系统，实现"一线式服务"。充分利用现代信息技术，实现服务窗口、服务电话和网络3条受理渠道的互联互通，统一受理渠道，实现无缝连接。这样，就形成了由电话、网络和服务窗口3个相互贯通、相互关联的子系统组成社区公共服务前台大系统。②扩大服务内容。把党务、政务、事务、商务、家务等涉及社区群众和驻区单位的服务事项全部纳入"中心"的

服务范畴，进一步整合服务力量，完善"中心"服务功能。③区别业务类型。把多项社区事务进行分类，按照即办件、限办件、内部流转办件以及外部会同办件4类处理模块。即办件在证件齐全的情况下当场办结，其他无法即交即办的工作转向后台由专业人员限时办结。

（二）后台协同办理

前台人性化的"软"服务需要后台"硬"的支撑，后台"硬"的关键在于整合服务资源和流程再造。为增进各服务力量间的工作协同，主要从以下三个方面入手：①以信息化手段为支撑。目前，通过信息技术手段打破传统部门的和空间的界限，实现跨部门的信息共享，提高办事效率。②以制度建设为保障。明确在人员管理上实行"条主业、块管人"的管理模式，并提出了"六个统一"的要求，即"统一调配、统一录用、统一待遇、统一培训、统一考核、统一管理"，加强各部门的工作协调，推动管理的制度化和规范化。③以健全组织机制为核心。在确保条线业务专业性的前提下，提出要"淡化两所，突出中心"，由街道办事处分管副主任兼中心主任，进行统一管理，以便更好地发挥综合管理的优势，形成统一的社区公共服务平台。

第三节　智慧交通，让出行无延时

智慧交通是指以交通信息中心为核心，连接城市公共汽车系统、城市出租车系统、城市高速公路监控系统、城市电子收费系统、城市道路信息管理系统、城市交通信号系统、汽车电子系统、停车场管理系统等实现综合协同运作，让人、车、路和交通系统融为一体，为出行者和交通监管部门提供实时交通信息，有效缓解交通拥堵，快速响应突发状况，为城市大动脉的良性运转提供科学的决策。

现在大多使用传统的行政手段来缓解交通拥堵，如北京限行、国庆限行，通过单双号限行使出行量下降一半。但是真正依靠数字技术，能让每个人的交通出行情况都在交通系统中，什么时候出门、什么方式出门、怎么用最短的时间到达目的地，都通过智慧交通系统进行调配，帮助每个人最快的到达目的地，从而提升整个城市系统的效率。

为建设智慧交通体系，我们提出在现有城市交通建设基础上，统筹道路、公交、危化品运输、客运等信息资源，构建集信息发布、智慧调度、运营分析等服务为一体，人、车、路、环境协调运行的新一代智慧交通体系。通过建设交通综合信息管理服务体系和公众出行信息服务体系，在各个城市范围内实现精确的交通基础数据采集、人性化的交通出行及停车引导服务，发挥交通基础设施效能、提升交通系统运行效率和管理水平，为民众提供人性化、实时化的交通出行服务，为交通部门管理提供便捷办事、高效指挥、动态决策的信息化辅助支撑，实现人、车、物、路、环境的协同，有效提升市民出行满意度和城市形象。

一、综合管控，疏导城市交通

近年来，随着经济快速发展、科技迅速提升，我国城市的机动车数量逐年增加，导致城市道路拥挤，交通堵塞，严重困扰着市民的日常出行，如何对交通进行准确的监测和管控，如何科学有效地进行交通疏导调度，已经成为摆在交管部门面前的一个重要课题。

（一）管理资源，整合数据

基于各城市云计算中心，对各种交通信息资源进行统一存储、统一维护、统一管理，通过对城市交通数据挖掘，实现对城市综合交通信息资源的集中管理。利用大数据技术，实现从数据到服务的转化，发现交通运输发展规律，使交通管理与决策更加准确、科学，是交通信息资源管理在数据汇聚基础上的重要课题。整合交通管理各业务系统和静态、动态交通数据，深入挖掘数据在交通管理决策中的应用，提高交通指挥能力，提升交通管理水平。

（二）监测运行，协调联动

建设基于"智慧感知"的交通运输监测预警与协调联动系统，建立对路网运行、公共交通、对外交通三大板块的智慧化监测体系，实时掌握城市的交通运输状况。在综合交通日常监测工作中，对地面公交、轨道交通、危化车辆、执法处罚等运行状况进行监测，并实行分级预警，及时掌握城市交通运行状况，为不同运输方式之间的协调指挥提供支撑，也为交通安全风险管理及事件发生时及时发现提供保障。

协调联动主要面向交通行业管理部门、行业企业调度中心等，掌握地面公交客流、异常信息情况，掌握机场到港客流、航班延误等信息，掌握铁路到站客流、火车晚点等信息需求，在全面掌握综合运输运行状况的基础上，通过信息共享，协调相关部门、行业企业采取保障措施，为交通运行有序、居民出行安全提供保障。

（三）电子警察，监察路况

通过电子警察与信号联动，在易拥堵路段的出入口建设智能卡口点位，实现对各类车辆的连续监控与保障，便于对路段的交通流进行统计，为计算精确的实时路况提供数据支撑（郁建生等，2017）。借助电子警察高清相机视频检测功能，检测车道内的车流情况，然后将车流信息以报文形式发送给信号机，信号机会分析区域内所有高清相机发回的数据，最终实现信号机的视频联动功能，从而对红绿灯路口进行智能化控制，并能对检测到的交通参数进行可视化的确认。

（四）监督安全，应急处置

通过交通运输安全监督与应急处置，实现危险源、应急资源、拓展交通指挥调度、事故应急处理等服务。利用视频监控设备、专业队伍巡查等多种手段，对城市交通运输需要重点监控的公交场站、危化企业、路网环境等进行安全监控。当有交通安全事件发生，交通应急综合指挥进入应急处置阶段，全部应急力量实现充分调动。指挥中心对交通安全事件影响范围、严重程度等相关信息进行收集、分析和评估，动态掌握交通救援队伍、应急储备物资和装备、应急通信系统等情况，及时向上级应急指挥单位报送相关情况，下达应急指挥调度命令，实现对应急指挥资源的有效调配与管理，保障应对过程中所需资源及时到位。

（五）发布信息，辅助出行

通过及时、权威的信息发布，方便公众出行，有利于树立交通管理部门良好的服务型政府形象，提升服务水平。面向出行公众，通过多种渠道发布全路网动态路况信息、公共交通运营信息、动态停车信息、车辆维修信息等，为出行者提供全面、准确、及时的信息服务，提高出行效率。及时提供目的地周边空余停车位信息，节假日提供道路拥堵、施工、事件、天气等信息，提供公共交通乘坐信息以及下一班车预计到达时间、拥挤程度、异常等信息，使用户能通过智能手机、电话等多种方式获得个性化驾车出行、公共出行服务。充分利用现有设备，增加交通流量监测及指示信息发布体系，提高交通管理水平和交通系统运行效率。

二、车辆管理，强化管控能力

根据我国的基本国情，提供以无线射频识别技术为基础，结合无线数据通信技术、自动控制技术、信息发布技术等现代化科技的智慧交通车辆管理综合解决方案，实现车辆管理平台化、服务化，提供采集、传输以及信息集成，并在此基础上包含数据挖掘、对外信息发布以及用户信息服务接口（马忠彧，2013），从而实现对车辆管理的资源型整合。

（一）车辆监控，掌握动态信息

通过车辆监控体系，可以实时获取在用车辆的"身份特征信息""路网运行时控信息""事件信息"，并通过将现有公安系统中采集的涉车相关信息分类融合到统一的"车辆动态信息实时监控平台"中，从而为实现涉车信息的资源化开发和应用奠定基础。

（二）驾驶员管理，杜绝违规行为

通过为驾驶员配发信息卡，并通过将现有公安系统中的驾驶员信息统一到"驾驶员信息卡管理功能"中，民警可通过手持机读取驾驶员信息，直接连通、调取后台数据，自动生成处罚决定书，驾驶员实现自助缴费，提高交管部门执法效率，解决因误操作引起的后续处理问题，杜绝假证、套用证件违法行为。

（三）车牌检查，严防问题车辆

通过车辆管理对行进中的车辆进行不停车的全部自动化检查，当有假套牌或黑名单车辆通过时，系统会自动报警，并显示出车辆的车牌号码。由于经过硬件设计、软件设计、数据加密后的电子车牌是不可能被仿制的，且每辆车只配备一个，如果是假套牌车辆，则物理车牌的车牌号码必然没有与之相对应的电子车牌的车牌号码，监测基站立即将物理车牌的车牌通过 WLAN 发送到前方的交警的现场执法终端上，提示交警进行拦截。该功能的全面普及，可彻底解决车辆盗抢、走私、假套牌、报废车上路、拖欠税费、拖欠交通罚款等问题（何爱翠和马天斌，2013），还可以根据需要支撑城市区域/时段收费管理，停车场收费管理，区域车辆进出管理（如小区停车、重要机构的车辆进出等）。

三、便民公交，助力公共出行

智慧公交解决方案利用全球卫星定位技术、无线网络通信技术、地理信息技术等多种技术，推动城市公共交通管理规范化、运行监管自动化、决策科学化、运营调度合理化、信息服务一体化，提高城市公共交通运输服务与管理水平，全面提升城市公共交通吸引力，让市民出行更安全、便捷、环保。通过统一的信息平台，实现对公交线路运营车辆、机动车辆、检修车辆动态位置的实时监控、调度控制、双向通信、历史数据回放、车内视频监控等功能，从根本上提高调度指挥系统对运营状况的实时掌握与应变能力。智慧公交解决方案能有效降低空驶率、事故率、投诉率，有效促进节能、减少轮胎损耗、配件损耗、运营成本和经济损失；提升公交形象、公众认同、运营效率、管理能力和服务水平；使人资配比更合理、发车更准点、报站更准确、驾驶更规范、行车更安全、盗抢取证更及时、可靠，提升城市的公交分担率。

智慧公交具备公交智慧调度、公交公司管理、视频监控管理、公交出行管理、公交一卡通和行业监管等功能，以及相关的监控调度终端、司机操作屏、视频客流统计仪、车载刷卡机等公交智慧终端。

（一）快速调度，提高效率

传统车辆调度只能根据车辆进出站情况判断线路运营是否顺畅，中途无法联系驾驶员。公交调度管理可以实时掌握线路车辆运营情况，迅速做出反应。根据运营情况，调度员可以及时发出调度指令，调整行车间隔、增加/取消车次、发布时间互换、提示驾驶员运行速度和位置等，提高车辆利用率，最大限度减少拥挤度，缩短等车时间，提高乘客乘车舒适度。

例如，有一辆车在路上遇到车内挤满乘客的情况，调度中心的工作人员随即发出指令，要求另一辆车缩小发车间隔，立即出发。通过车内外多路视频监控，调度中心可实时了解公交车路线路况和车内拥挤情况，为中心调度调整车隔、增减车次提供依据。同时，为公交车辆紧急事件、应急交通指挥、驾驶员行为规范、车厢内外监控取证提供有效、及时的支撑保障。

（二）全面管理，保障营运

公交公司管理具备客服、机务、维修、安全、IC卡、人力资源、办公自动化、物资、营收和财务等管理模块，可对企业的人员、物流、资金流进行全面系统的管理。让企业管理者及时掌握企业的营运情况，合理安排资源、实现企业无纸化办公，提高企业的办公效率。

（三）视频监控，确保安全

视频监控管理可实现多屏幕 3G/4G 实时视频监控、移动视频监控、本地与远程录像播放、视频巡检、流量管理、报警管理、录像下载计划、图片抓拍计划、系统管理等多种功能。对于车厢内发生的突发事件、中途的上下车行为做到实时的可视化监管，有效地监督驾驶员的行为，不仅保障了运营的安全问题，同时提升企业的运营效益。

（四）掌上出行，便民快捷

出行路线查询、附近站台、候车时间是市民在乘坐公共交通出行时较为关注的问题。掌上出行客户端可为市民提供实时线路站台查询、换乘查询、车辆位置、交通畅通情况等信息服务。所在位置附近最近的站台在哪里，所乘坐的车现在在哪、还有几站，一目了然。

四、智慧停车，完善停车管理

随着科技进步和中国经济的高速发展，人民生活水平的不断地提高，城市汽车也增长迅猛，于是出现了"车位少""停车难""找车难"等社会问题。因此如何利用先进的科学技术来创建具有先进水平的现代化的智慧停车管理，以顺应时代发展的要求，已成为十分紧迫的问题（金岩，2016）。

为了提高停车场的信息化、智慧化管理水平，给车主提供一种更加安全、舒适、方便、快捷的环境，实现停车场运行的高效化、节能化、环保化，推进智慧停车场的建设；智慧停车场由两大部分组成，分别是视频免取卡收费及停车场找车机，依靠本身的强大功能及在车牌识别方面的优势互补，实现车辆快速进场、快速停车（何遥，2014）；车主返回车场时快速找车、快速缴费等全自动化智慧停车场管理应用。

（一）视频免取卡，快速进出

视频免取卡收费改变了以往由人工管理或者刷卡/取票管理带来的泊车效率低、服务差、人为的乱收费和拒缴停车费等诸多问题。以一套完善的基于车牌及车型识别的收费系统作为车辆出入停车场凭证，通过出入口识别车牌号码及车型、车辆颜色来判断车辆进出场的权限、停放时间及所需缴纳的停车费。这既可以应用于小型的一进一出停车场，也可以应用于大型的多进多出停车场（夏义年和黄迪，2014）。

（二）自动找车机，准确定位

停车场找车机通过视频图像拍摄及处理技术，实现了通过输入车牌号，显示车辆所处的位置，帮助顾客尽快找到车辆停放的区域。找车机结合了车位引导功能，可以自动引导车辆快速进入空车位，降低管理人员成本，消除寻找车位的烦恼，提高顾客对停车场乃至其所属物业公司的满意度；加快停车场的车辆周转，提高停车场的使用率和经济效益；提升停车场管理水平，提高停车场所属物业公司的对外形象（付辉，2014）。

(三)建管理体系,提升服务

建立统一的智慧停车管理服务体系,对各个城市主要区域的停车场进行智慧化改造,在主要道路安装交通指示信息屏,动态发布主要路段交通流量信息及停车场信息,为公众提供人性化的停车指示服务。探索实施区域差别化停车管理政策,强化交通需求管理。创造良好的步行和自行车交通条件,发展城市绿色交通,有效缓解核心城区停车难问题。

除此以外,道路交通采集、车载信息服务、闯红灯违法抓拍自动记录等都是智慧交通的重要方面,各种功能应用相互支撑、相互配合,形成以智慧交通管理为核心,以发现—处置—监督—考核为节点的"四位一体"全过程信息推送及监管闭环管理,构建城市的智慧交通体系。以信息化、智慧化为牵引,推动现代信息技术与交通运输管理和服务全面融合,让智慧交通站在服务百姓的最前端,承载百姓的"交通梦",让人民群众切实感受到以便民、利民、惠民为根本出发点的交通运输服务,推进城市经济社会发展。

第四节　精准扶贫,让资源无浪费

精准扶贫是新时期我国扶贫开发的战略导向,是对接经济新常态要求扶贫资源优化配置和发展质量提升的政策回应,是服务于"共富共赢"全面小康社会建设目标实现的关键途径。市场经济条件下,资源投入和瞄准效率是影响扶贫效果的两大因素。基于信息技术应用视角,"互联网+"时代要求政府扶贫治理关注"循数管理",提升政府及扶贫职能管理机构和人员的循数管理技能,提高大数据搜集整理与数据挖掘水平,并将其应用于扶贫开发工作主体行为、扶贫对象发展的客体行为、扶贫路径的精准选择,尽可能降低扶贫开发工作中的不确定性,保障扶贫开发工作风险可控。智慧城市建设中,信息化促进扶贫开发工作的功能发挥视角下，"互联网+"时代跨越传统时空环境界限，促进发展要素交流与融合，重构传统社会经济系统与产业结构关联，为民众提供了全新的发展观念和发展路径。扶贫开发工作应紧抓这一历史机遇，通过电商扶贫、创新创业、金融扶贫和农村产权改革扶贫等建构于新型发展方式基础上的发展路径，促成扶贫对象实现跨越式发展，跳出"贫困凹地"（郑瑞强和王英，2016）。

习近平总书记2013年11月在湘西考察时提出了"扶贫要实事求是，因地制宜。要精准扶贫，切忌喊口号，也不要定好高骛远的目标"。2015年1月习总书记在云南考察时再一次指出"要以更加明确的目标、更加有力的举措、更加有效的行动，深入实施精准扶贫、精准脱贫，项目安排和资金使用都要提高精准度，扶到点上、根上，让贫困群众真正得到实惠"。2015年，扶贫工作"六个精准"基本要求的提出，即扶持对象精准、项目安排精准、资金使用精准、措施到户精准、因村派人精准、脱贫成效精准，为精准扶贫指明了方向。在这一基本要求指引下，国家扶贫治理能力大为提高，农村脱贫成效十分显著（汪三贵和郭子豪，2015）。

随着新一代信息技术的发展，"互联网+"行动计划、大数据发展战略等国家重大战略的提出，以及智慧城市建设的实施，给精准扶贫提供了新的发展思路，"信息扶贫"已从20世纪的思路理念演变成当前信息化平台的支撑。面向扶贫对象的精准定位、扶贫项目的精准安排、扶贫服务的精准提供、扶贫考核的精准评价等均形成了具体系统支撑，此外，基于大数据思维，整合海量信息资源，提供综合分析挖掘应用，已大大提高了精准扶贫的信息化水平，使扶贫真正实现"精准化"。

"信息化精准扶贫"是响应国家信息化发展战略的部署要求和落实国务院"精准扶贫"战略的重要举措，对贫困户摆脱穷根不返贫发挥着重要的作用，是当代中国扶贫攻坚，实现全面脱贫、建设小康社会宏伟目标的必由之路。这些政策机遇和信息化扶贫取得的成果使得精准扶贫信息化建设取得重大推进。

但是，目前在精准扶贫的道路上仍然存在薄弱环节。例如，信息采集不准确、项目规划不到位、资金分配和使用不明确、地方实际不考虑、驻村帮扶无监督、脱贫成效无考核等问题，亟须通过信息化的手段提高资源的配置效率、实现资源优化配置、达到精准脱贫的实效。

一、大数据管理，精准定位帮扶对象

（一）扶贫大数据精准分析

全面整合扶贫系统数据和行业部门数据，并对数据进行有效性检验、核查、清洗与比对，在完成数据转换、错误数据反馈、数据审核等工作的基础上形成精准扶贫云数据库，并将筛选出的错误数据反馈原数据采集人员进行数据修正；将异常数据、错误数据反馈到相关行业部门，进行数据校准。并实现数据的季度更新编辑，建立数据更新模式。通过大数据的精准分析，能实现对帮扶对象的精准定位，让那些伪扶贫对象无所遁形。

（二）挂图作战大数据管理

面向各级扶贫主管部门和各级监管部门以及各级扶贫工作的决策层，通过 GIS 动态展示贫困县基本情况、社会发展、经济情况、设施、公共服务、县脱贫攻坚方案以及项目资金安排情况；贫困村的基本情况、设施、公共服务、整村推进方案、项目资金、贫困村农户信息，农户信息包含基本情况、家庭成员、收支、家庭经济、精准帮扶、金融扶贫、培训等数据信息。用大数据的方法管理扶贫对象信息、监控扶贫项目实施、监管扶贫资金使用、科学安排驻村帮扶、评估脱贫成效，并通过"挂图作战"一张图的方式，以热力图、散点图、折线图、柱状图、迁徙图、雷达图等表现形式，对大数据分析结果进行前端展示呈现，为各级决策层、各级扶贫部门科学决策提供有力的大数据支持。

二、高效管理平台，助力扶贫帮扶工作

（一）扶贫工作管理平台

实现结对帮扶、点对点精准扶贫方式，提高扶贫工作实效。深入开展结对帮扶，通过系统实现扶贫干部信息与贫困户信息准确关联。针对基层扶贫干部，实现对贫困户数据的录入、更新管理，对干部日常工作的录入、查询，真正做到扶贫工作到村到户到人，确保扶贫工作落实到位。确保扶真贫、真扶贫，为精准扶贫管理工作提供有效的技术支撑。针对领导层，开发扶贫数据统计分析功能模块，实现全市县贫困数据、脱贫数据的统一汇总分析，方便领导掌握了解整体扶贫工作情况，为领导层提供工作决策依据。利用移动通信技术，打造手机客户端功能，实现移动办公，消除时间、地域限制，提升扶贫工作实效。

（二）驻村干部管理平台

目标是为了实现驻村干部不再为应对各级上级单位上报各种名目的贫困数据所累，提高工作效率和积极性。驻村干部通过"驻村干部管理平台"系统不仅可以快速上报数据，用信息化的方式开展日常帮扶工作，提高办公效率；还可以通过使用"公共服务平台"系统为群众申请政府和社会援助，如上报突发致贫事件，帮"三留守"人员发布需求，对接安排帮扶志愿者入户帮扶等。干部帮群众向政府要过政策、在商城卖过东西、通过帮扶平台拿到捐赠等都记录在案，系统自动为干部的工作量"记工分"，这也是绩效考核的重要依据，干部不再为服务系统报数据所累，不再排斥系统，而是欢迎系统，积极参与使用系统，离不开系统。

三、整合多方信息，提供脱贫引导服务

（一）精准扶贫服务平台

面向帮扶主体充分调动政府和社会力量帮助贫困户快速脱贫。扶贫单位及有关管理部门可以通过这一平台发布通知、公告、政策、扶贫政绩、扶贫数据，以及同社会各界进行交流互动，提高扶贫工作的公开度与透明度；贫困群体可以在该平台发布自救需求，获取政府与社会的帮助。公众可以及时了解国家相应扶贫动态与政策，充分开展社会监督；驻村干部、贫困户可以通过这一平台进行技能培训，掌握计算机技能、农业种植、养殖技术、职业技能和手艺；社会爱心人士、团体可以通过这一平台广泛参与，"一对一""一对多"地支援救济贫困户。

（二）农村电商服务平台

扶持企业组织散户农民实施规模化种植和农产品统一收购，以农产品电子商务平台为载体，开拓网上销售渠道，实现农产品包装进城入市，帮助农民增收。引导本地农业电子商务企业积极与国内知名电子商务平台开展合作，采用"垂直电商入驻"模式进驻天猫、京东等综合电子商务平台，借助大平台的知名度和用户数量优势扩大农产品的销售规模。

（三）农村创业服务平台

提供资金、培训等服务，建设供需信息渠道，加强就业创业服务，推动人员回流与经济发展，利用电子商务技术与网络平台，提供实训教学服务和相关岗位实践与就业创业实习服务、提供就业培训服务、就业指导与推荐服务、创业培训与创业指导服务。充分调动社会各方面的资源，采取理论研究与应用推广相结合的方式，以市场化运作的形式开展工作。构建

信息渠道服务体系，通过信息的共享和查询，快速有效地进行评估，准确发放扶持资金和贷款。构建就业创业培训体系，开展组织线上和线下相关的培训工作，介绍成功案例和经验，全面提供就业创业服务，从而提高就业创业的成功率，有力支撑当地经济和民生发展。

四、移动终端应用，延伸扶贫服务范围

（一）精准扶贫 APP 应用

精准扶贫 APP 的使用对象定位为上级主管领导、扶贫干部、贫困户和社会公众，他们可以通过扫描二维码或通过浏览器下载该 APP。一方面，上级主管领导、扶贫干部，可以按各自工作分工与权限实时上传和查看下发的扶贫政策、贫困户基本信息、贫困户照片上传、位置导航、帮扶日志录入、帮扶干部帮扶过程监督管理等；另一方面，贫困群体可以在该平台发布自救需求，以获取政府与社会的帮助。社会爱心人士、团体可以通过这一平台广泛参与对贫困户的帮扶。

（二）贫困户服务交流平台

搭建政府与贫困户间的沟通桥梁，解决信息沟通问题，提升服务水平。建立扶贫政策知识库、农技等各行业专业知识库，依托 96333 群众服务热线和网上交流平台，为贫困户和社会群体提供在线交流、政策咨询、答疑解惑、专业技术查询、贫困信息公开的服务平台，解决政府部门与贫困户、社会公众间交流难的问题，加强扶贫沟通交流，提升服务水平。

（三）精准扶贫服务门户

精准扶贫门户基于集约化互联网门户站群系统建设，可作为市政府门

户系统的子站点。通过精准扶贫云门户为各行各业关心参与扶贫的各类用户构筑统一的入口，将社会扶贫数据、产业发展数据、金融信贷数据、个人征信数据、教育扶贫数据、就业技能培训数据、危房危窑改造数据、水利交通与信息化数据、卫生计生数据、科技文化旅游等相关数据实时发布，为政府机构、社会公众提供一个投诉建议、问题反馈跟踪、政策宣传、公示的公众服务平台，提供一个扶贫信息公开、社会监督的平台，提供一个帮扶对象、政府机构、社会力量互动交流沟通渠道。

五、综合扶贫监管，实现脱贫精准掌控

（一）扶贫项目监管评估

建立以扶贫资金监测、扶贫项目监管和扶贫开发实时监测为主要内容的监管平台，实现扶贫帮扶事先预警、事中监控、事后评估的综合监督评估体系，定期发布监测评估报告，确保扶贫开发资金安全，与基础数据子系统有机结合，实现扶贫帮扶监督监测；建立可自定义配置的监测规则库，建立可灵活配置的财政专项扶贫资金绩效考评体系，实现精准考评。具体内容包括扶贫对象监测、扶贫规划监管、资金监测、项目监管、脱贫成效监管、责任人监管。

（二）精准脱贫决策分析

数据分析将结合扶贫对象（贫困县、贫困村、贫困户）基础数据、专项扶贫业务数据、行业部门与扶贫开发有关联的数据、行业部门落实扶贫任务数据、社会力量参与扶贫开发数据、与贫困村、贫困户发展相关的市场信息，通过建立分析模型，深入挖掘分析贫困对象致贫原因与扶贫措施匹配程度，落实效果，引导政府、社会、市场各方力量精准帮扶、精准施策。同时加强对各级扶贫工作的监测评估，规范扶贫开发行为与措施。通过数据挖掘与分析研究，制定精准扶贫精准脱贫预警指数，实现对贫困

对象的脱贫情况形成科学的、直观的判断依据，辅助用户决策。建立数据预测、政策效果仿真模型。以致贫原因为基础，以脱贫需求为导向，综合多项关键数据建立全面科学的仿真模型，实现以现有数据发展趋势预测、扶贫措施推演和效果仿真功能，为用户提供有前瞻性的决策依据，制定出更为科学可靠的扶贫措施。

（三）精准脱贫综合展示

通过大屏展示精准扶贫系统中可对外公开的信息，包括政策、措施、工作进度、扶贫成效。市扶贫办可统一管理各县、乡镇展示内容，也可由县自行管理展现内容。由展现系统自动按条件、模版生成各类展现信息。分级展示市、县、乡、村当前区域扶贫现状，实现可视化的数据管理、统计分析与数据挖掘，支持用户的决策分析与业务开展。系统将详实地展现各地区的贫困状况、工作进展和成效，辅助用户直观地了解各级区域贫困人口分布、扶贫资源配置、扶贫工作特色，辅助提高数据采集的科学性、统计分析的多样性、预警仿真的准确性、决策支持的有效性。

六、制定评价机制，切实保障扶贫实效

把大数据技术运用到扶贫领域，用大数据方法评估脱贫成效，通过动态数据可视化分析，对贫困人口、扶贫干部绩效等信息的综合展示，可实现按照地区逐级筛查，能够详细展现脱贫摘帽的考核情况，并且数据实时统计汇总，对不达标的地区或个人给予警示，促进精准扶贫工作落到实处。

第九章 智美

社会文化生活与广大人民群众生产和生活实际紧密相连，在提高人民群众的生活质量，满足广大人民群众的文化需求，促进政治、经济和文化的协调发展等方面发挥着重要作用。坚持均等性、公益性、基本性、便利性的原则，通过信息化手段创新拓展文化交流宣传渠道与方式，通过智能手机、便携式计算机等移动终端和新媒体的集成应用，形成网络健全、结构合理、发展均衡、运行有效、惠及全民的公共文化服务体系，是智慧城市的重要功能组成。

"智美"是社会文化生活领域的智慧应用，涉及教育、旅游、娱乐等方面，通过智慧化创新应用，构建公共文化服务新模式，大幅提升服务的能力和水平，在社会物质文明取得巨大进步的同时，提供更丰富的精神层面的服务，让人们的生活变得更美好。

第一节 智慧教育，让心灵洗礼

智慧教育是一种最直接的、帮助人们建立完整智慧体系的教育方式，其教育宗旨在于，引导人们发现智慧，协助人们发展智慧，指导人们应用智慧，培养人们创造智慧。信息化环境下的智慧教育可以追溯到钱学森先生早在 1997 年开始倡导的"大成智慧学"，他提出的英译名称为"Science of Wisdom in Cyberspace"，Cyberspace 乃是网络交互信息空间的总称，足见钱老预见到信息化对智慧发展的关键作用。

智慧教育的基本假设是以先进的、适宜的信息技术作为基本支持，设计开发各种新型的、能适应各种特定的学习、教学需求的智慧学习环境，利用计算机系统或其他智慧设备分担大量烦琐的、机械的、简单重复的学习任务，引导学习者将更多心理资源（如注意力、工作记忆、动机系统）投入到更为复杂、更有价值、更需智慧的学习任务中，这有利于发展学习者的批判性思维、创造力、协作能力、平衡能力以及问题解决能力。智慧教育的教学特征包括：第一，实时、便利的教学资源获取及课堂生成性资源的捕获和存储；第二，对课堂教学状态信息进行跟踪、分析，辅助教学决策；第三，实现自然、高效的课堂互动；第四，自主学习真正成为主要学习方式；第五，教学将突破明显的时空界限。

从生态观的视角出发，我们认为，智慧教育是依托物联网、云计算、无线通信等新一代信息技术所打造的物联化、智能化、感知化、泛在化的教育信息生态系统，是数字教育的高级发展阶段，旨在提升现有数字教育系统的智慧化水平，实现信息技术与教育主流业务的深度融合，让教育更加贴近生活，让教育伴随我们成长。

一、智慧课堂，让学习变得更有效

针对学前教育、义务教育、高中教育、职业教育、高等教育、继续教育、民族教育和特殊教育的不同需求，建设优质网络课程及其资源，遴选和开发学科工具、应用平台和虚拟仿真实训实验系统。整合师生需要的生成性资源，建成与各学科门类相配套、动态更新的数字教育资源体系。

（一）打破传统的学习模式

打破传统的教师、教室、学生的固定组合，教师可以借助教育云平台为其他学校的学生授课，学生也可以借助云平台学习到更加擅长某课程的教师的教学，家长也可以借助网络远程参与学生上课过程。学生可借助云平台进行在线听课、在线完成作业、在线交流互动、在线提问辅导等，将传统的教育教学和现代互联网络紧密结合在一起。

（二）内容丰富的门户空间

为各级教育机构建立空间，包括教育行政部门、学校机构空间、班级空间以及教育机构空间。支持各级的地图门户，全面展示区域下的教育信息化覆盖情况。空间能自动获取相关机构门户网站数据，或由机构管理员在机构空间上发布相关信息、推荐教学资源，即时传递给下级机构，其他用户可访问机构门户，浏览通知信息，观看、下载教学资源。

为各级教育管理部门提供独立的专属门户，集教育资源和教育管理为一体。各级门户不仅具备独立域名，互不干扰，又支持统一管理。机构门户包括：信息管理、信息检索、信息采集、信息交换等一系列子模块，涵盖资讯、资源、教学、教研、学习、在线课堂、直录播课堂、课堂监管、圈组以及全站搜索等核心应用。

（三）来源广泛的教育资源

依托教育云平台整合各级、各地教育机构生成的教育资源，类型包括视频、文档、图片等类型；按学段、年级、学科、版本、章节、知识点，符合实际教材目录结构对资源归类，并能按此结构进行资源筛选查询；系统可以按资源发布时间、评分高低、播放次数、下载次数等排序；同时，通过配置第三方接口，接入其他来源数据和教育资源，并通过网络主动获取更多丰富资源，补充到云平台中。鼓励企业和其他社会力量开发数字教育资源、提供资源服务。建立起政府引导、多方参与的资源共建共享机制。

二、远程教育，人人共享优质资源

以音视频应用为核心，解决不同场景的不同问题。通过远程教学产生优质资源，实现好学校覆盖薄弱学校，好班级覆盖薄弱班级，解决优质资源不均衡的问题。借助网络打造一个线上的学习社区，达到资源共享。依托智慧教育云平台，整合更大范围的优秀资源，制定资源使用和审核机制，建立教育资源生态系统，为各级教学机构和学生提供资源服务。依托云平台实现众多在线功能，改变传统的教学方式和教学理念，让优质教育资源（课堂、题库、评阅、辅导）得到充分共享和增加。

（一）远程同步课堂

借助教育云平台，为位于不同学校、不同地区的两个甚至多个教室中的学生同步进行授课，教师可以借助网络及高清音视频编辑技术，与两个课堂的学生进行互动交流，学生提问、答题、板书等互动内容均可在线上实时进行。让有限的优质师资资源可被分享至更多学校、更多教室和更多学生，从实际上解决教育资源不均衡发展的问题。

（二）在线题库、作业、考试

教师可在线新建习题，同时把习题共享给其他教师使用，题目内容支持文本、学科公式、图片输入；教师可调用题库或自行输入题目布置作业，可有针对性地选择学生需完成的作业；学校管理员可组卷，组织统考，由参与统考的学科教师分配批阅。批阅完成后，由平台自动统计出最高分、最低分、平均分、通过率等。

（三）在线问答、辅导

学生针对某学科进行提问，系统自动把问题推送给班级学科教师，由学科教师进行解答。教师在回答学生的提问与追问时，可将已解答的类似问题推送至学生做参考。教师也可有针对性地组织学生进行线上辅导，采取远程同步在线教学的方式，教师、学生不必实际见面即可实现课程辅导。

三、教学管理，新模式带来新变革

借助教育云平台，学校管理部门可以方便地进行课程、课表编辑，并可与其他学校互联互通，共同制订教学计划；教师可以在线编辑、上传备课内容，或与其他教研人员在线共同备课，实现教学管理新模式。

同时，教育监管部门可通过局域网或互联网实时远程监控教学情况，使其对教育教学质量的管理更加方便、高效。管理人员可远程随时调取任意教室的授课视频及教室电脑的图像，观看教学状态，进行教学评估打分、录像，与教室双向交流，调看教学课表等，能够极大地改变当前教学监管力度不足的现状。

（一）共同备课

教师发起备课活动，邀请其他教师或者教研员等相关人员参与。支持通过音视频实时互动引擎在线协同备课。备课过程中，可以共享视频、桌面、文档，录制视频，针对教学方案进行讨论等。备课活动结束后，可以上传备课成果实物，浏览备课的全部内容，包括视频录像、交互内容。

（二）监管地图

监管地图按照国家行政区域地图划分，可以进入各级地图查看数据。根据地图显示辖区内的在线教室数量、计划总课时数、受益学生数、授课教师数等。地图模块可在部署时统一配置，支持个性化定制。各级地图可以独立呈现也可逐级呈现。

（三）网上课堂巡视

各级教育管理和监管部门以及学校管理员可实时在线轮巡本辖区/本

校内正在直播的课程，可以直观、便捷地进行教学点评，也能及时准确地发现问题、提出建议，提高了教学监管力度和质量，也间接地提高了教育教学质量。

（四）数据统计分析

为各级教育主管部门提供统计分析功能，可实时查看辖区内在线课堂的执行情况和课件资源的应用情况，可以根据地域、课程类型及时间进行查询统计，统计结果可以通过表格或统计图展示，也可导出留存。

第二节　智慧旅游，让精神升华

一次旅行本应简单快乐，但订机票、酒店、找攻略等烦琐的事情会花费我们大量的精力和时间，即使在出发前做足了准备，旅程中的各种突发事件随时都影响着这趟美好的旅行。

有了智慧旅游，情况就完全不同，我们只要准备好背囊，其他的事情都可以通过旅游助手轻松搞定，再也不用担心预定不到门票，不用担心路途上的拥堵、景点的游客爆满、导游的讲解变成广告，不用担心吃不到当地美食、买不到正宗的特产。

智慧旅游通过为游客提供定制化的贴心体验，构建起智能化的景区服务，结合各地的旅游特色和资源，通过大数据分析促进旅游产业集群化发展，打造出一种全新的旅游体验，创造出更大的旅游市场空间。

一、游客服务，带来全新的愉悦体验

（一）个性便捷的出行安排

游客出发前，可以实现旅游线路私人定制，通过选择感兴趣的旅游元

素及时间，可以快速定制私人旅游线路，预定参观景点的门票。无论你是喜欢休闲还是探险，喜欢自驾车还是乘坐公共交通工具，喜欢自然风光还是喜欢历史人文，喜欢住宾馆还是露营，都可以按照自己的喜好，在网上安排妥当，一站式解决去哪里、怎么去及玩什么的问题。

（二）参观游览的全程引导

旅程中，结合定制服务，精准推荐沿线的特色美食、风土人情。来到景区通过手机中的电子门票，快速入园，手机 APP 自动规划参观路线，通过全景导航引导游客参观，伴随讲解，自助导览。景点全都不会落下，想去哪里完全自主安排。景区的休息点、购物点、卫生间等各种服务设施的位置信息尽在手中。

（三）带来奇幻的旅游新体验

游览山高路险和体力达不到的景点，穿越时空、探索远古时代的景象，这些都能够成为可能。坐在 3D、4D 影院中，通过实景影像和三维虚拟化技术，就能让我们穿越时空，领略各种美妙奇幻的世界。

（四）让大家一同体验分享感受

旅程结束后，提供多渠道评价服务，全面汇集游客的反馈并及时响应，进一步优化旅游环境；对旅行经历的分享，让更多的朋友来体验。

体验旅游的智慧服务，感受智慧旅游带来的便捷，享受简单快乐的旅程，开启一段新体验和新感觉的美好旅行。

二、智慧景区，让景区服务全面升级

（一）景区情况随时看

来自景区的权威资讯，网上发布，通过旅游网站集群和新媒体端口为游客提供即时旅游信息服务，为旅游出行提供好帮手。景区的实况通过旅游网站、官方微信、微博和手机客户端实时发布，游客可以根据情况安排出行计划。

（二）景区的服务更多样

通过提供网上购票、智能检票、电子引导、3D地图、智能导游、电子讲解、景点直播、热力监控等智能化设施，整体提高景区的信息化程度和服务水平，在提升游客游览体验的同时，也实现了对景区良性管控。

（三）大数据让服务更智慧

有了大数据分析给我们带来智慧的享受，通过游客活动数据的统计，我们很快知道哪些景点值得一看，哪些特产值得购买；通过旅游轨迹、交通方式的跟踪，可以提供接待、安置服务，自动推荐相关服务内容。

（四）景区游览更安心

有了实时的景区流量和视频监控，动态掌握游客数量及客源分布，对景区客流量、车流量等要素进行提前预判，及时发布信息提示、疏导游客，引导错峰旅游，进行安全预警，提升游客旅游舒适度和旅游体验，让游客出行更灵活、更舒心。有了景区应急体系，当发生自然灾害、游客滞留等旅游突发事件时，快速建立与事发景区及属地旅游局的应急视频通信，为事态研判、会商决策提供及时真实的数据和可靠的保障，节约决策时间，让景区游览更安心。

三、行业管理，催生健康的旅游生态

（一）团队旅游服务更规范

通过旅游团队管理系统和旅游车辆监测系统，实时掌握出入境和国内旅游团队动态，对团队和车辆进行有效的跟踪显示，能在第一时间找到团队和车辆的运行信息，有了监管，对旅行社的管理更加严格，服务也更加规范。

（二）不再担心遇上黑导游

旅游企业以及导游人员等多类旅游管理服务对象进行动态实名制电子认证，每个经认证的对象将获得唯一的二维码标签。游客通过扫描相关二维码不仅可以获知提供服务的人员和企业的相关资质，而且还获得了更多的知情权和监督权。

管理覆盖导游、景区、旅行社、农家乐、饭店等旅游企业，行业管理部门可通过监督检查和系统投诉留言等对这些旅游企业和导游服务质量进行跟踪和动态管理。有了这套系统，有力地打击了黑导游、黑旅行社等不良现象的存在，维护了旅游市场秩序。

（三）行业监管更动态科学

将各重点景区内视频接入，通过采集景区天气、交通、实时客流量动态数据、为各类旅游信息资源提供高效的资源汇聚、管理、展现的途径，汇聚国家旅游局电子行程单和旅游团队数据以及公安、交通和国土资源等相关的涉旅数据，接入民航和景区的运行数据，接入旅行社和酒店的基础数据和实时接待情况，将分散在各部门不同系统中的有效数据资源进行有效的整合提取，实现部门、行业之间的数据共享，为旅游主管部门提供行业管理的决策数据支持。

四、网络营销，拓展广阔的发展空间

（一）拓展旅游服务空间

旅游资讯汇聚"吃、住、行、游、购、娱"各类信息，为游客获取旅游信息提供更丰富的信息获取渠道和网上展示，为游客提供专业的旅游出行服务以及在景区的智能导游导览服务和旅游资讯服务，进一步满足游客从移动端获取信息的需要，提供涵盖旅游景区信息、特色旅游产品、旅游线路、旅游目的地天气/舒适度在内的旅游资讯，同时为游客提供智能导游导览、周边信息查询、图片和视频分享、会员注册、电子认证查询与投诉等旅游信息服务。使得各地的游客在家中就能享受到各种服务，能够吸引更多的游客前来，当地的名优特产也不受时间、空间的限制，随时购买，大大拓展了旅游服务渠道和空间。

（二）立体宣传精准营销

通过社交媒体进行旅游信息发布、旅游产品宣传、旅游活动组织等，运用微博、微信开展旅游互动活动，吸引和调动网络用户关注当地旅游，进一步扩大网络影响力。同时，运用各系统累积的数据进行大数据分析，对客流来源、旅游目的地、消费特征、游客偏好进行分析，做好精准营销、产品推介，使旅游服务产品更丰富、服务方式更贴心。

第三节　智慧文娱，让大脑充电

随着我国经济社会的发展以及城乡居民收入的不断提高，我国已进入游乐、娱乐文化消费的快速增长期，现阶段人们的需求正在由衣食住行的物质硬消费为主转向学文娱游康的精神软消费为主，而智慧城市建设正好迎合了这种转变的需要。

智慧文娱是在文化娱乐领域中充分运用物联网、云计算、大数据、移动互联网等新一代信息技术面向市民的文化娱乐服务系统，它的本质是运用人的智慧驱动城市文化娱乐产业发展，并最终将发展成果服务于人，令市民享受到智慧城市发展带来的诸多便利。一方面，智慧文娱的出现，为我们提供了多姿多彩的精神文化产品，通过手机即可足不出户享受高质量的电影、音乐、读书、游戏等文化娱乐服务；另一方面，因为文化娱乐活动智慧化，一些带有鲜明主题特征的、无法亲身参与的活动，通过高科技手段可以让我们体会到身临其境的感觉，身心得到极大愉悦。

一、新颖的服务体验

（一）多样化的参与途径

目前，市民可以通过多种途径远程参与到日常的文化娱乐活动之中。一是在 PC 端登录该城市的智慧城市主页，进入智慧娱乐专栏，便可以足不出户享受到电影、音乐、阅读、动漫、游戏、电商、数码冲印等相关服务。二是在手机端，城市智能门户应用 APP 为市民提供极其便利的远程公共服务信息平台，最初功能主要是提供智慧民生与智慧政务服务。近年来，又逐步新增智慧文化、智慧娱乐功能，通过城市智能门户应用 APP，市民可以在移动终端查看艺术演出资讯，也可以进入电子图书馆以及网络课堂阅读学习，丰富了日常的文化娱乐生活。

（二）便捷化的支付方式

看电影、做运动是市民工作之余舒缓压力、愉悦身心的主要方式，智慧文娱平台可向用户提供近期电影院线、公共体育场馆的订购信息以及实时预订等服务，方便市民安排闲暇时间；此外还向用户提供网站、手机客户端等多种订购方式，支持用户使用手机、积分、卡券及网银等多种支付手段，利用O2O方式实现线下文娱活动与线上支付的结合，在丰富服务内容的同时改善了顾客的支付体验，实现营销便捷化。

（三）高效化的资源获取

阅读可以为大脑充电，缓解工作疲劳并提高市民的人文素养。长期以来，书籍大多以纸质版形式印刷出版，便携性与可获取性较差，不利于知识的传播与共享。为使更多的市民能够获取远程高效、方便快捷的知识信息以及海量的电子书籍，各城市相继建立市民网络图书馆，拓展网络信息服务功能，使用户可以随时随地获取使用上百万册电子书刊以及丰富多彩的音视频、学术资料等各类数字资源，并查找文献资料、查看借阅信息、了解读书资讯。电子图书馆的出现是以计算机技术、通信技术和高密度存储技术进一步发展为条件的，互联网与文化产业的结合促进了电子图书馆的发展，使其具有便于交流、易保存、成本低等特点，在方便市民远程获取文献书籍的同时，也大大降低了图书的出版、运输及保存成本，推动文化产业向智慧化、集约化、高效化发展。

二、直观的观感体验

智慧城市的快速发展促进了娱乐园区的智慧化建设，大大加强了市民的观感体验。在钱学森智库体系框架下建设的航天体验园，以其高科技性、高体验性、高互动性，及其承载的人类追求探索浩瀚宇宙的梦想，正逐步成为主题公园的"新灵魂"。航天体验园不仅体现高科技类型的航天体验、太空探索、太空实验等交互式内容本身,着重于主题内容的展示,不断强化和渲染人们探索浩瀚宇宙的心声;而且通过一个个鲜活的事例,不断升华承载航天梦、中国梦的航天人在探索宇宙过程中形成的航天精神。

(一) 体验设施,结合航天主题进行文化再造

没有主题游乐,也就没有主题公园的吸引力。航天体验园体验设施不仅要包括具有互动功能的体验设施设备,如失超重体验设备、VR 太空驾驶舱、VR 天宫系列飞行器、时空穿梭机、5D 或 7D 侵入式影院、VR 太空行走设备、飞行模拟器、虚拟太空实验舱等,更要营造出人与太空不可分割的共存共荣氛围。

(二) 主题商品经营,围绕主题文化开发主题商业

航天体验园主题商品经营可围绕各类主题邮册、邮品,纪念钞、纪念币,各种飞行器模型、火箭模型、空间站模型、交会对接模型,航天员签名礼品,太空食品,航天员食品体验等展开,且各类别商品在园内进行唯一授权销售,既确保经营方一定的利润,又确保买家对商品质量及可追溯性的无忧。

(三) 主题演出,突出高科技手段的炫动效果

主题演出与主题环艺是对主题公园的补充与延伸:精彩的演出、有创意的活动、主题化的环艺包装以及优美的园林环境往往能让游客留下深刻的印象,从而带动重游率的上升。利用现代尖端技术制造幻觉,模拟特殊的环境,已是国外大型主题公园的常用手段,这些手段远不仅是我们所理解的简单的"声、光、电",它经常带给人们意想不到的效果。例如,可打

造具有中华文化特色的全景式主题演出剧目，如与飞天有关的远古神话等。

（四）主题文化宣传展示，无所不用其极

主题展示，就是把独一无二的主题文化，无时无刻地融入到主题活动的每个细节，这样才能使游客印象深刻，流连忘返。航天体验园紧密结合航天特色，便于开展一系列主题科普与展览。游客在游玩的同时，又可学习航天科普知识，主题公园变身为具有游乐性的科普教育基地，这不仅可加深游客印象、提高美誉度，也可进一步推动主题品牌的树立。

三、巨大的发展潜力

目前，在新一代信息技术的引导下，我国的智慧文娱发展迅速，服务平台构建完整，功能多样，无论是影院平台的 O2O 模式，或是电子图书馆的网络共享模式，都实现了互联网与文娱产业的深度结合。但是，从智慧化程度而言，仍属于一般及较低的水平，仍具有巨大的潜力。需要进一步增强物联网、云计算与大数据等新兴信息技术支撑，在现有的电子化及信息化平台基础之上，充分剖析用户数据背后反映的深层次的需求倾向，促进文化产品与服务集成创新，从而以迎合用户需求为导向，以影响用户需求以至于创造用户需求为导向谋求发展，并逐步从政府部门主导转变为市场主导，即通过用户与企业的反馈机制，自下而上地推进智慧文娱产业发展，真正实现城市系统、文娱产业以及先进信息技术的有机结合，为市民提供更加贴心、多样、先进的智慧文娱服务。

第十章　智环

建设生态文明是关系人民福祉、关乎民族未来的大计，是实现中华民族伟大复兴的中国梦的重要内容。"智环"面向生态文明建设领域，围绕智慧环保、循环经济、海绵城市、智慧环卫等方面，建立智慧生态环境这个复杂巨系统。应当发挥智能监测技术精确、实时、全天候、全地域的特点，运用信息技术推动充分的信息共享，形成自动化的生态环境监测管理系统，并在此基础上，运用钱学森的人机工程思想理论，创建出一个更加智慧的生态文明系统。

第一节　智慧环保，塑造绿色生活

智慧环保从完善前端感知入手，扩大环保数据的采集范围和类别；通过补充使用通信网络，及时可靠地将监测数据传送到环保数据中心；利用统一的大数据平台，整合和组织环保数据；采用大数据融合和分析技术，基于各种模型为各类环保决策提供全面的综合性分析结果；构建环保业务管理系统，实现环保信息公开和政府与企业、政府与公众互动和社会监督；配置移动装备，提升监测、执法以及应急能力。

智慧环保系统是"数字环保"系统的延伸和发展。系统采用新兴的物联网、云计算、大数据、移动互联网、空间地理信息集成等新一代信息技术，把传感设备应用到各种环境监控对象中，通过"环保云"技术将环保领域物联网整合起来，同时借助移动互联网技术，将人类社会与环境业务系统紧密联系起来，以更加精细和智能的方式实现环境管理和决策的"智慧"。

概括地讲，智慧环保系统包括"感、传、用"三大部分。

感：利用任何可以随时随地感知、测量、捕获和传递信息的设备、系统或流程，实现对环境质量、污染源、辐射等环境因素的"更透彻的感知"。

传：利用环保专网、运营商网络，结合3G、卫星通信等技术，将个人电子设备、组织和政府信息系统中存储的环境信息进行交互和共享，实现"更全面的互联互通"。

用：以云计算、虚拟化、空间地理和高性能计算等技术手段，整合和分析海量的跨地域、跨行业的环境信息，实现海量存储、实时处理、深度挖掘和模型分析，同时建立面向对象的业务应用系统和信息服务门户，为环境质量、污染防治、生态保护、辐射管理等业务提供"更深入的智能化和更智慧的决策"。

一、"三个中心"引领环保管理科学规范

智慧环保系统对与日常环境管理工作紧密相关的业务一体化系统进行流程梳理，构建三个中心实现环境管理智能化应用和决策，包括创新交互中心、数据资源中心和专家研讨决策中心。通过三个中心形成环境信息化建设成果，引领着环保管理向规范、科学、高效的方向发展。

（一）创新交互中心

构建环境管理生态系统，在政府、企业、公众之间形成完整的数据流。主要体现在以下几个方面。

（1）智能化业务协同

以污染源管理为主线，将建设项目审批管理、排污许可证管理、现场执法、限期整改、限期治理、污染源关停、行政处罚、固废管理、核与辐

射管理等业务进行集成而形成的一个一体化的业务管理系统，实现污染源全生命周期管理和跨部门的业务流转与协同。环境业务管理实现任务驱动、预警提醒，做到任务主动推送、预警自动判断等智能化管理。

（2）智能化移动互联应用

充分利用物联网技术和移动互联技术，确保环境管理人员能使用移动终端设备随时随地进行公文办理、审批许可、监察执法、信访处理、监测管理、移动平台等业务移动化处理。

（3）智能化固废物联网管理

实现对固废业务从"摇篮到坟墓"全过程的电子化、移动化、信息化监管，实现联单的传递和审核实时对账，大大减轻固体废物转移联单发放、传递、审核和回收对账的工作量，创新性建立"固废超市"概念，利用条形码技术对固废的储存、转移、处置进行规范管理，防范废物丢弃或倾倒等违法行为发生，从而有效提高监管效率，强化固废业务管理水平。

（4）智能监控一体化管理平台

集成污染源（废水排放、废气排放、视频监控、工况监控）、水站、气站、噪声自动站、机动车、放射源等的数据和视频，以点带面，以面查点，形成集中统一的监控预警平台。

（5）公众信息服务

通过网站、移动 APP 等多门户、全方位发布公众及企业关心的环保数据，并实现与企业和公众的互动。

（二）数据资源中心

构建资源共享、资源互补的大数据资源格局，主要体现在以下几个方面。

（1）环境数据体系全图

整合水、气、声、固体废物、放射源、污染源、生态、应急、土壤等数据，建立环保生态数据全图。

（2）智慧化大数据应用

实现一套数、一张图和一个应用。

一套数：统一数据源管理口径，形成环保部门通用一套数。

一张图：整合环境历史情况、现状趋势、预报预测、溯源分析，形成环境管理一张图。

一个应用：以环境数据资源中心为核心，为环保业务提供统一的应用支撑。

（三）专家研讨决策中心

构建全面、深入的决策支持及数据辅助分析平台，具体包括以下内容。

（1）智能化应急指挥平台

改变传统"重应急、轻预防"的建设模式，以应急准备阶段为建设重点。包括风险源动态管理、风险源风险评估、风险预警管理、应急知识库、应急演练、模型调优、移动应急平台等内容。

（2）智能化大气模拟预测

在模式运行、源清单管理、模拟系统建设三个方面与科研机构及院校形成共建共享的工作模式，实现多模式集合模拟预测、实时动态源解析，同时可以对预测结果进行定期评估分析。另外还可以通过情景模拟，并结合环境经济政策、区域承载力等，制订区域化大气治理的方案。

（3）环境数据挖掘与分析

针对不同角色，从提高决策水平、提高管理能力、提高工作效率、提高规范化程度等多个角度对环境数据进行挖掘与分析。

二、天基遥测掌握环境信息快而全

伴随社会经济的快速发展，大气环境污染问题日益严峻，导致本应在不同阶段出现的环境问题在短期内集中体现和爆发出来，各种污染物相互耦合叠加，并逐渐呈现区域性和复合型污染的新特点。面对环境污染问题，传统的地基环境监测技术，只能对某个点进行环境结果的探测，对环境问题的起源和扩散模式无法提供帮助，因此采用先进的环境监测技术，以科学的方法、准确的数据表征当前环境质量现状和变化趋势，及时跟踪污染源变化，实现环境质量预报和预警是必然的选择。

航天卫星遥感技术经多年的应用研究不但可以快速、实时、动态地监测大范围的大气环境变化和大气环境污染，还可以实时、快速地跟踪和监测突发性大气环境污染事件的发生、发展，以便及时制定处理措施，减少大气污染造成的损失。

"天空地一体化立体监测体系"将卫星遥感监测技术与常规近地面监测技术、高架监测技术有效结合，建立天地空一体化监测网络，形成立体监测体系，在时间与空间纬度上综合分析本区域污染形成过程、污染表现特征、污染输送来源，同时利用环境要素与气象要素探空数据同化污染预报模式系统，提升预报预测准确度。对污染防控措施的执行效果以及改善环境的进展进行评价。通过把仪器工程、环境科学和气象科学紧密结合，形成一套数据应用服务业务模式，推动环保技术的应用研究和业务发展。最终实现以遥感设备为核心，应用大气立体监测技术构建的"天空地一体化环境监测解决方案"。

在现有环保工作基础上，充分采用物联网技术，通过可以随时随地感知、测量、捕获和传递信息的设备设施，进一步扩大环保监测范围，丰富环保监测内容，根据实际需要建立环保监测指标体系，实现对水环境、大气环境、固体废物信息的监控，通过视频监控等手段进一步增强环保监控能力，利用环保专网、互联网、3G/4G网络和卫星通信等技术，将各类监测数据进行交互和共享，并不断丰富和完善现有的环保监控综合管理系统，为智慧城市提供真实、有效、及时、全面的监测数据和综合管理数据，达到"测得准、传得快、算得清、管得好"，从而进一步推进污染减排、加强环境保护，实现环境保护工作与人、经济、社会的协同发展。

污染问题一直是经济社会发展的主要制约因素之一。随着空气重污染现象在区域内大范围同时出现的频次日益增多，制约着社会经济的可持续发展，并开始威胁公众的身体健康。运用先进的监测技术，构建空气质量预报预警的业务化系统平台，能够实现空气质量的监测预警以及对外发布环境空气质量现状及预警信息，提高对城市环境空气自动监测数据的分析、预报和预警的能力和水平，使环境管理部门以及民众更好地了解空气污染变化趋势，为环境管理决策提供及时、准确、全面的空气质量信息，预防严重污染事件的发生。

目前，地面观测具有难以反映大气质量空间具体分布和变化趋向的缺陷。通过星载遥感技术，不但可以快速、实时、动态地监测大范围的大气环境变化和大气环境污染，还可以实时、快速地跟踪和监测突发性大气环境污染事件的发生、发展，以便及时制定处理措施，减少大气污染造成的损失。因此，遥感监测作为大气环境管理和大气污染控制的重要手段之一，正发挥着不可替代的作用。

目前对大气质量的监测，主要包括对大气气溶胶的监测。气溶胶指悬浮在大气中的各种液态或固态微粒，通常所说的烟、雾、尘等都属于气溶胶。在气溶胶遥感监测方面，高分辨率的卫星遥感弥补了一般地面观测难以反映气溶胶空间具体分布和变化趋向的缺陷，利用卫星遥感监测气溶胶是一种地基遥感监测较好的替代方法，可以弥补地基遥感地面观测空间覆盖不足的缺陷。

大气环境监测系统构成如图 10-1 所示。

通过对污染天气监测系统的设计、开发和建设，建立大气环境监测系统，实现对空气质量相关数据的管理和共享、空气质量预报、重污染天气预警、可视化协同会商和信息发布等功能，为大气污染防治及空气质量保障工作的目标、方向提供决策支持。根据国家标准，参考指标如下。

（一）固定污染源排放烟气监测

采用激光透射法或后向散射法测量烟尘浓度；采用热管完全抽取采样、非分散红外吸收法测量烟气中污染物的浓度。

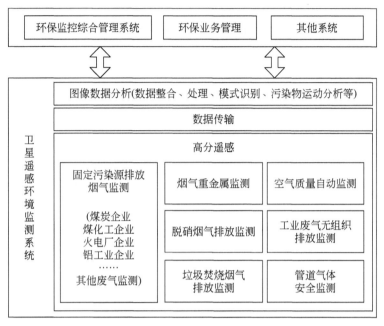

图 10-1　大气环境监测系统图

（1）煤炭企业废气质量监测

监测因子：颗粒物、二氧化硫、苯并［a］芘、氰化氢、苯、酚类、非甲烷总烃，氮氧化物、氨、硫化氢等。

（2）煤化工企业废气质量监测

监测因子：二氧化硫、颗粒物、苯并［a］芘、氰化氢、苯、酚类、非甲烷总烃、氮氧化物、氨、硫化氢等。

（3）火电厂企业废气质量监测

监测因子：烟尘、烟气黑度、二氧化硫、氮氧化物、汞及其化合物等。

（4）铝工业企业废气质量监测

监测项目：颗粒物、沥青烟、二氧化硫、氟化物、苯并［a］芘等。

（二）烟气重金属监测

基于动力学原理，通过采样系统抽取烟囱排放口或烟道中的烟气，利用滤膜富集烟气中的重金属污染物，采用 X 射线荧光技术快速、无损分析滤膜上富集的样品，精确测出烟气中各重金属污染物的浓度。

(三) 脱硝烟气排放监测

针对国内烟气脱硝监测存在高温、高粉尘、高水分、强腐蚀、特殊气体等问题，实现脱硝烟气排放连续监测，为脱硝企业烟气连续监测提供了支撑，并为脱硝工艺中逃逸氨及催化剂的催化效率提供数据依据。采用直接抽取法采样、非分散红外吸收法测量烟气中污染物的浓度，包括 NO_x 等多种烟气成分；用可调谐二极管激光光谱法测量 NH_3 浓度；用皮托管、压力传感器、温度传感器、氧化锆氧分析仪等测量烟气参数；用工控机、可编程逻辑控制器及 CEMS（烟气排放连续监测系统）监控软件系统采集并处理数据。

(四) 垃圾焚烧烟气排放监测

垃圾焚烧烟气相比于传统的燃煤锅炉烟气，具有高粉尘、高水分、高污染、强腐蚀等特点，烟气中含有 HCl、HF、SO_2 等高腐蚀水溶性气体，对监测系统的采样、预处理、分析仪器等设备材质提出了更高的要求，尤其是 HCl、HF 溶于水形成强酸，对预处理系统的腐蚀性很强。

(五) 空气质量自动监测

采用 β 射线法，具有较强的抗干扰能力，不受温度、压力、磁场等环境因素的影响，以恒定流量采集样气，经过分析处理后，获得空气中的悬浮颗粒物浓度，实现连续自动测量环境空气中悬浮颗粒物的浓度。分析仪通过外接不同的切割头，可测量各种颗粒物的浓度。

（六）工业废气无组织排放监测

利用先进的工业传感器网络技术、自动控制、无线通信、地理信息系统、数据库及网络工程等计算机应用技术，对工业园区危废气体进行实时监控，实现对气体监测信息从采集、传输、分析、处理、输出、共享等全过程的信息化管理，从而形成完整的监测、监控、预警体系，以信息化推动环保业务管理的现代化。其主要功能特点：拥有多个高效灵敏的气体传感器，能同时精确、实时监测工业园区有毒有害、易燃易爆气体无组织排放情况，对现场气体浓度预警或报警；实现在 GIS 地图上显示传感器的类型和实时浓度及布点情况，传感器数量可进行配置；可与视频监测进行联动，参数报警和视频监测相结合启动相应级别的应急预案；系统中各设备的监测数据兼容多种仪器通信协议，并可无限制添加仪器协议；实时采集风向、风速、温度、湿度、气压等环境参数传输至应急指挥辅助决策平台，供指挥中心决策分析。

三、空基雷达说清污染运动过程

目前环保系统化工大气污染监测主要以定时地点的地面手工监测为主，鉴于化工大气污染排放隐蔽性、污染事故突发性的特点，传统地面监测手段很难满足环保部门的应急需求。空中探测具有立体监测、响应速度快、监测范围广、地形干扰小等优点，是今后进行大气突发事件污染源识别和浓度监测的重要发展方向之一，主要通过无人机和高架杆探测点等方式来实现。可以进行臭氧、粒子浓度、温度、湿度、NO_2 和压力等指标的监测研究。从环保部门大气污染监测实际业务需求出发，考虑搭载复合气体检测仪以及多波段探测设备。复合气体检测仪应采用泵吸式多气体检测设备，高分辨率影像可为大气污染监测结果的可能排放污染源的监管提供依据。

应用大气颗粒物激光雷达的米散射监测技术、DOAS 系统和臭氧激光雷达的差分吸收光谱技术，对颗粒物和气态污染物 $SO_2/NO_2/O_3$ 进行立体监测。将立体监测技术与气象监测技术有效结合，可确定污染物从污染源到受体的运动过程、监测环境中已知有毒有害污染物的变化趋势、量化特定地区的污染物排放总量、了解和分析污染物的输送过程、分清各地空气污染物的局地和区域输送来源，从而实现对污染物的全指标、全区域监测。空间立体监测技术在超越传统监测方法的基础上能够为空气污染防治规划方案和环境质量目标的制定提供可靠依据，对控制措施的执行效果以及判断标准的实施情况和改善环境的进展进行评价。

结合工业企业发展和产业规划、环境质量现状、污染源排放情况特点以及国家相关的法律法规，本着"高效、智能"的建设理念，设计综合性空基遥感监测网络体系，提高和完善环境综合监管能力。

运用激光作为发射器的空间遥感技术原理，对大气颗粒物（飘尘）、大气边界层、云高及多层云结构时空演变及特征等连续监测，得到大气环境颗粒物分布的立体结构。配备 3D 扫描装置，判断当地的大气颗粒物污染情况，能准确地监测定点工业烟尘的排放对城市上空环境污染的扩散规律、污染团追踪、监测灰霾和沙尘暴等天气过程。利用颗粒物 3D 扫描激光雷达，实现颗粒物的垂直及水平监测，监测数据软件展示效果如图 10-2 和图 10-3 所示。

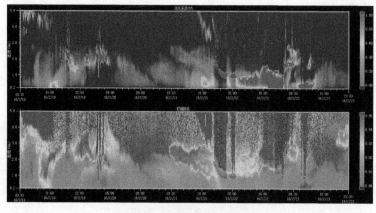

图 10-2　垂直监测示意图

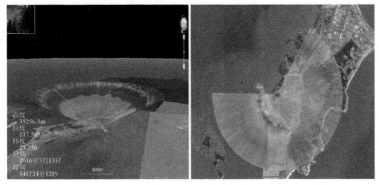

图 10-3　扫描监测示意图

四、多管齐下构建地基监测网络

（一）地下水环境监测系统

地面污染监测应用遥感技术监测地面污水排放造成的污染，可应用航空遥感拍摄的相片，清楚地圈定其污染范围。例如，当灌溉的农田遭受污染后，作物生长在色调上发生特殊变化，能同其他禾苗区分开。此外，地下水污染也会引起地面植被发生变化，与正常生长区的作物有不同的光谱表现。多光谱成像仪能监测这些变化，从而圈定地面污染的分布范围，并进一步对地面污染做出预防规划。因此，应用遥感技术不但能圈定地面污染的分布范围，而且能够对地面污染进行规划性的预防，如遥感综合技术在煤炭自燃隐火监测中的应用。煤炭的自燃隐火不但每年要烧掉 10 亿吨煤炭资源，还会造成大面积的污染。地矿有关部门应用航空红外扫描仪，煤炭企业应用地面红外测温仪，按地表温度的细微差异圈定隐火区，区分出燃烧区和燃尽区，分析其蔓延方向及规律，为大规模整治煤炭隐火提供新的方法和经验。

对水的各种用途不仅有量的要求还必须有质的保证，但是，人类在生产与生活活动中，将大量的工业废水、生活污水、农业退水及各种废弃物未经处理直接排入水体，造成江河湖库和地下水等水源的污染，引起水质恶化，影响生态系统，威胁人体健康。因此，需要及时了解和掌握水环境质量状况。在目前废水监测管理基础上，进一步增强水环境监测管理，保障水安全。水环境监测系统的系统构成如图10-4所示。

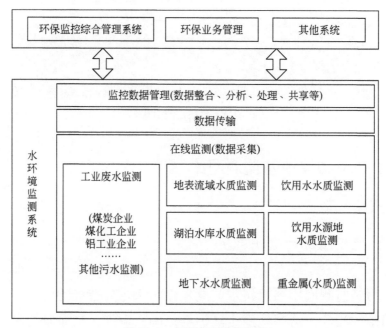

图 10-4　水环境监测系统图

水环境监测系统主要是水库、地下水等水体和工业废水及生活污水的排放口为对象，利用各种先进的科技手段来测定水质是否符合国家规定的有关水质标准，实现相关水资源与水环境监测数据的自动化采集和数据可靠性在线确认。主要内容如下。

（1）工业废水监测

实现对煤炭、电力、煤化工等工业企业现场废水的数据采集传输、设备反控、监测分析、监控预警等全过程的信息化管理，推动污染源管理的信息化、现代化，全面提升管理水平。根据国家标准，参考指标如下。

1）煤炭企业废水质量监测。监测因子：pH、悬浮物、化学需氧量、石油类、总铁、总锰、总 α 放射性、总 β 放射性、总汞、总镉、总铬、六价铬、总铅、总砷、总锌、氟化物等。

2）煤化工企业废水质量监测。监测因子：pH、悬浮物、化学需氧量、氨氮、五日生化需氧量、总氮、总磷、氰化物、石油类、挥发酚、硫化物、苯、多环芳烃、苯并［a］芘等。

3）铝工业企业废水质量监测。监测因子：pH、悬浮物、化学需氧量、氟化物、氨氮、总氮、总磷、石油类、总氰化物、硫化物、挥发酚等。

（2）地表流域水质监测

通过合理分布于流域的监测站点，实时监测流域整体水质变化状况。此功能融合了环境监测、集成和预警等技术，采用一体化、集成联动运行方式加强了水质污染事故的预防和污染排放的监管能力，通过数据联网上传，完成流域水质网络的建设，形成流域水质信息网络，分析区域内水质动态趋势和河流断面水质情况，可有效加强区域管理，为污染动态研究，及流域水污染治理提供科学依据，为水环境管理与决策提供科学有效的技术支撑。根据国家标准，参考指标如下。

监测因子：温度、pH、氧化还原电位、电导率、溶解氧、浊度、叶绿素、蓝绿藻、流速、流量、化学需氧量、氨氮、总磷、总氮、总有机碳、油类、磷酸盐、硝酸盐、亚硝酸盐、酚类、挥发性有机化合物、重金属及生物毒性等。

（3）湖泊水库水质监测

用于实时监测湖泊水库水质变化状况。系统融合了环境监测、集成和预警等技术，采用一体化、集成联动运行方式加强了水质污染事故的预防和污染排放的监管能力，通过数据联网上传，完成湖泊水库水质网络的建设，形成湖泊水库水质信息网络，可进一步分析区域内水质动态趋势，有效加强区域管理，为污染动态研究，及湖泊水库水污染治理提供科学依据，为水环境管理与决策提供科学有效的技术支撑。根据国家标准，参考指标如下。

监测因子：温度、pH、氧化还原电位、电导率、溶解氧、浊度、叶绿素、蓝绿藻、化学需氧量、总有机碳、酚类、油类、氨氮、总磷、磷酸盐、总氮、硝酸盐氮、亚硝酸盐氮、铜、锌、铬、砷、锰、铁、镍、铅、镉、汞、氰、氟、氯、生物毒性、大肠杆菌等。

（4）地下水水质监测

以水质在线检测元件为核心，基于无线通信网络，综合运用自动测量、自动控制、计算机应用、数据库、无线通信、网络工程等技术，通过专用的地下水水质监控管理软件实现地下水水质以及水位、流量、温度等环境因子的监测及数据的远程采集传输；通过对地下水水质的实时监测，为以水污染应急管理机制的建立提供支撑，以有效保护地下水水质。根据国家标准，参考指标如下。

监测因子：流量、水位、温度、电导率、浊度、氨氮、硝酸盐氮、亚硝酸盐氮、挥发酚、氰化物、高锰酸盐指数、氟化物、重金属、硬度等。

（5）饮用水水质监测

针对饮用水水质安全监测需求，为城市提供全方位的管网水质安全监测服务，通过对城市主要区域自来水管道的布点监控，对饮用水水质进行实时监测分析，让环保局实时把握水质状态，为居民用水管理提供决策依据，有效防止污染事故的发生，保障饮用水安全。

监测因子：pH、余氯/总氯、压力、浊度、色度、生物毒性、大肠杆菌等。

（6）饮用水源地水质监测

采用先进的监测设备，利用 3S 技术，对污染进行模拟仿真分析，辅以智能化的应急辅助决策平台，让环保局相关部门实时把握水质状态，为水资源的开发利用、优化调度和饮用水环境的保护管理提供决策性的依据，保障饮用水安全。根据国家标准，参考指标如下。

监测因子：温度、pH、氧化还原电位、电导率、溶解氧、浊度、叶绿素、蓝绿藻、流量、化学需氧量、总有机碳、酚类、油类、氨氮、总磷、磷酸盐、总氮、硝酸盐氮、亚硝酸盐氮、铜、锌、铬、砷、锰、铁、镍、铅、镉、汞、氰、氟、氯、生物毒性、大肠杆菌等。

（7）重金属（水质）监测

通过重金属分析仪器，综合运用自动测量、自动控制、无线通信、模拟仿真等技术及相关专用分析软件，形成一套技术先进、成熟可靠、应用广泛的综合性系统，实现水质重金属的监测、反控、预警、仿真、运营一体化管理，针对实际情况，提供单因子或多因子组合监测方案，为实现企业重金属污染排放总量控制，加强重金属污染排放监管力度，提高环保部门应急处理能力，防范突发重金属污染事故提供有力的支持。主要应用于污染源排放口、饮用水源地、河流、湖泊、水库、污水处理厂、自来水厂等的水质监测和预警，并服务于环保部门、水务公司、大中型企业等。

(二) 固体废物监测系统

随着我国经济的快速发展，固体废物与化学品的产量也呈现不断增多的趋势，固体废物与化学品在一定的条件下会发生化学或生物反应生成有害物质。如果不采取妥善的方式处理，这些有害物质将通过土壤、水、气、食物等途径危害环境和人类健康。

固体废弃物的类型主要有工业垃圾（如矿渣、冶炼废渣、炉渣、化工残渣及各种边角废料），以及混合垃圾（即以上几种废物的混合物）等。利用遥感技术对固体废弃物进行监测管理，即根据有关的遥感图像解译标志，定期利用高分辨率遥感图像为信息源，进行固体废弃物堆积监测，通过全球定位系统技术确定相应的空间位置，然后在 GIS 中对不同时相的固体废弃物污染信息进行比较，以确定其发展趋势，并结合城市产业布局及垃圾处理系统设置，实施相应的管理策略，以实现对固体废弃物的动态监测和有效管理。利于从光谱特性中区分出城市固体废物的主要参量包括固体废物的含水量、固体废物的有机质含量及表面粗糙度等。利用这些参量与光谱的关系，通过选用合理的阈值，可以有效去除与城市固体废物无关的像元，以突出城市固体废物。北京市环境保护科学研究所曾用航空相片分析了北京市垃圾等废弃物的分布状况和特点。

通常工业、矿业等固体废弃物所含的化学成分会对环境产生严重污染，由有机垃圾滋生出的各种病原微生物也会形成病原体污染，因此，必须加强固体废物与化学品防治工作。当前，部分城市已经开展了固体废物监测工作，有力地促进环保工作，在智慧环保建设中，固体废物监测管理是一项重要的工作。

固体废物监测系统利用先进的网络、通讯、信息技术、GIS 技术、RS 技术、GPS 技术，以实用化、简捷化、可视化为主要特征，整合各类地理信息资源和危固废物业务资源，建立统一的危固废物数据库，将基础空间数据与危固废物企业基本信息数据、监测数据以及视频监控数据等业务数据进行无缝衔接，为环保部门提供直观可视化的管理手段，提高危固废物业务综合管理与分析决策能力。根据国家标准，参考指标如下。

（1）一般工业固体废物监测

监测数据：种类、数量、贮存、处置场地址、使用单位、各种设施和设备的检查维护资料、地基下沉、坍塌、滑坡等的观测和处置资料、渗滤液及其处理后的水污染物和大气污染物排放等的监测资料等。

（2）危险废物监测

监测数据：废物来源、种类、数量、废物填埋位置、环境监测数据（水、大气）等。

（3）放射性废物监测

监测数据：废物特征、来源、去向、数量、所含放射性种类和水平、容器或保障情况、动态变化文件等。

（4）生活垃圾监测

监测数据：生活垃圾处理、处置工艺控制参数、进入生活垃圾填埋场处置的非生活垃圾的来源、种类、数量、填埋位置，封场及后期维护与管理情况及环境监测数据（包括地下水监测和排放气体监测）。

（三）环境视频监控系统

通过视频监控系统，能够实现视音频信息的采集、传输/转换、显示/存储，同时，通过结合权限管理，可为环保事件的应急管理提供直观的数据支持，而视频监控系统的高清化及智能化（智能识别、智能分析等）应用，已成为环境保护工作中必不可少的一项重要手段。当前，环境安全信息化平台已开展大量的视频监控工作，但是，随着产业发展，企业规模的不断扩大，需要进一步加强环境视频监控工作，建立独立的环境视频监控系统。系统构成如图 10-5 所示。

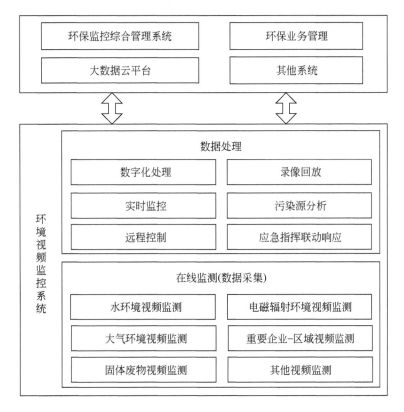

图 10-5　环境视频监测系统图

　　环境视频监控系统提供了各自区域内环境监测点的监管功能，以及为各受控单位提供自身环境数据监测功能。同时，与水、大气等监测系统以及移动执法平台相结合，为环保工作相关部门提供视频数据支持，为大数据平台的"视频云"提供基础数据支撑。

　　系统分为前端数据采集、监控中心（指挥大厅）和用户客户端等部分。前端数据采集采用超低照度高清晰摄像机对各污染源及重要区域进行远距离实时视频监控；监控中心（指挥大厅）负责对区域内的视频信号进行数字化处理，完成实时监控、远程控制、录像、回放等功能，实现对烟气污染源的气体色度分析、水质污染源的排污量分析、空气质量的气象追踪进而对前端信息做出环保应急指挥联动响应；用户客户端软件可以对前端设备进行全方位的控制，进行重点污染源追踪，并提供收集前端上传的报警信息，查询所需录像进行相关环保执法。在通讯方面，采用无线为主、有线为辅的方式，在视频图像捕捉和压缩存储方面，实现图像流控制、图像压缩存储、切换控制、定位标注和信息管理功能等图像的保存录制等功能。

其主要功能特点如下。

1）系统管理人员可在任何接入网络的电脑上用客户端软件经授权后登录系统，实时对前端图像进行监看，同时还可察看前端报警信号并及时做出环保执法反应。

2）后端控制中心管理员可对前端的高倍摄像机和一体化摄像机进行上下、左右移动、变焦等控制，使监控范围更加全面、清晰，全面掌握监控范围内污染源排污情况和空气图像分析。

3）可实现夜间远距离红外监测，更有效监控夜间偷排等违法行为，即时进行环保应急联动，加大环保监控威慑力。

4）可进行安全权限的管理设置。针对不同的用户赋予监看、控制、仅浏览部分图像等权限，达到安全的防范管理；对录像信息进行加密以完成相关环保信息保密。

五、系统集成形成体系化监测数据应用

环保业务工作的监测数据来源比较广泛，包括水环境、大气环境、固体废物和环境视频监控等方面，同时，各类数据量也非常大，且监控数据的格式不统一，就需对各类监控系统数据进行统一展示。此项工作将在现有的环境安全信息化平台基础上进行，通过加装或改装前端监测设备，获取各类在线监测仪的状态和参数，实现对数据有效性的智能判定，进一步提升自动监测系统监测的广度和深度，实现污染源在线监控由自动化向智能化的转变。升级改造工作主要包括平台对接升级、现场端管理与评价子系统、"一张图"展示子系统、污染源普查子系统等部分。

（1）环保信息化平台对接升级

在现有的环保信息化平台软件功能的基础上，进行核心软件的升级改造工作。包括完善加强基础信息管理、在线监控数据集成、数据审核、运行考核等方面的功能，并增加"一源一档""一企一档""一点一档"等功能，实现对各类污染源数据的全生命周期管理。

"一源一档"内容包括污染源台账、企业概况、产品及原辅材料、能源消耗、三废处置排放、环境投诉、建设项目情况、许可证情况、废水监测、废气监测、自动监控、行政处罚、环境应急预案、企业工艺流程图等各方面。

"一企一档"内容如下。

1）企业概况。管理各类污染源的基本信息，包括企业工商登记信息、污染治理设施基本情况、排放口基本信息等。每家污染源企业有一个"一企一档"专题页面，与企业相关的所有环保业务数据都可在此专题上直接查询，包括企业概况、地理位置、监控数据、实时视频、三废处置、排污申报、建设项目等。

2）建设项目。帮助管理人员实时掌握业务审批进展，了解每个项目的审核状态、验收情况。

3）排污许可证。排污许可证主要展示企业的相关的排污许可证信息，形成实时联动和动态更新。

4）污染物排放。污染物排放主要展示企业各年度的来自污染源普查、环境统计、排污申报等数据来源的废水、废气的排放情况。包括污染源名称，以及环境影响评价、三同时验收、许可证核定等阶段的排放量信息。

5）固体废物。固体废物情况主要展示企业各年度的来自污染源普查、环境统计、排污申报等数据来源的固体废物产生和利用情况。包括危险废物名称、废物代码、产生量、综合利用量等信息。

6）监督监测。废水监督监测信息主要展示企业日常的废水监测的监督记录信息。包括排口编号、监测时间、监测类型、监测数据等信息。

废气监督监测信息主要展示企业日常的废气监测的监督记录信息。包括排口编号、监测时间、监测类型、监测数据等信息。

7）在线监控。系统提供实时的在线监控数据、视频监控画面等信息。针对每家污染源，管理人员不仅可查询其十分钟数据、小时数据、日数据等情况，还可将多个监测因子的数据叠加显示，有助于对监控数据的整体分析，帮助诊断存在数据造假的单位。

8）排放分析。提供按行业、关注程度等条件或自定义条件对污染源进行分类统计，包括各种分析报表，如企业排放报表、污染源汇总报表等并支持在 GIS 地图上以列表、直方图、饼图等形式生成统计专题图。

9）行政处罚。行政处罚主要展示企业相关的行政处罚信息。包括处罚文号、处罚内容、处罚时间和执行结果等信息。

10）附属信息管理。附属信息包括了企业平面图、生产工业示意图、污染治理工艺示意图、污水管网图、雨水管网图等，该部分信息主要以多媒体的形式保存。

"一点一档"内容包括监测点名称、地址、经纬度、达标目标、高度、覆盖区域面积、所在区域、区域人口等基本属性和视频图像、全景图等信息，同时包括站点管理人员信息（管理处室、管理人员、手机号码等）、监测信息（站点的监测项目名称、监测项目编号、计量单位、所属类别、仪器信息等）。

（2）现场端管理与评价子系统

建立污染源现场端管理子系统，通过二维码等技术实现对现场仪器设备的信息管理，实现环保局各污染源现场端监控设备资产的安装、登记、检查和维护。在信息采集与管理的基础上，建立一套污染源现场监控设备的评价体系，以此构建现场端评价子系统，便于对所有环保设备的工作状态监督。

（3）"一张图"展示子系统

实现在 GIS 地图上显示各污染源监测、监控点位置分布状况，并对各监测监控点实施监控，实现在线监测数据的实时刷新、临界提示、超标报警，对突发环境污染事件所波及的范围进行及时描述、渲染等功能。

（4）污染源普查子系统

按照国家污染源普查工作要求，实现对本地污染源普查成果的录入、管理、分析以及综合利用，并对污染源普查过程中涉及的企业信息在电子地图上完整的显示出来，方便直观地了解普查成果，可以根据各园区的污染源普查成果分析及统计出污染情况，从而可对污染控制提出相关方案。

第二节　循环经济，培育绿色动能

循环经济即物质循环流动型经济，是指在人、自然资源和科学技术的大系统内，在资源投入、企业生产、产品消费及其废弃的全过程中，把传统的依赖资源消耗的线形增长的经济，转变为依靠生态型资源循环来发展的经济。循环经济在物质的循环、再生、利用的基础上发展经济，是一种建立在资源回收和循环再利用基础上的经济发展模式。其原则是资源使用的减量化、再利用、资源化再循环。其生产的基本特征是低消耗、低排放、高效率。

资源的高效利用和循环利用为目标，以"减量化、再利用、资源化"为原则，以物质闭路循环和能量梯次使用为特征，按照自然生态系统物质循环和能量流动方式运行的经济模式。它要求运用生态学规律来指导人类社会的经济活动，其目的是通过资源高效和循环利用，实现污染的低排放甚至零排放，保护环境，实现社会、经济与环境的可持续发展。循环经济是把清洁生产和废弃物综合利用融为一体的经济，本质上是一种生态经济，它要求运用生态学规律来指导人类社会的经济活动。

所谓循环经济，即在经济发展中，实现废物减量化、资源化和无害化，使经济系统和自然生态系统的物质和谐循环，维护自然生态平衡，是以资源的高效利用和循环利用为核心，以"减量化、再利用、资源化"为原则，符合可持续发展理念的经济增长模式，是对"大量生产、大量消费、大量废弃"的传统增长模式的根本变革。

一、齐抓共管倒逼产业升级

从世界范围看，循环经济已经成为一股潮流和趋势。自从 20 世纪 90 年代确立可持续发展战略以来，发达国家正在把发展循环经济、建立循环型社会看成实施可持续发展战略的重要途径和实现方式。20 世纪 90 年代以来，欧盟诸国、美国、日本、澳大利亚、加拿大等国先后按照资源闭路循环、避免废物产生的思想重新制定了各国的废物管理法规。当前，发达国家对循环经济的实践具有如下特点。

（一）以立法为先导、实行法制化推进

发达国家之所以在较短时间内就把循环经济发展成为一股很大的潮流和趋势，其有力和有效的举措就是以立法为先导，把循环经济全面纳入强有力的法制化轨道加以推进。

在循环经济立法方面，德国是走在世界前列的。德国的废弃物处理法最早是于 1972 年制定的，该法律规定了废弃物处理的几个关键原则：无害化、处理责任的划分、污染者付费等，开启了废弃物排放后的末端处理。1986 年的修正将其改称为《废弃物限制处理法》，规定了预防优先和垃圾处理后重复使用原则，并首次对产品生产者的责任进行了规定，发展方向从"怎样处理废弃物"提高到了"怎样避免废弃物的产生和如何循环利用废弃物"。在此基础上，德国于 1991 年通过了《包装条例》，要求将各类包装物的回收规定为义务，设定了包装物再生循环利用的目标；于 1992 年又通过了《限制废车条例》，规定汽车制造商有义务回收废旧车。

在一些主要领域进行循环经济实践后，德国又于 1996 年颁布了新的《循环经济与废弃物处理法》，它是德国循环经济法律体系的核心。该法规定对废弃物要实行"避免产生—循环使用—最终处置"这样一个严格的处理顺序。其要义是，首先要减少经济活动源头的污染物产生量，要求工业企业以及有可能产生废弃物的社会各界在生产阶段和消费阶段就要尽

量避免各种废物的排放；其次是对于源头不能削减又有可能利用的废弃物和经过消费者使用的包装废物、旧货等要加以回收利用，使他们再回到循环经济中去；最后，只有那些不能利用的废弃物，才允许做最终的无害化处置。该法还明确规定了德国环境政策原则：预防，通过源头防控使废物产生最小化；污染者负担原则，排污者承担避免或消除环境受损的义务和费用；官民合作原则，经济界、公民以及社会团体应参与解决环境问题。

在这一法律框架下，德国根据各个行业的不同情况，制定促进该行业发展循环经济的法规，如《饮料包装押金规定》《废旧电池处理规定》《废木料处理办法》等。

德国自颁布《循环经济和废弃物管理法》以来，家庭废弃物循环利用率1996年约35%，到2000年上升至49%。目前废弃物处理已经成为德国经济中的一个重要产业。

（二）注重微观运行模式的创建

循环经济的基础存在于微观经济活动中。发达国家的循环经济不仅得到了国家政府的提倡和推动，也得到了企业界的积极响应和努力实践。许多企业在微观层次上对循环经济的运行模式进行了有益的探索，取得了良好的效果，很值得我们借鉴。其中，比较有代表性的有以下两种模式。

（1）杜邦模式

这种模式可称之为企业内部的循环经济运行模式，其要义是组织企业内各工艺路线之间的物料循环利用。20世纪80年代末，杜邦公司的研究人员把工厂当做试验新的循环经济理念的实验室，创造性地把循环经济减量化、再使用、再循环的3R原则发展成为与化学工业相结合的"3R制造法"，以达到少排放甚至零排放的环境保护目标。他们通过放弃使用某些环境有害型的化学物质、减少一些化学物质的使用量以及发明回收本公司产品的新工艺，到1994年已经使该公司生产相对于80年代末造成的废弃塑料物减少了25%，空气污染物排放量减少了70%。同时，他们从废塑料如废弃的牛奶盒和一次性塑料容器中回收化学物质，开发出了耐用的乙烯材料"维克"等新产品（许杰玉等，2016）。

（2）卡伦堡模式

这种模式可称之为企业之间的循环经济运行模式。其要义是把不同的工厂联结起来，形成共享资源和互换副产品的产业共生组合，使得一家工厂的废气、废热、废水、废渣等成为另一家工厂的原料和能源。丹麦卡伦堡工业园区是目前世界上工业生态系统运行最为典型的代表（图10-6）。这个工业园区的主体企业是电厂、炼油厂、制药厂和石膏板生产厂，以这四个企业为核心，通过贸易方式利用对方生产过程中产生的废弃物或副产品，作为自己生产中的原料或部分替代原材料，这不仅减少了废物产生量和处理的费用，还产生了很好的经济效益，使经济发展和环境保护处于良性循环之中。

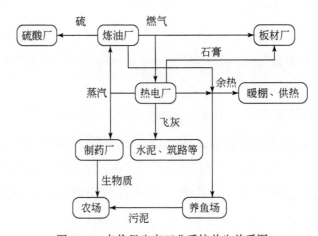

图10-6　卡伦堡生态工业系统共生关系图

燃煤电厂位于这个工业生态系统的中心，对热能进行了多级使用，对副产品和废物进行了综合利用。电厂向炼油厂和制药厂供应发电过程中产生的蒸汽，使炼油厂和制药厂获得了生产所需的热能；通过地下管道向卡伦堡全镇居民供热，由此关闭了镇上3500座燃烧油渣的炉子，减少了大量的烟尘排放；将除尘脱硫的副产品工业石膏，全部供应附近的一家石膏板生产厂做原料。同时，还将粉煤灰出售供造路和生产水泥之用。

炼油厂和制药厂也进行了综合利用。炼油厂产生的火焰气通过管道供石膏厂用于石膏板生产的干燥，减少了火焰气的排空。炼油厂的脱硫气则供给电厂燃烧。制药厂是世界有名的药厂，其原料是农产品，残渣经热处理杀死微生物后，向附近 1000 家农户销售进一步使用。卡伦堡生态工业园还进行了水资源的循环使用，炼油厂的废水经过生物净化处理，通过管道向电厂输送，每年输送电厂 70 万立方米的冷却水。整个工业园由于进行水的循环使用，每年减少 25% 的需水量。

美国总统可持续发展理事会也专门成立了生态工业园特别工作组，并建立了示范点。目前世界上有几十个生态工业园在规划或建设中，多数在美国，加拿大、日本、德国、奥地利、瑞典、爱尔兰、荷兰、法国、英国、意大利、印度尼西亚、菲律宾、泰国、印度等国家也都在积极建设生态工业园。

从 20 世纪 60 年代的环境运动到 90 年代的循环经济，世界上的环境与发展政策已经演变了三代。第一代是基于政府主导的命令与控制方法，通过行政手段实现污染控制；第二代是基于市场的经济刺激手段，强调企业在废弃物产生方面的源头作用；第三代是在进一步完善政府和企业作用的基础上要求实行信息公开，其实质是实现公众监督和倡导下的生态文明。因此，发展循环经济不仅需要政府的倡导和企业的自律，更需要提高广大社会公众的参与意识和参与能力。

发达国家非常重视运用各种手段和舆论传媒加强对循环经济的社会宣传，以提高市民对实现零排放或低排放的社会意识。以日本大阪为例，目前公众参与垃圾减量重点从三个方面进行：①尽量减少废弃物的产生，其内容包括防止过量包装，尽可能减少包装垃圾，引导市民正确购物和环境友好或环境保全地消费。②教育市民和单位尽可能减少排出垃圾。例如，市民应该购买净菜，饭菜不要做得太多，把所有能吃的食物都吃完，不要浪费。③增进反复利用意识，即要求市民和单位对购买的一次性易耗品，应加强反复使用和多次利用，对生活耐用品如衣服、旧家电、家具等自己不用了可以送给别人，不要随意丢弃。

加拿大蒙特利尔对公众的循环经济宣传，体现了下列特点：一是注意基础性，将垃圾减量等理念纳入各级学校教育，做到以教育影响学生，以学生影响家长，以家庭影响社会；二是注意针对性，蒙特利尔是移民城市，为此他们制作了多种文字的宣传材料，同时注意适应不同阶层的人员；三是注意趣味性，宣传品做到寓教于乐、老少皆宜；四是注意持久性，宣传品的载体形式多样，有广告衫、日历卡、笔记本、公交车等，使人们每天看得见、记得住。

二、打通宏观微观循环链，合理高效利用资源

工业循环经济是指仿照自然界生态过程物质循环的方式来规划工业生产系统的一种工业发展模式，在工业循环经济系统中各生产过程不是孤立的，而是通过物质流、能量流和信息流互相关联，一个生产过程的废物可以作为另一过程的原料加以利用。工业循环经济追求的是系统内各生产过程从原料、中间产物、废物到产品的物质循环，达到资源、能源、投资的最优利用。以通过不同企业或工艺流程间的横向耦合及资源共享，为废物找到下游的"分解者"，建立工业循环系统的"食物链"和"食物网"，达到变污染负效益为资源正效益的目的。

据温州市经贸委提供的资料显示：温州市工业生产这几年消耗了约90%的社会资源（原材料）、95%的一次能源、70%的电力、30%的水资源；在废弃物排放方面，70%～80%在工业领域。

鉴于工业生产在资源消耗和废物排放方面占有很大比例，因此，发展工业循环经济对于节约资源和保护环境起着至关重要的作用，工业循环经济的发展状况也决定了我国整体循环经济的发展是否成功。

由于环境意识的淡薄和发展观念的偏颇，发达国家和我国一些老工业城市在推进工业化进程中，选择的是"高投入、低利用、高排放"的粗放型线性增长方式，走的是一条"先污染、后治理"的路子，为此付出了环境恶化、生态退化、资源短缺、经济损失的惨重代价。在人们生态环境意识普遍增强、政府环保措施日益强化、绿色贸易壁垒不断增多的今天，"先污染、后治理"只能是"经济上吃亏，道义上被动"，这条弯路既不能走，也走不通。因此，我们发展工业经济，必须积极借鉴国内外成功经验，另辟蹊径。

从根本上说，环境问题的产生，不在于工业本身，而在于传统的不可持续的工业发展模式和资源利用方式。生态工业作为循环经济实践的重要形态，以清洁生产为前提和本质，实施整体预防的环境战略，注重工业生产全过程的控制，从源头防止污染产生，使工业增长与资源节约、环境保护有机结合起来，彻底摒弃了经济发展与环境保护相互割裂、"先污染、后治理"的传统工业增长模式，它代表了一种新的环保型工业增长方式，充分体现了我国工业经济持续、快速、健康发展的内在要求。在工业发展循环经济有两种模式：一是工业企业内部的循环，另一种是工业企业间的循环，通过建立生态工业园区来进行。下面就这两种工业循环经济模式分别加以介绍。

（一）工业企业内部循环

这种模式可称为企业内部循环。企业根据循环经济的思想设计生产过程，促进原料和能源的循环利用，通过实施清洁生产和 ISO 环境管理体系，积极采用生态工业技术和设备，设计和改造生产工艺流程，形成无废、少废的生态工艺，使上游产品所产生的"废物"成为下游产品的原料，在企业内部实现物质的闭路循环和高效利用，减轻甚至避免环境污染，节约资源和能源，实现经济增长和环境保护的双重效益。

某化工股份有限公司在攻克了磷石膏废渣制硫酸联产水泥技术的基础上，建成了一套磷铵、硫酸、水泥联合生产装置（图 10-7），用生产磷铵排放的磷石膏废渣制硫酸联产水泥，硫酸返回用于生产磷铵，整个生产过程没有废物排出，资源得到了高效循环利用，形成一个较为完善的生态工业产业链。既有效地解决了磷铵生产废渣堆存占地、污染环境、制约磷复肥工业发展的世界性难题，又开辟了硫酸和水泥生产的新的原料路线，创出了一条经济效益、社会效益、环境效益有机统一，工业生产与环境保护相互协调的可持续发展之路。

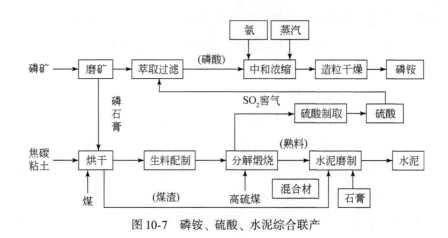

图 10-7　磷铵、硫酸、水泥综合联产

（二）生态工业园区循环

生态工业园区（eco-industrial parks，EIPs）的概念是由美国 Indigo 发展研究所在 1992 年最先提出的。它采用企业与企业之间的循环，是继工业园区和高新技术园区的第三代工业园区，是指以工业生态学及循环经济理论为指导，生产发展、资源利用和环境保护形成良性循环的工业园区建设模式，是一个能最大限度地发挥人的积极性和创造力的高效、稳定、协调和可持续发展的人工复合生态系统。

生态工业园区的发展是按照自然生态系统的模式，强调实现工业体系中的闭环循环，其中一个重要的方式就是建立工业体系中不同工业流程和不同行业之间的横向共生。通过模拟自然生态系统建立工业系统"生产者—消费者—分解者"的循环途径和食物链网，采用废物交换、清洁生产等手段，通过不同企业或工艺流程间的横向耦合及资源共享，为废物找到下游的"分解者"，建立工业生态系统的"食物链"和"食物网"，实现副产品的信息共享与交换，最终达到变污染负效益为资源正效益的目的。

与传统工业园区比较，EIPs 有如下三个特点：第一，园区的基本理念以产业共生与产业生态学为核心，从根本上消除发展与环境的矛盾，使一系列人为生态系统同具有自然界的全球生态系统相结合；第二，由企业组成的社区，不是单个企业的简单加总，而是通过协作生产新的生产力（1+1>2）；第三，通常，一个企业的废料与另一个企业的进料并不完全相同，因此，园区管理者和成员企业必须探索新技术、新方法，改变某种产品设计或改良某种副产品的质量，以求该副产品适应另一企业进料的要求（马越等，2016）。

某国家生态工业示范园区（图10-8），以蔗田系统、制糖系统、酒精系统、造纸系统、热电联产系统、环境综合处理系统为框架，通过盘活、优化、提升、扩张等步骤建设生态工业示范园区。各系统通过产品和废弃物的相互交换而互相衔接，使园区内的资源得到最佳配置，废弃物得到有效利用，环境污染降低到最低水平。

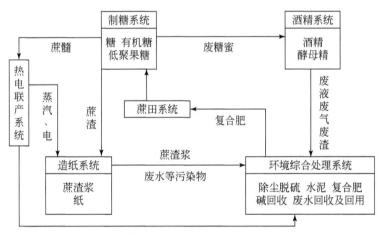

图 10-8　生态工业园模式

其中，甘蔗—制糖—蔗渣造纸生态链、制糖—糖蜜制酒精—酒精废液制复合肥生态链以及制糖（有机糖）—低聚果糖生态链这三条主要生态链，相互间构成了横向耦合的关系，并在一定程度上形成了网状结构。物流中没有废物概念，只有资源概念，各环节实现了充分的资源共享，变污染负效益为资源正效益。

三、运用信息技术创新循环模式，发掘循环新模式

　　循环经济综合服务平台以建设大数据中心为核心，以统筹科技资源为手段，以强化创新创业孵化能力为重点，以建立共享共建机制为目标，立足在科技、金融、信息、人才等方面现有的服务平台优势，按照"整合、集成、共享、提升"的基本思路，通过强化政策扶持，完善支撑体系，优化社会资源配置，壮大经营主体，在全市范围内基本建成信息畅通、功能完善、服务协同、资源共享、供需对接便捷、具有较大覆盖面和较强社会影响力的公共服务平台网络，实现网络经济与实体经济、传统产业与互联网产业的深度融合互动发展，为创新型科技建设和智慧城市建设提供强有力的科技支撑。

（一）化工园区物质流能量流分析

　　以"煤—电—化工"为核心，按照"资源—产品—再生资源"经济发展模式，将园区建设成为经济运行良好、生态循环健康协调、资源高效利用、符合国家循环经济发展规范的循环经济示范区。要把优势产业和配套产业纳入循环经济系统，形成五大循环经济产业链，即：煤炭—电力—建材产业链；煤炭—煤化工（甲醇、二甲醚、汽柴油等）—建材产业链；煤炭—焦化—化工—建材产业链；煤—煤气—冶镁—材料产业链；精细化工产业链。同时，开展"三废"处理和综合利用以及生态环境综合治理，基本实现废弃物再利用和无害化处理，形成完整的循环经济运行体系，实现可持续发展。提供废弃物供需交易，发布废弃物供应，发布废弃物需求，让供需双方能够最大力度实现废弃物再利用，能源循环利用，可持续发展。根据指导思想，弘扬可持续发展精神，扶持持续发展项目，对企业用户进行政策支持，资金支持。

（二）推动产学研信息化合作

主要内容包括：高校和企业自主联合科技攻关与人才培养；共建研究中心、研究所和实验室；建立科技园区，实施科学研究与成果孵化；建立基金会，设立产学研合作专项基金；吸纳企业公司和社会资金成立学校董事会，建立高校高科技企业；高校与地区实行全方位合作等。其中，大学科技园作为教学、科研与产业相结合的重要基地，成为高校技术创新的基地、高新技术企业孵化的基地、创新创业人才培育的基地和高新技术产业辐射催化的基地。

（1）科研机构

科研机构信息录入，信息审核，信息维护，以及附带科研成果，知识产权的显示。

（2）高等院校

合作高等院校信息录入，信息审核、信息维护，以及合作的研究成果。

（3）科研成果

科研成果的录入，合作对象信息，建立科研成果保护机制，以及激励科研成果政策体系。

（4）知识产权

知识产权的申报、维护、审核，建立知识产权保护机制。

第三节　海绵城市，构筑绿色屏障

海绵城市，是新一代城市雨洪管理概念，是指城市在适应环境变化和应对雨水带来的自然灾害等方面具有良好的"弹性"，也可称之为"水弹性城市"，国际通用术语为"低影响开发雨水系统构建"。顾名思义，"海绵城市"就是城市能够像海绵一样，在适应环境变化和应对自然灾害等方面具有良好的"弹性"，下雨时吸水、蓄水、渗水、净水，需要时将蓄存的水"释放"并加以利用。简单来说，建设"海绵城市"不仅可以增强城市或土地的雨涝调蓄能力，同时还将最大限度地促进自然水文循环，提升用水效率。

海绵城市跟智慧水务密切相关，海绵城市建设中融入智慧城市的理念，通过物联网、云计算、大数据等信息技术，收集城市水务、天气、土壤湿度等各类动态数据，把各种各样的集中或分布式的能源、绿色设施和海绵城市建设设施协同起来，让城市拥有智慧的排水、智慧的雨水收集、智慧的管道检测、智慧的水循环利用，支撑海绵城市设施更好地发挥调度、排涝、涵养水源等作用，从而使海绵城市的建设与管理更加高效和智慧，最终实现"智慧治水"。例如，城市马路上乃至小区里都有很多摄像头，暴雨时通过这些摄像头观察有否积水、在降雨过程中水的流动状况、积水什么时间消退，并与降雨过程泵站排水等情况结合起来，不仅可以掌握是否积水及其状况，而且通过研究有利于形成数字化的控制系统。同时，解决城市内涝，包括加强对暴雨和洪涝的监测，让预报预警及时准确，才能科学调度和应对洪灾等突发事件（顾国维，2015）。

现代信息技术在信息的监测、收集、整合、分析、模拟、优化等方面有着传统技术不可比拟的优势。海绵城市智慧化对于解决海绵城市建设和管理中存在的一些问题将会是一种高效且应用前景广阔的新思路和新方法。海绵城市与智慧城市结合起来，将智慧城市的智慧化理念和技术融入海绵城市建设之中，实现智慧治水，对于加快推进海绵城市的建设步伐和更好更高效地发挥海绵城市的作用，有很重要的意义（李运杰等，2016）。

一、地上地下"蓄排结合"，让城市不再看海

国务院办公厅 2015 年印发的《关于推进海绵城市建设的指导意见》（国办发〔2015〕75 号）提出建设海绵城市，有效控制雨水径流，实现自然积存、自然渗透、自然净化的城市发展方式，修复城市水生态、涵养水资源，增强城市防涝能力，扩大公共产品有效投资，提高新型城镇化质

量，促进人与自然和谐发展。通过海绵城市建设，最大限度地减少城市开发建设对生态环境的影响，采用渗、滞、蓄、净、用、排等措施，将70%的降雨就地消纳和利用。

城市的排水防涝是海绵城市规划建设中的一个难点问题。主要思路如下：①应用传感器、3S和激光雷达等信息技术，对城市易涝点雨量、下垫面条件、土地利用情况、管网分布、淹没情况等相关信息进行监测收集，并对这些信息进行栅格化、精细化整合和分析；②利用获得的信息对城市排水防涝能力和内涝状况进行评估，结合海绵城市总体规划要求，确定径流总量控制目标和综合控制指标；③利用模型模拟的方法，对径流总量控制目标和综合控制指标（单位面积控制容积）进行分解，合理选择蓄水池、渗透塘、雨水湿地等低影响开发设施及其规模；④给出初步的低影响开发设施规划方案，利用SWMM模型对方案进行模拟，按照先渗、滞、蓄、净、用，最后排放的原则，优化设施组合和平面布局，确定最终优化的低影响开发设施规划方案；⑤利用SWMM、MIKE等模型模拟和云计算技术，对优化的低影响开发设施的雨水消纳能力和管网的排水能力进行分析，并结合排水防涝的总体目标，确定低影响开发雨水系统与雨水管渠系统以及超标雨水排放系统的连接方式，实现三者的有效衔接，并给出排水防涝综合规划方案；⑥对满足控制目标的多种方案进行分析，还可利用三维展示等多媒体仿真技术，对各方案的效果进行直观显示，取社会效益、环境效益和景观效果较优且成本较低的方案作为优选方案（李运杰等，2016）。

（一）可伸缩的防洪排涝，防治城市暴雨内涝

结合城市地下空间，将海绵城市建设与地下空间开发利用相结合，大力兴建城市地下蓄水空间，合理布置雨水存储利用设施，加大雨水的收集、存蓄和利用，既防范内涝、实现雨水的有效利用，又可解决城市雨洪灾害频发、水资源日趋短缺、水环境污染加剧、水生态系统退化、城市暴雨内涝灾害防治、城镇内涝防治（汪维丽，2016）。在海绵城市"渗、

滞、蓄、净、用、排"六大措施的基础上,增加"引"的措施,即结合现状建设,借助适当的工程措施,引导绿地吸水和地下空间蓄水。具体措施包括:

科学做好雨水排放分区,确定各分区的排水策略,提出适宜的雨水径流控制率目标,积极引导城市雨水就近汇入各类绿地,改善城市水气循环,加大雨水下渗,缓解暴雨排放压力,消除城区重点易涝区段。对于年径流总量控制率的测量,通过无线传输的小型气象站、基于城市基础设施的监测探头等监测仪器,监测城市重点区域是否达到规定的年径流总量控制率要求,通过对监测的排水管网流量数据、遥感卫星数据、下垫面数据的收集整理、格式转换、统计分析和模型模拟计算,考核整个试点区域年径流总量控制率效果。当测点雨水管道内径流水深超过一定值时,需实时自动监测径流量。例如,对于日降雨量低于年径流总量控制率,所对应的设计降雨量事件发生时,区域内不能出现雨水外排现象(马越等,2016)。

结合各类工程建设大力配建地下储水空间,通过降水量、集水量预测,确定蓄水池容量的控制及雨水管渠的走向、形式、管径、断面控制,设置可管控的接口、涵闸等,有效引导雨水的快速收集、处理和资源化利用,变废为宝。通过新技术和新材料的应用,积极提高绿地的吸水能力,并拓宽雨水的利用方式,提高城市应对暴雨的安全指数(汪维丽,2016)。

(二)分布式的雨污分流管网,减少根治城市水污染

我国多数地区(少数大城市除外)现在还主要采取雨污合流的排水体制,暴雨时节易导致混合污水溢流,出现水污染事件及排涝困难。当前,我国大部分城市新区均大力提倡雨污分流,但城市污水处理厂服务半径往往较大,从排放源头至污水处理厂的长距离输送过程中基本没有任何污水的预处理设施,污水坡降小,流速慢,有机物汇集、分解后易形成甲烷、硫化氢等废气、臭气,工业废水含有部分有毒气体。污水管网沿线极

易产生不同程度的空气污染，影响城市宜居，甚至可能出现窨井盖爆炸事故，影响城市安全。

海绵城市建设必须对下水道安全给予高度重视，采取措施根治下水道的安全漏洞。从环境卫生和广大市民和游客的安全角度看，尚处在完善过程中的城市雨污分流体系还存在一定的弊端，难以保障城市安全和宜居度，必须积极探索治水、用水、排水新智慧。建设雨污分流管网，将城市雨水管网、雨水储存设施等与污水管网进行合理衔接，在雨水管道、雨水蓄水池周边设置能实行有效控制的涵闸，控制雨水单向流入污水管网，巧用收集到的雨水适时、适量、定期"冲洗"污水管网，达到稀释污水，降低污染物浓度，初步治理污水，净化污水管网周边环境的目的。同时，应定期向污水管网内投入适宜的水处理试剂，进行污水的初级预处理，降低管道内污水、废气的污染和危害程度，进一步提高排水管网周边的环境舒适度（汪维丽，2016）。

二、城市雨污水变废为宝，打造山水园林城市

"海绵城市"建设，将改变过去由于防洪堤高筑，城市近水不亲水的局面，积极从现有江河"引水入城"，科学对待城市污水、废水，积极研究实施生活污水的科学处理和资源化利用，优化城市山水生态系统，打造园林宜居城市。

（一）城市道路空间绿化透水，构建林水相依的道路景观

增大城市绿地和生态用地的面积，做好建筑物的垂直绿化和屋顶绿化，提高城市绿地率和绿化覆盖率。通过绿化植物滞纳雨水，同时各类地面铺装优先采用透水材料或铺设嵌草砖，增强雨水下渗，降低城市地面径流，给雨水排放系统减负。对于道路雨水的收集利用，可在道路红线内布置低势绿地、植被浅沟等处理措施，可在道路红线外的公共绿地中设置形式多样的措施组合，如分散式的雨水花园、低势绿地、植被浅沟，以及集

中式的雨水湿地、雨水塘、多功能调蓄设施来对道路雨水进行处理与利用，减少道路径流污染后排入河道，同时增加雨水的下渗量，形成林水相依的道路景观（汪维丽，2016）。

结合地下空间建设着力配置城市地下雨水储存库，确保城市有一定的蓄水容积，增强雨水存蓄能力，保证暴雨时雨水迅速排入地下蓄水空间，既防止街道积水成灾，又可进行多样化的雨水利用，做好城市建设用地的"海绵化"处理。

（二）消除黑臭水，尽显城市青山绿水

科学利用城市山水资源，造园成景，将水域空间打造成城市雨水收集利用设施，建设山水园林城市。"海绵城市"建设应做好山林保护与滨水特色空间的打造，力求"显青山、露净水"，控制好城市的蓝线、绿线。对局部地段的黑臭水体应积极治理，改善排水沟渠水质（汪维丽，2016）。监测地表水环境质量，消除黑臭水水环境污染，主要通过水质自动采样器，对于重点区域过境河段的出入断面、区域内地表水，根据功能及污染状况，设置监测断面，主要监控指标包括水温、pH、溶解氧、悬浮物、总氮、总磷、藻细胞密度、透明度、色度、ORP等黑臭水评价指标数据。监测分为常规监测和洪水期监测，常规监测可以设为每月1次，洪水期监测可在有效降雨结束后24小时内完成地表水采样监测工作，并确保小、中、大各种典型降雨每年至少有2~3场可用数据（马越等，2016）。

城市居住区应提高绿地率，并因地制宜设置下沉式的雨水花园，有效蓄纳雨水。大型居住区内可分区开辟面积适宜的池塘水面，调节局地小气候和雨水径流，丰富生态景观。结合旧区改造，增设绿地小游园和屋顶绿化、垂直绿化等，积极吸纳雨水，减少暴雨对排水管网的冲击。对于居住用地雨水的收集利用，可分为有调蓄水景小区和无调蓄水景小区。有调蓄水景小区，一般面积较大，应优先利用水景收集调蓄区域内雨水，同时兼顾雨水渗蓄利用及其他措施。将屋面及道路雨水收集汇入景观水体，并根

据月平均降雨量、蒸发量、下渗量以及浇洒道路和绿化用水量来确定水体的体积,对于超标准雨水进行溢流排放。无调蓄水景的住宅小区一般面积较小。如果以雨水径流削减及水质控制为主,可以根据地形划分为若干个汇水区域,将雨水通过植被浅沟导入雨水花园或低势绿地,进行处理、下渗,对于超标准雨水溢流排入市政管道。如果以雨水利用为主,可以将屋面雨水经弃流后导入雨水桶进行收集利用,道路及绿地雨水经处理后导入地下雨水池进行收集利用(许杰玉等,2016)。

对于公用及商业设施用地雨水的收集利用,降落在屋面(普通屋面和绿色屋面)的雨水经过初期弃流,可进入高位花坛和雨水桶,并溢流进入低势绿地,雨水桶中雨水作为就近绿化用水使用。降落在道路、广场等其他硬化地面的雨水,应利用可渗透铺装、低势绿地、渗透管沟、雨水花园等设施对径流进行净化、消纳,超标准雨水可就近排入雨水管道。在雨水口可设置截污挂篮、旋流沉沙等设施截留污染物。经处理后的雨水一部分可下渗或排入雨水管,进行间接利用,另一部分可进入雨水池和景观水体进行调蓄、储存,经过滤消毒后集中配水,用于绿化灌溉、景观水体补水和道路浇洒等。

第四节 智慧环卫,打造绿色城市

我国目前居民生活的区域,可以简单地划分为城市与农村两大区域,而居民生活已开始逐步向城市转移,即城镇化。城镇化是人类发展的必然过程。不同国家、不同地区、不同阶段,城镇化速度与城镇化质量存在着明显差异。自1996年以来,我国城镇化进入加速阶段,每年新增城镇人口约2000万人,年均城镇化水平提高近1.5个百分点。2012年,我国城镇人口已经超过7亿人,城镇化率达到52.6%。快速城镇化,带来了工业化的快速发展。到2012年,我国第一产业在国民经济比重已经下降到约10%,工业化基本实现。城镇化和工业化在带来经济快速发展的同时,还肩负起了反哺农业和带动农村发展重任。快速城镇化,正在彻底改变中国的落后面貌，让越来越多的中国人摆脱贫困。

新型城镇化的"新"，是指观念更新、体制革新、技术创新和文化复新，是新型工业化、区域城镇化、社会信息化和农业现代化的生态发育过程。"型"指转型，包括产业经济、城市交通、建设用地等方面的转型，环境保护也要从末端治理向"污染防治—清洁生产—生态产业—生态基础设施—生态政区"五同步的生态文明建设转型。集约、智能、绿色、低碳的理念，应该贯彻到城镇化的生态文明过程与行动上，首先要改变的是人的观念、体制和行为。强化城市和区域生态规划，处理好城市建设中眼前和长远、局部和整体、效率与公平、分割与整合的生态关系。在城市中生活的居民，环境卫生、垃圾处理是日常生活最息息相关的事，便利与否感受最深，固体废物、危险品处理对生活的影响最大，严重时会危及生命。

智慧环卫，依托物联网技术与移动互联网技术，对城市居民日常生活相关的环境卫生管理所涉及的人、车、物、事进行全过程实时管理，合理设计规划环卫管理模式，提升环卫作业质量，降低环卫运营成本，用数字化手段评估和推动垃圾分类管理实效。智慧环卫所有服务部署在智慧城市管理云端，对接智慧城市网络，以云服务方式随时为管理者及作业人员提供所需的服务。

一、为城市居民生活带来便利

智慧环卫是软硬一体的环卫精细化管理新模式，与目前正在推行的数字化环卫相比，智慧环卫有以下几点优势：一是智慧环卫在数字环卫的基础上，进一步利用了传感技术和3S技术，对城市环卫运行状态进行了自动、实时、全面透彻的感知；二是智慧环卫强调构建开放、整合、协同的环卫信息化体系，发挥了城市环卫信息化的整体效能；三是智慧环卫通过无线网络、移动技术，实现了环卫管理无所不在的互联和随时随地的智能服务，将环卫监管从 Web 端向移动端扩展；四是智慧环卫通过政府、市场、社会各方力量的共同参与，塑造了市民参与、市民体验的新模式，开拓了全民环卫、环卫共治的大局面。

智慧环卫如同给环卫管理安装了"千里眼"和"顺风耳"，车辆和人员有没有按时到位，当前的工作状态，甚至于作业质量都可以直观地显示出来，这不仅极大地提高了城市环卫管理工作效率，还能够有效地提高环境卫生工作质量，而由此带来的好处，最能切身感受的就是城市的居民。

环卫机械、人员、环卫设施通过智能化管理平台实现了高效运行，极大地提高了环卫工作质量。通过智慧环卫系统协调运行，一台台环卫作业车有序运行，各个路段上，环卫工人一路巡查捡拾垃圾，就是绿化带的树丛、窨井洞也不放过，但凡走过的路段无不干干净净，清爽宜人，让人感受到了一座城市的清新亮丽的容颜。

智慧环卫系统的应用，实现了垃圾收集、车辆行走路线、行驶速度、清运次数、工作量、单车油耗的实时监控；通过实时影像，随时掌控重点部位的作业、安全等情况，及时发现问题隐患；对于环卫人员，系统配置了卡片机，可了解人员动态，并具有求救功能，发生危险时，可以及时做出救援；通过建立互动平台，系统可即时采集、转办、处理人民群众反映的问题。

智慧环卫可以利用互联网、无线网络技术，调动广大市民关心环卫、参与环卫管理的热情。市民发现任何环卫问题，都可以随时拍照上传，让全社会关心环卫、关心自己的生存环境才是智慧环卫追求的终极目标。

二、为环卫集团管理决策提供依据

智慧环卫是智慧城市一个重要的组成部分，是用一种更为智慧的方法，通过新一代信息技术来改变政府、公众和企业以及企业内各部门之间的交互方式，提高交互效率，使废弃物的收集、运输、加工和利用全过程的成本更低、效益更高，同时实现全过程的可视、可控、可互动和可循环。智慧环卫将在促进城乡环卫一体化、破解垃圾围城、促使垃圾分类等方面发挥重要作用。借助智慧环卫的信息服务产品，可以让环卫作业和定额作业质量更符合科学标准，同时也能让固体废弃物的专业收运路线更优化。智慧环卫既是对传统城市环卫作业模式的创新，又是对以往环卫监管方式的颠覆。

毋庸置疑，智慧环卫的出现将环卫工作模式由智能化升级为智慧化，使城市环卫管理工作更专业、更高效、更智慧。智慧环卫致力于用科技打造城市环卫工作管理新模式，通过及时、高效、充分的信息获取，规范、有效、科学的信息利用，实现城市环卫工作的可视化监控、智能化决策和精细化管理，增强管理者处理突发事件的能力。智慧环卫利用物联网、移动互联网及大数据等相关技术，对环卫管理涉及的各类环卫设施、环卫作业车辆、环卫作业人员、环卫管理车辆和环卫管理人员进行全过程实时监管，通过为各级环卫管理元素配备不同的感知设备、智能终端，形成一个信息互联互通的物联网络；智慧环卫通过对相关环卫元素指标进行有效梳理，将分散在各处的环卫数据形成数据资源，并利用大数据处理技术对数据资源进行分析、挖掘、应用和管理，有助于环卫管理者进行科学的决策。

近年来，全国智慧城市建设的进程中，各地智慧环卫建设取得显著的成效。然而，从整体上看，大多数城市智慧环卫建设仍处于探索阶段，还存在走一步算一步、缺乏整体规划、环卫综合监管技术手段落后、缺少通用信息化管理平台以及缺乏跨地区、跨层级信息共享平台等问题。因此，智慧环卫必须建立在开放的互联网思维上，通过构建一个"共有、共享、共治"的智慧云平台，形成一种"共赢"和"多赢"的思维。

智慧环卫的推进，也给整个环卫市场带来了一定的变化。变化主要表现在两个方面：

上下游企业之间：智慧环卫运用互联网与物联网的形式，把环卫各个节点更好链接起来的同时，为后端垃圾处理提供了参照，也为垃圾后端处理提供了"粮食"，前端市场对后端处理有着极大的影响。因此，智慧环卫使得上下游企业之间的关系更为紧密，这也是当下一些末端处理企业延伸产业链、开拓环卫市场的原因所在。

环卫集团与政府之间：老的环卫模式是"政府既是运动员，又是裁判员"，未来发展的方向是政府制定规则，环卫集团来"踢球"。政府对环卫集团有监管作用，环卫集团应充分发挥市场优势，处理好环卫问题。

目前较权威的对智慧环卫评价的指标体系如下。

（1）环卫规划指标体系

根据人口、面积、自然条件等设计垃圾收集模式、运输模式、处置模式；

在收集模式指导下，制订收集所需要的垃圾箱（桶）、中转站的数量，并按人口密度合理规划垃圾箱（桶）的摆放；

在运输模式指导下，制订垃圾运输所需要的车辆类型、吨位、数量，并按人口密度合理制订车辆作业时间、清运次数等；

在处置模式指导下，合理规划制订垃圾处理厂规模、位置。

（2）垃圾分类指标体系

根据人口、面积、经济状况、自然条件等设计垃圾分类投放、运输模式、处置模式；

在分类投放模式指导下，制订各类垃圾所需要的垃圾箱（桶）的类型、容量及数量，按人口密度合理规划垃圾箱（桶）的摆放；

在分类运输模式指导下，制订垃圾分类运输所需要的车辆类型、吨位、数量，并按人口密度合理制订车辆作业时间、清运次数等；

在分类处置模式指导下，合理规划制订各类垃圾流向，对餐厨垃圾、废弃油脂、可回收垃圾、有害垃圾、不可回收垃圾等明确处置办法，估算处理厂规模位置。

（3）运营管理指标体系

根据机动车道、人行道、广场等保洁面积，对环卫作业车辆、人员作业每天的作业达标率进行监控与统计；

根据垃圾箱（桶）分布、数量情况，对垃圾收运车辆每天作业达标率进行监控与统计分析；

根据垃圾箱（桶）分布、数量情况，对保洁员每天作业达标率进行监控与统计分析；

配合垃圾分类的实施，对垃圾分类投放、运输、处置的效果进行监控与统计分析。

在智慧环卫推行的过程中，环卫集团通过实时跟踪工作进度、评价工作效果、评定绩效成绩，能够直接对标管理成效，快速调整管理策略。

三、为城市健康发展提供支撑

智慧城市是信息系统大综合、大集成、大协同的产物，是新一代信息技术创新应用的结果。它反映了社会对未来城市知识化、信息化的一种愿望，着眼于城市发展整体的总效果。信息化是智慧城市的重要内容，社会对智慧城市的期望并不局限于信息化，社会要求城市具有整体发展的智慧。

智慧城市建设的重点在智慧服务和管理的建设。对市民来说，智慧城市也许只是一个离自己生活很遥远的新兴名词，其实不然，智慧城市的建设是与市民生活息息相关的，在许多城市已经有某些行业实现了智慧化的服务和管理，如智慧交通、智慧医疗、智慧教育等，作为智慧城市建设的重要组成部分，传统的城市环卫管理模式已不能满足智慧城市的发展要求，管理者亟须一种更加智慧的管理手段，智慧环卫便应运而生。

智慧环卫是如何推进智慧城市建设，对城市环卫工作实现智慧管理的呢？

科学决策是智慧的体现。城市的智慧体现在其城市居民、管理者的行为决策，而行为决策的依据又来自于对大数据的分析。智慧环卫通过对环卫数据进行深入分析，为环卫管理者做出科学决策提供数字依据，使其实现了对环卫工作的智慧管理。

智慧环卫利用物联网、移动互联网、大数据等相关技术，对环卫管理所涉及的各类设施、作业车辆、作业人员、管理车辆、管理人员进行全过程实时监管，通过为各级环卫管理元素配备不同的感知设备、智能终端，形成一个信息互联互通的物联网络。智慧环卫通过对这些相关环卫元素指标进行有效的梳理，可以将分散在各处的环卫数据形成数据资源，再利用大数据处理技术对数据资源进行分析、挖掘、应用、管理，促使环卫数据产生了有助于环卫管理者进行科学决策的大价值。

众所周知，对在环卫管理中出现的突发事件，管理者很难靠经验来预测。但是，智慧环卫通过对环卫工作中的关键数据进行实时监测，就可能会预测出环卫突发事件的发生，为环卫管理者争取更多的主动权。甚至依据历史环卫数据资源，结合实时数据监测，系统可推送给管理者本月、本周、今天、甚至此时环卫工作中可能存在的薄弱环节，为其提供重要的参考信息，使其更加运筹帷幄。如通过对某小区垃圾产生量进行数据监测，深入分析，可得到该小区居民在投放垃圾的数量、时间上的规律，管理者便可依据此规律合理规划垃圾清运车辆的运输次数、清运路线等，在极大降低环卫运营成本的同时，又保障小区垃圾能够被及时清运，避免垃圾箱满溢，为居民生活带来不便等事件的发生。

智慧环卫致力于用科技打造城市环卫工作管理新模式，通过及时、高效、充分的信息获取，规范、有效、科学的信息利用，实现城市环卫工作的可视化监控、智能化决策、精细化管理，增强管理者处理突发事件的能力。在智慧环卫建设中，以专业、兼容、科学、创新、发展、智能为目标，进行智慧环卫相应系统的研发，允许用户在不同的工作场合使用智能手机、平板电脑等不同的智能终端来获取智慧环卫服务。

智慧城市建设是一项长期的社会发展工程，需要各界的支持，更需要各个行业的共同合作。智慧环卫作为智慧城市建设的重要组成部分，旨在加快智慧城市建设进程，使智慧城市概念进一步落地。

完善的智慧环卫系统还应有更大的发展空间。不仅包括环卫资源的优化调配，环卫设施的安全、达标监控运行，还应在城乡发展规划、城市决策辅助等方面发挥更积极的作用。比如，可以通过与天气预报联动，提供恶劣天气下（如台风、暴雨、暴雪、冰冻等）的应急处置方案，在应对重大活动、突发事件等方面提供基础数据和辅助决策支持。

智慧环卫建设能够解决城市发展的各项难题，包括实现城乡环卫一体化，破解垃圾围城；在源头减少生活垃圾，促进垃圾分类；有效管理餐厨垃圾流向，杜绝地沟油；严控渣土运输，杜绝建筑垃圾乱排乱放的现象。同时智慧环卫的规划应紧密结合城市的地理位置、气候特点、产业结构、周边环境，是城市发展规划需重点关注的问题。一个健康有序运行的智慧环卫体系，不仅要满足当前城市运行的需要，还应具备扩展性及前瞻性，不仅能包容承受城市未来的发展，更应以多年运行的数据为成果为依据，为城市的规划发展提供支撑。

四、钱学森系统科学思想助力智慧环卫规划及实现

近年来，我国环卫产业发展迅速，环卫产业是生态经济产业体系的一个重要组成部分，与人们的生活息息相关，环卫产业发展最重要的标志是社会效益的增加，包括经济、社会和环境效益。利用的主要手段是产业的互联网化，物联网的发展，使全过程无缝对接和管控成为可能。

智慧环卫的具体实施应遵循顶层设计、分步实施的系统工程思想，首先实现以"一个平台"即"大数据平台工程"为核心的包括环卫技术与经济效益优化工程、决策与共享服务工程、设施运营及环境综合监测工程、道路清扫及区域保洁运营工程、垃圾收集运输作业管理工程、特危废物全生命周期管理工程、指挥调度中心建设工程、环卫数据采集与传输工程等的几大工程，建成可视化、集中化、科学化、精细化、智能化的综合城市环卫管理体系。采用钱学森系统科学思想进行顶层统筹设计和运用系统工程方法进行组织实施，采用航天独有的几十年积累的"深、广、久、独"技术及产品，重点针对当前急需解决的主要问题，将智慧环卫建设所包含的各子系统功能进行归一化整合，形成既满足当前城市环卫需求、又适应未来信息化发展、同时兼容现有管理方法的"六大应用"体系，其中包括：智能运营、智能监测、智能清洁、智能运输、全生命周期管理和再生利用，最终通过"环卫一张图"完成集中展示与监控。

智慧环卫建设需实现"三项能力提升"，即完成信息基础设施、信息资源共享机制以及业务应用体系三方面的综合提升。信息基础设施建设即形成以基础设施设备管理为核心目的，涵盖城市环卫所有作业车辆、作业人员、处理设备、管理场站的可视化监测数据采集网络，建成对城市全面覆盖的无线互联传输网络，通过航天独有的技术手段，解决无线信号组网和回传过程中的抗干扰难题，形成以多种创新技术为依托的环卫无线互联网络，将环卫领域的各类传感、设施设备无线互联，并兼容多种数据传输

接口，为"环卫一张图"的实现提供丰富、实时、准确的数据基础。

五、通过核心工程建设实现智慧环卫

建设智慧环卫城市，需优先建设以下几个核心工程。

（一）环卫技术与经济效益优化工程

针对城市环卫在产业和技术发展中面临的危废处理、垃圾焚烧等洁净技术路线问题、垃圾分类管理与处理问题、垃圾发电政策导向两难境地问题以及及时跟踪应对外部竞争环境等制约技术与经济效益提升的瓶颈问题展开专题咨询研究，寻找解决方案，重点分为以下5个方面。

一是针对利用垃圾焚烧发电所面临的两难处境，从政策法规和企业管理模式两个主要方面挖掘环卫集团所面临的产业发展机遇，并提出相关策略建议。

二是针对危废垃圾处理的技术路线，从焚烧处理危废垃圾的社会效益、经济效益、环保效益及项目实现等方面，提出如利用航天等离子体等高新技术在危废垃圾处理方面的可行性思路。

三是针对垃圾焚烧的洁净路线问题，通过对当前洁净技术的成熟度研究，寻求适合城市实际情况的垃圾焚烧洁净技术路线。

四是针对外部环境与竞争环境的复杂变化，跟踪全球环保产业信息动态，为环卫集团决策层和各级技术、设备、运营等管理部门提供持续的信息服务，为企业重大决策及时提供相关竞争情报支持。

五是针对城市社区垃圾的综合管理和处理，应对处理能力的不足以及填埋和焚烧等传统垃圾处理模式所面临的困境，研究开发新型生活垃圾处理替代技术、突破焚烧处理窘境、有效控制二次污染；开发具有自主知识产权、适应国内生活垃圾特点的气化反应器和针对生活垃圾处理行业的高效率、长寿命喷枪。主要任务是突破生活垃圾气化熔融处理关键技术，开发核心设备并在此基础上进行系统集成优化，研发内容主要包括前处理系统研究、气化反应器研究与开发、等离子炬性能改进试验研究、烟气净化及能量循环利用、系统集成与测试。通过对小型分布式垃圾快速处理在社区的建设推广展开技术路线和可行性方案研究，为环卫集团提升社区垃圾管理水平和社区垃圾处理效率提供解决方案。

（二）设施运营及环境综合监测工程

通过设施运营及环境综合监测工程实现环卫集团下属的各类设备统一集中管理以及对设施运营情况与环境情况在线监测的综合信息化管理，如图 10-9 所示。

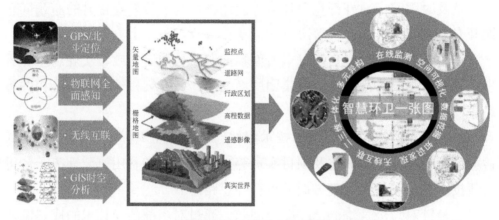

图 10-9 设施运营及环境综合监测技术组成图

设施运营及环境综合监测工程主要完成对各类设施设备和监测设备的在线数据采集与展示；以及对服务区域、垃圾堆放点、垃圾中转站、作业车辆、填埋场、在线监测设备等设施设备运营情况及位置信息的分类集中展示。

（三）特、危废物全生命周期管理工程

特、危废物全生命周期管理工程是将常规垃圾处理业务外的各类特种垃圾和危险废弃物进行全处理过程集中监管的主要手段，也是实现"环

卫一张图"的重要功能组成之一。

通过建设"特种废物全生命周期管理系统"与"危险废物全生命周期管理系统",可实现对特种废物各个业务处理阶段的详细、精确、可靠的过程监控,以及对危险废弃物安全转运和可靠处理的业务流程管控。

(1)特种废物全生命周期管理系统

针对包括餐饮垃圾(地沟油)、厨余垃圾、粪便等多类特种废弃物全生命周期的监管,对业务过程中每项动作节点保持在线监测与违规预警,做到全过程的可追溯、可监督、可预判。

(2)危险废物全生命周期管理系统

针对包括医疗垃圾、工业废料等多类危险废弃物全生命周期的监管,对废弃物收取、运输、转运、特殊处理等多个业务流程节点保持实时监测与违规、超标预警,做到危险废弃物运输过程的安全、可控、可监督。

在系统实现过程中,对危险品的管理,可结合 GIS 技术,利用三维展现技术,对危险品的状态进行全方位监控,如图 10-10 和图 10-11 所示。

图 10-10　特、危废物监测管理显示效果图

图 10-11　三维监测效果显示

参 考 文 献

艾伯特·拉斯洛·巴拉巴西.2012.爆发：大数据时代预见未来的新思维.马慧译.北京：中国人民大学出版社.

安晖,温晓君.2015.中国智能硬件产业发展现状.互联网经济,(9)：34-39.

包博文.2014.试析城市光网的发展与应用.科技与企业,(9)：119.

保定市贝尔电子有限公司.2015.智能环卫设计框架结构方案（Q/BEH004-2015）.保定：保定市贝尔电子有限公司.

蔡迎霞.2012.城市绿地系统空间合理性评价.长沙：中南林业科技大学硕士学位论文.

蔡玉红.2004.群体决策支持系统中的模型库研究.武汉：武汉理工大学硕士学位论文.

陈传胜.2003.测量技术基础（第3卷）.重庆：重庆大学出版社.

陈柳钦.2010.城市功能及其空间结构和区际协调.天津：南开大学硕士学位论文.

陈柳钦.2016."智慧环卫"有望颠覆传统环卫作业管理模式.环卫科技网.http：//www.cn-hw.net/html/china/201612/56051.html［2017-07-06］.

陈涛,董艳哲.2016.推进"互联网+政务服务"提升政府服务与社会治理能力.电子政务,(08)：2-22.

陈巍.2008.复杂巨系统及其方法论与现代警务管理.江苏警官学院学报,3：119-123.

陈文胜,徐平,王丽君,等.2014.Ka频段宽带卫星应用浅析.国际太空,(3)：49-53.

陈文伟.2000.决策支持系统及其开发（第二版）.北京：清华大学出版社.

戴琼.2013.从城市生活出发——市民文化中心建筑设计研究.重庆：重庆大学硕士学位论文.

戴汝为.2005.数字城市——一类开放的复杂巨系统.中国工程科学,7（8）：18-21.

杜萍.2017.基于信息化发展视角下精准扶贫的策略研究.学术论坛,(02)：161-167.

杜胜海.2014-10-27.太极"智慧园区"解决方案.中国计算机报,第3版.

杜天旭,谢林柏,徐颖秦.2011.物联网的关键技术及需解决的主要问题.微计算机信息,(5)：152-154.

段淼毅,张翠,秦长贵.2006.军用飞艇发展现状与趋势.重庆：第十届全国遥感遥测遥控学术研讨会.

段学军,顾朝林,甄峰,2001.数字城市的概念、框架与应用.现代城市研究,(3)：61-64.

樊浩,黄树彩,韦道知,等.2012.多传感器交叉提示技术若干问题.电光与控制,(11)：47-53,76.

范珉.2007.小型无人飞艇飞行控制系统设计.南京：南京理工大学硕士学位论文.

范渊.2016.智慧城市与信息安全（第2版）.北京：电子工业出版社.

钱学森智库纵论智慧城市

方媛. 2014. 智慧医疗应用探索. 医学信息学杂志,（12）：2-7.

房辉, 常盛. 2016. 物联网在智慧城市中的应用与思考. 信息系统工程,（1）：85.

冯庆东. 2015. 能源互联网与智慧能源. 北京：机械工业出版社.

付辉. 2014. 智慧城市建设从智慧停车开始. 海峡科技与产业，7：86-90.

高洪深. 2005. 决策支持系统（DSS）理论·方法·案例. 北京：清华大学出版社.

高卫斌, 冉承其. 2005. 遥感卫星数据传输技术发展分析. 中国空间科学技术，25（6）：30-36.

高原. 2015. 城市历史文化在城市空间设计中的体现与应用——以长春市红旗街中段城市设计方案为例. 城市建设理论研究，22：2355-2356.

宫芳芳, 孙喜琢, 林君, 等. 2013. 我国智慧医疗建设初探. 现代医院管理，11（2）：28-29.

巩雪. 2015. 数字城市建设中的技术应用探讨. 商品与质量,（38）：30-32.

顾国维. 2015. 解"看海"之困让城市成为"海绵体". http：//www. sinowbs. org/news/newscn/7080. html〔2017-06-20〕.

顾基发, 唐锡晋. 2005. 综合集成方法的理论及应用. 系统科学学报，13（4）：1-7.

国家统计局. 2017. 中华人民共和国2016年国民经济和社会发展统计公报. 北京：国家统计局.

国家智慧城市标准化总体组. 2014. 中国智慧城市标准化白皮书. http：//wxphp. com/wxd_ 5fqsi5al885s23r4ajmn_ 1. html〔2017-06-26〕.

国占玲. 2012. 备品备件的库存管理浅析. 赤子，11：25-28.

何爱翠, 马天斌. 2013. 物联网在城市交通管理中的应用探讨. 城市建设理论研究（电子版），13：131-135.

何遥. 2014. 智能社区建设的发展. 中国公共安全（综合版），20：59-103.

贺玉芳. 2015. 遥感技术在海洋研究中的应用. 卷宗,（8）：123-123.

侯远志, 焦黎帆. 2014. 国内外智慧城市建设研究综述. 产业与科技论坛,（24）：94-97.

胡爱民. 2000. 一种可视化模型库管理系统的开发策略和应用. 重庆大学学报（社会科学版），（3）：43-46.

黄悌云. 2001. 智能决策支持系统. 北京：电子工业出版社.

纪金水. 2007. ZigBee无线传感器网络技术在工业自动化监测中的应用. 工业仪表与自动化装置,（3）：71-76.

姜会林, 刘显著, 胡源, 等. 2014. 天地一体化信息网络的几个关键问题思考. 兵工学报，s1：96-100.

姜璐. 2011. 钱学森论系统科学（讲话篇）. 北京：科学出版社.

姜璐. 2012. 钱学森论系统科学（书信篇）. 北京：科学出版社.

蒋录全. 2005. 电子政务、电子商务与社区信息化的关系研究. 上海：上海交通大学硕士学位论文.

金岩. 2016. 停车场车位引导及寻车系统. 城市建设理论研究（电子版），7：79-83.

井晓鹏, 张菲菲. 2015. 基于智慧社区评价指标体系便民服务平台评析——以上海"智慧闵行"

为例. 科技创新与生产力, (2): 37-40.

军事科学院军事百科研究所. 2006. 当代最具影响力的军事技术 (十八) 立体作战的力量倍增器——无人机技术. 国防, (10): 78-80.

孔令尧. 2013. 数字葫芦岛地理信息公共服务平台研究与建立. 阜新: 辽宁工程技术大学硕士学位论文.

李泊溪. 2014. 大数据与生产力. 经济研究参考, (10): 14-20.

李畅. 2011. 基于环境行为心理学的社区医院设计研究. 长沙: 湖南大学硕士学位论文.

李超民. 2014. 治理现代化视阈中的智慧政务建设. 社会主义研究, (04): 81-88.

李桂花. 2014. 美军空基网络转型发展概述. 通信技术, (7): 748-754.

李利荣. 2014. 探讨健康体检中健康管理的现状及其重要性. 世界最新医学信息文摘, (27): 329-329.

李旻. 2012. 论智慧城市云计算数据中心的建设. 中国电子商务, (20): 55-56.

李鹏程, 李樱梅, 席晓晶. 2010. 物联网在智能城市方面的应用. 天津: 全国有线电视技术研讨会.

李坡. 2013. 地理信息系统的功能和应用. 数字技术与应用, (3): 98.

李普聪, 吴清江. 2003. 数字城市与城市 GIS. 福建电脑, (11): 1-2.

李学斌. 2008. 我国社区养老服务研究综述. 宁夏社会科学, (1): 42-46.

李应东, 朱垠, 姜忠宝. 2009. "无线城市" 关键技术分析及建议. 信息通信技术, 3 (6): 43-47.

李云, 徐伟, 吴玮, 等. 2011. 灾害监测无人机技术应用与研究. 灾害学, (1): 138-143.

李运杰, 张弛, 冷祥阳, 等. 2016. 智慧化海绵城市的探讨与展望. 南水北调与水利科技, 14 (1): 161-164.

李志磊. 2014. 论人口、资源与环境经济学中开放的复杂巨系统研究方法. 科技展望, (8): 23-25.

梁伶俐. 2012. 物联网技术在智能交通领域的创新与应用. 中国安防, 11: 41-44.

廖湘庆, 杨松, 罗丽群. 2013. 基于云平台的公立医院延伸医疗服务新模式的探索. 中国医院管理, 33 (12): 29-30.

凌娟. 2014. 钱学森综合集成法研究. 长沙: 长沙理工大学硕士学位论文.

凌敏. 2015. 居家养老呼叫救助服务平台建设研究. 湖南邮电职业技术学院学报, (4): 44-47.

刘碧波. 2010. 城市突发公共事件应急指挥系统设计. 石家庄: 河北科技大学硕士学位论文.

刘纪平. 2016. 大数据环境下辅助决策支持系统建设的思考. 电子政务蓝皮书: 103-109.

刘立祥. 2015. 天地一体化网络. 北京: 科学出版社.

刘雅婷. 2014. 无线 Mesh 网络技术现状及前景展望. 信息通信, (2): 189-190.

刘奕群, 张敏, 马少平. 2007. 面向信息检索需要的网络数据清理研究. 中文信息报, 20 (3): 70-77.

卢杰民. 2014. 智慧园区愿景、规划与行动指南. 北京: 电子工业出版社.

吕德铭, 蔡天健. 2017. 推进 "互联网+政务服务" 的实践模式与创新路径——以广东省为例. 经济师，（02）：195-197，200.

吕凛杰，孙晓梅，韩续，等.2016."互联网+"智慧能源发展现状及挑战.天津：2016电力行业信息化年会.

罗瑾，杨槐，姚术林.2015.天地一体卫星技术城市综合信息共享平台建设.科技展望，25（3）：3.

马晓华.2015.钱学森精神及其时代价值研究.长沙：湖南大学硕士学位论文.

马越，甘旭，邓朝显，等.2016.海绵城市考核监测体系涉水核心指标的评价分析方法探讨.净水技术，35（4）：42-51.

马忠彧.2013.智能交通系统中基于RFID的无线传感网络节点分簇算法.兰州：兰州理工大学硕士学位论文.

孟小峰，慈祥.2013.大数据管理：概念、技术与挑战.计算机研究与发展，50（01）：147-148.

孟执中，李卿.2003.气象卫星的发展.上海航天，20（2）：1-6.

苗东升.2002.钱学森与系统工程.中国工程科学，4（3）：16-20.

苗东升.2007.钱学森系统科学思想研究.北京：科学出版社.

宁津生.2008.测绘学概论.武汉：武汉大学出版社.

裴峰.2013."一口受理"式社区事务受理服务中心的理论与实践——基于上海市徐汇区的案例分析.科学发展，（2）：28-33.

裴浩，敖艳红.2008.卫星遥感技术的应用与发展.航天器工程，17（6）：102-106.

彭虹.2006.光纤到户（FTTH）系统的研究与设计.武汉：华中科技大学博士学位论文.

彭瑜，王健，刘亚威.2016.智能工厂——中国制造业探索实践.北京：机械工业出版社.

齐同军.2003.城市规划信息化研究与实践.杭州：浙江大学硕士学位论文.

钱学森，于景元，戴汝为.1990.一个科学新领域——开放的复杂巨系统及其方法论.自然杂志，12（1）：526-532.

赛迪顾问.2012.中国智慧园区建设战略研究（2012年）.https：//wenku.baidu.com/view/93f2bc8283d049649b6658ef.html［2017-07-20］.

山东点服软件有限公司.2014.点服环卫云与智慧环卫.http：//www.nodeservice.com［2017-07-15］.

上海气象局.2016.上海：智慧气象纳入2016年智慧城市建设工作.http：//www.smb.gov.cn/sh/qxxw/qxyw/infodetail/d801a439-737e-4b1d-bd81-064f0cd93be3.html［2017-07-20］.

沈永言.2013.宽带卫星通信的美景、困境与对策.卫星与网络，（12）：26-35.

史文勇，李琦.2006.数字城市：智能城市的初级阶段.地学前缘，13（3）：99-103.

宋刚，唐蔷.2007.现代城市及其管理———类开放的复杂巨系统.城市发展研究，2：66-70.

宋刚，邬伦.2012.创新2.0视野下的智慧城市.北京邮电大学学报（社会科学版），19（4）：53-60.

宋俊德.2012.无线城市建设循序渐进 智慧系统需不断改进、发展和集成.世界电信，（z1）：26-29.

宋永飞.2010.虚拟现实场景的漫游技术及其应用.内江师范学院学报,25（2）：13-15.

苏晓红.2012.社区居民健康档案的建立与利用.中国科技纵横,（9）：251.

谭建华.2011.四川省城市体系结构特征及优化研究.重庆：西南大学硕士学位论文.

汪三贵,郭子豪.2015.论中国的精准扶贫.贵州社会科学,（05）：147-150.

汪维丽.2016.基于海绵城市理念的宜居城市建设策略.中外建筑,11：72-75.

王飞跃.2014.从工程控制到社会管理：控制论Cybernetics本源的个人认识与展望.控制理论与应用,（12）：1621-1625.

王浩.2014.威海市智慧城市试点项目的建设方案及实施研究.南京：南京邮电大学硕士学位论文.

王浩.2015.大数据时代下的思维方式变革.上海：东华大学硕士学位论文.

王惠莅.2016.智慧城市网络安全风险分析及其标准化研究.信息技术与标准化,（03）：46-53.

王家耀,成毅,吴明光.2008.地理信息系统的演进与发展.测绘科学技术学报,25（4）：235-240.

王丽珍.1994.DSS中模型库的组织.云南大学学报（自然科学版）,（4）：407-410.

王萌.2008.城市地理空间信息共享与管理办法研究.上海：华东师范大学硕士学位论文.

王敏.2015.浅谈我国海洋卫星的现状及未来发展.中国科技纵横,（1）：230.

王翔宇.2013.基于MEMS惯性器件的分布式导航系统研究.上海：上海交通大学硕士学位论文.

王雪芬.2010.基于社会网络的科技咨询专家库构建及其可视化研究.南京：南京理工大学硕士学位论文.

王曰芬,章成志,张蓓蓓,等.2007.数据清洗研究综述.现代图书情报技术,（12）：50-56.

魏峰.2016.钱学森工程哲学思想研究.苏州：苏州科技学院硕士学位论文.

翁松伟,赖斯聪,陈海雄,等.2016.基于小型四旋翼无人机的道路交通巡检系统.电子设计工程,（3）：78-81.

无人机世界.2015.无人机在城市规划中的三种主要应用.http：//scholar.google.com/schhp？hl=zh-CN&as_sdt=5deb595b87bad49593a3e9afdd938611［2017-07-08］.

吴超,刘春.2004.基于城市经济系统的城市特色与竞争力关系探讨,7（20）：18-20.

吴吉朋.2011.浅谈云计算与智慧城市建设.电子政务,（7）：23-27.

吴家菁.2013.浅谈GPS测量误差.黑龙江科技信息,（32）：40.

夏义年,黄迪.2014.全视频智慧停车场综合解决方案.现代建筑电气,1：53-55.

熊垓智.2016.拥抱后规划时代——新型城镇化之智慧城市建设思考.自动化博览,（3）：68-71.

项高悦,曾智,沈永健.2016.我国智慧医疗建设的现状及发展趋势探究.中国全科医学,（24）：2998-3000.

肖羽.2016.中国智慧社区发展实践及其前景研究.上海：上海社会科学院.

肖征荣,张丽云.2015.智能穿戴设备技术及其发展趋势.移动通信,（5）：9-12.

徐长安.2014.物联网技术与智慧城市.中国建设信息化,（19）：48-51.

徐雷波.2006. 数据仓库中可视化决策支持模型的研究与构建.济南：山东大学硕士学位论文.

许杰玉，毛磊，熊锋，等.2016. 基于"海绵城市"理论的城市雨水资源利用规划研究.国土与自然资源研究，5：38-41.

许婷婷.2016. 现代城市管理的认识误区及对策.环球市场信息导报，8：4-6.

许晓攀.2014. 智慧城市建设现状浅析.城市建设理论研究：电子版，(27)：12-15.

许业辉.2010. 空间数据质量检查系统设计与实现.福州：福建师范大学硕士学位论文.

薛峰.2014. 城市综合管理系统设计与实现.天津：天津大学硕士学位论文.

薛惠锋.2007. 系统工程技术.北京：国防工业出版社.

薛凯.2011. 数字城市的实施策略与模式研究.天津：天津大学博士学位论文.

杨辅祥，刘云超，段智华.2002. 数据清理综述.计算机应用研究，(3)：3-5.

杨军，刘艳，杜彦蕊.2002. 关于二维码的研究与应用.应用科技，29 (11)：11-13.

杨森.2014. 面向商业模式的大数据信息管理方法研究.天津：天津大学硕士学位论文.

杨桃.2013. 数据清洗基本概念.http：//www. cnblogs. com/tomcattd/p/3372341. html ［2017-06-20］.

杨小晓.2010. 基于社会网络的科技咨询专家库及其构建方法研究.南京：南京理工大学硕士学位论文.

杨晓帆.2014. 浅谈物联网在智慧城市中的应用.中国新通信，(13)：73.

杨晓华.2008. 无线城市的研究与设计.上海：上海交通大学博士学位论文.

杨勇.2013. 天空地一体化通信系统中低能耗高容量的无线资源联合分配算法研究.西安：西安电子科技大学硕士学位论文.

赢城咨询.2015. 智慧园区系列之一：规划指导篇.http：//www. doc88. com/p-8486061374378. html ［2017-07-21］.

于海涛.2012. GPS 在城市规划中的应用.城市建设理论研究：电子版，(15)：1-2.

于景元.2001. 钱学森的现代科学技术体系与综合集成方法论.中国工程科学，3 (11)：10-18.

于学伟.2009. 决策支持系统模型开发方法研究.大连：大连交通大学硕士学位论文.

郁建生，林珂，黄志华，等.2017. 智慧城市——顶层设计与实践.北京：人民邮电出版社.

元晓，梁磊.2013. 智慧城市——城市建设的新方向.城市建设理论研究：电子版，(32)：32-35.

袁宏永，李鑫，苏国锋，等.2013. 我国应急平台体系建设.中国减灾，9：20.

曾剑秋，贾删召.2016. 智慧城市建设中定性到定量综合集成法的应用.经济研究导刊，(16)：95-99.

张一章.2016. 我国智慧城市建设的困境与出路.https：//wenku. baidu. com/view/eefced1223791 68884868762caaedd3383c4b560. html ［2017-07-01］.

张冬有，董斌，王佳.2007. 基于虚拟现实技术的三维地形可视化系统开发.北京：中国地理信息系统协会年会.

张帆.2012. 安防监控行业如何融入智慧城市体系.中国公共安全（综合版），(15)：90-93.

张方兴.2012.云计算技术在智慧城市中的应用.城市建设理论研究：电子版,(31)：16-18.

张广鹏.2014.人工智能与机器人的交叉研究.电脑迷,(11)：16-18.

张鸣.2017."互联网+政务"推进政府治理现代化的实践与完善方向——基于浙江政务服务网的探讨.领导之友,(01)：43-49.

张曙.2016.智能制造及其实现途径.金属加工(冷加工),(17)：1-3.

张旸.2008.从城市出发的建筑设计研究.重庆：重庆大学硕士学位论文.

张永民.2012.用云计算推动"智慧中国"建设.环球市场信息导报,(12)：17-21.

张勇.2014.浅析新一代信息技术下智慧城市产业链的发展.城市建设理论研究：电子版,(26)：26-28.

张志宽,罗晓沛.2009.实用的数据收集与清理模型的研究与应用.计算机系统应用,(10)：186-188.

赵磊,李雨珊,桂桐,等.2015.近距离无线通信技术现状研究.科技视界,(29)：100.

赵维良.2008.城市生态位评价及应用研究.大连：大连理工大学博士学位论文.

赵伟娟,潘冬育.2013.浅谈智慧城市的建设和发展.城市建设理论研究：电子版,(9)：12-14.

郑平.2006.全程办事代理制下网上联合审批系统的实现.天津：天津大学硕士学位论文.

郑瑞强,王英.2016.精准扶贫政策初探.财政研究,(02)：17-24.

中地数码集团.2017.空间规划(多规合一)解决方案.http://www.mapgis.com/index.php/index-view-aid-943.html[2017-07-21].

中国测控网.2016.图像识别技术在安防领域的应用展望.http://www.ck365.cn/news/9/40941.html[2017-07-08].

中国航天系统科学与工程研究院.2016.北京环卫集团公司智慧环卫建设总体方案.北京：中国航天系统科学与工程研究院.

中国卫星导航定位协会.2017.中国卫星导航与位置服务产业发展白皮书(2016年度).北京：中国卫星导航定位协会.

中央编译局.1995.马克思恩格斯选集(第3卷).北京：人民出版社.

钟书华.2012.物联网演义(三)——IBM的"智慧地球".物联网技术,(7)：86-87.

周世佳.2015.大数据思维探析.太原：山西大学硕士学位论文.

周宇煜.2015.智能硬件成就未来生活.互联网经济,(9)：40-43.

周玉海.2012.先进制造技术中虚拟现实技术的应用与开发研究.南方职业教育学刊,2(2)：23-26.

朱桂华.2011.物联网技术在智能图书馆中的应用体系架构.图书馆理论与实践,(9)：86-88.

朱月明.2011关于社区事务中心向"一口式"受理转变的可行性研究.产业与科技论坛,(7)：230-231.